创新的力量

——陕西旅游发展实践

陕西省旅游设计院　编著

中国旅游出版社

《创新的力量——陕西旅游发展实践》
编 委 会

主　　编： 李亚军

执行主编： 崔　宁　吴　婷

副 主 编： 郝文婷　仵明霞　王文娟　张　欣

　　　　　　唐晓龙　李欣甜　杜　磊

编写成员：（按姓名笔画排序）

　　　　　　丁小军　卫雨欣　于　海　王　园　尹晓敏

　　　　　　任　青　孙嘉娴　张　丹　李泽芳　陈佩瑶

　　　　　　李爱龙　陈　铿　邵梦琦　李晶晶　周　飞

　　　　　　赵映华　崔　宁　曹珍珍　魏　萌

前言

　　创新始终是推动一个国家、一个民族向前发展的重要力量。自从党的十八大提出实施创新驱动发展战略以来，我国进入全面、快速的创新发展的新阶段。旅游业是关联度高、融合性强的产业，具有创新发展的"先天"优势。旅游行业始终将创新发展放在首位，通过文旅深度融合、创新供给提升体验、优化消费等多项创新举措的实施，走出了一条独具特色的中国旅游发展之路。近十年来，国内游客出游总花费由2014年的3万亿元增长至2023年的4.9万亿元，年均增长4%。近年来，国家更是高度重视旅游业的创新发展，在"十三五"时期提出"坚持创新驱动"的发展原则，《"十四五"旅游业发展规划》强调"坚持创新驱动、优质发展"，并将"坚持创新驱动发展"列为八项重点任务之首。此后，国家发展改革委、文化和旅游部及各级地方政府审时度势，相继出台了《"十四五"文化和旅游科技创新规划》《智慧旅游创新发展行动计划》《关于推动未来产业创新发展的实施意见》《元宇宙产业创新发展三年行动计划（2023—2025年）》等一系列更加详细、具体、可实施的政策，为旅游细分行业的创新发展指明方向。

　　陕西正在迈向文化和旅游强省，从产业成长历程、发展模式上看，在全国具有特色优势。陕西省文旅发展一直秉承"在改革中突破、在继承中创新、在融合中提升"的原则，以创新创造为发展宗旨，探寻文旅发展新动力，打造出一系列"高颜值""文艺范儿""体验强"的旅游产品，诸如大唐不夜城、长安十二时辰、圣地河谷·金延安等特色城市文旅产品；还有乡村振兴典范的咸阳袁家村、乡村休闲度假成品牌的商洛朱家湾村以及长乐塬抗战工业遗址公园、张裕瑞那城堡酒庄、陕汽汽车工业青少年素质教育实践基地等工业旅游产品。陕西省在旅游业发展过程中始终将游客需求摆在首位，在景区、度假区、休闲街区、文旅消费场景上不断推陈出新，形成一系列话题景区和网红打卡场景，如以盛唐文化为核心的华清宫景区，以"温泉+"度假为主要卖点的宝鸡市太白山温泉旅游度假区，以华侨文化场景、潮流港风街区场景为特色的四海唐人街等产品。陕西旅游集团、西安曲江文化旅游集团、陕西文化产业投资控股集团、西安旅游集团等文旅国有企业在陕西省旅游创新发展中发挥了开拓、引领作用。陕西旅游集团作为陕西省文化旅游产业创新发展的先导者和践行者，在企业制度、旅游产品、营销运营等多方面进行了创新探索，构建了覆盖关中、陕北和陕南的"王"字形文旅产业布局。这些创新成果无疑成为推动陕西省旅游高质量发展的重要力量，擦亮了陕西文旅品牌。

随着陕西旅游强省的建设，新一轮科技革命不断催生了新产品、新业态、新模式，人民群众对文化和旅游产品供给提出了更高的要求，契合新需求、新消费的文旅产品供给不足成为制约陕西旅游高质量发展的"瓶颈"。如何通过旅游产品创新增强陕西旅游吸引力？怎样通过场景创新，实现旅游消费的不断升级？如何发挥市场主体力量，为陕西旅游创新发展持续输血？这些已成为陕西旅游业发展亟待解决的问题。

《创新的力量——陕西旅游发展实践》一书回应了上述问题。本书从实践角度出发，采用归纳总结法、案例分析法、对比法等方法，选取陕西省重点旅游产品、文旅消费场景、文旅市场主体——企业这三大主题，对陕西文旅的发展历程、创新发展模式、典型实践案例等进行了总结与剖析，力求提炼一些创新发展策略、创新优化指引与创新发展路径，以期为陕西省旅游高质量发展做理论铺垫，提供实践指导。

在陕西省旅游创新发展40多年的时间里，陕西省旅游设计院的成长见证了陕西旅游从起步到全国领先，乃至享誉全球的发展历程。近年来，在陕西旅游集团的领导下，陕西省旅游设计院成为陕西打造万亿级文旅产业的主力军。值此陕西旅游高质量发展的关键期，陕西省旅游设计院特成立课题组对陕西旅游创新发展实践进行整理，研究、编撰《创新的力量——陕西旅游发展实践》一书。全书共有六章，包括总论、陕西旅游创新发展的企业实践、陕西城市文旅产品创新发展实践、陕西乡村旅游助推乡村振兴发展实践、陕西工业旅游创新发展实践、陕西文旅消费场景创新发展实践六个部分，全方位对陕西旅游创新发展实践进行了深入、系统的解析与研究。

本书的编撰、出版得到了陕西省文化和旅游厅、陕西旅游集团及旗下单位以及陕西省社会科学院文化旅游研究中心主任张燕研究员、陕西师范大学旅游管理系主任白凯教授、西安外国语大学旅游学院成英文老师、陕西旅游集团投资控股有限公司贯钊一总经理、陕西旅游集团战略投资部杨涛副部长和郭磊副部长的大力支持和帮助，他们协助提供了大量具有重要价值的意见、建议和有关资料，在此特表谢忱。

"走老路，到不了新地方。"在旅游创新发展实践的路途上，陕西省旅游设计院始终坚持开拓进取，创新超越，稳健前行。陕西省旅游设计院愿成为陕西旅游创新发展实践的先锋，秉持旅游创新实践的事业激情，努力为陕西旅游事业添砖加瓦，为陕西旅游创新发展贡献力量！

目录
contents

总论

在传承与创新中发展的文旅产业

——产业与空间视角下的文旅创新实践

  创新是经济发展的源动力，也是人类社会不断前进的动力之一。科技领域的创新因为有实物产品的呈现，所以更易于被人们认识和接受。文化艺术等领域的创新，由于其难以辨识的特征，更多是停留在人们的脑海中，难以得到大众直观的认识和了解。但今天，在我们已经丰衣足食的物质生活之外，文化艺术等领域的需求越发迫切。用什么去满足人民日益增长的精神文化需求？唯有创新。

  在大众的普遍认知中，文旅产业属于传统产业的范畴，它更多是对现有技术的应用。在互联网、大数据、AR、VR、元宇宙、AI 等现代科学技术不断迭代升级的现代信息社会，传统产业要实现可持续发展，必然需要与最新的科学技术进行融合，通过新的技术推动传统产业转型升级。

  从广义的范畴而言，创新不仅是一种技术的应用，也是一种思维模式，更是一种工作实践。我们走过的每一段路，诞生的每一个思考，留下的每一张图纸，无不是我们创新活动的见证和成果。创新不是一蹴而就的，它需要不断地积累和实践。在产生质变之前，你或许并不知道哪种排列组合是有效的，也不知道哪一张卡片就是完成整个拼图所需要的最后一块。因此，创新是值得我们反复研究与探讨的，这将为我们带来新的思路和方法，让我们更快速地找到通向胜利的大门。

基于这种思考，我们尝试通过不同领域的具体实践来探讨和分析文旅行业的创新之路及创新之举，旨在通过不断深入的过程研究、总结和归纳创新经验及做法，为产业整体发展提供创新驱动力，推动高质量发展，同时，在经验和能力不断提升的过程中，积淀形成知识及数据资产，构筑企业可持续发展的核心竞争力。

一、区域及企业创新发展实践

陕西拥有丰厚的历史文化资源，奠定了发展文旅产业的优势基础。改革开放之初，西安就已经成为国际游客入境旅游的主要目的地之一，引领带动陕西旅游走在全国前列。企业作为社会组织中的一分子，承担着创新与创造的主责及功能，也是创新实践的核心载体。无论是传统手工业作坊中的每一道生产工序的改进，还是现代化企业中每一个零部件的技术改进，抑或是新技术的利用，都大大推动了生产力的发展，进而推动行业乃至社会的发展。因为游刃于市场，企业更容易把握市场的需求动态，促使其创新活动最易于转化为现实生产力，从而创造经济价值。

归类近 40 多年陕西文旅产业创新发展的历程，大致可分为入境旅游为主、资源主导型发展、多元产品开发、目的地创建、科技创新赋能文旅发展五个阶段。其主要特色与创新点可概括为以下四个方面：在全国处于领先地位，入境旅游尤为突出；世界遗产旅游在全国处于重要地位；政府与国有企业双轮驱动下的发展格局业已形成；初步形成"中华圣地，人文陕西"的旅游品牌。

陕西旅游的创新与发展，具体彰显于以下五个方面。一是顶层设计创新。通过率先成立旅游部门、出台切实可行的政策力推旅游发展，多措并举助力法治化与制度化发展、增强创新理念与政策落地实施。二是模式创新。在陕西旅游发展历程中，最具有代表性的旅游创新发展模式当属曲江模式，它通过实施保护、开发、运营三部曲，实现"文物保护＋旅游产业＋城市发展"三位一体发展。即整合历史文化资源，打造旅游景区，形成文旅集群，带动其他文化产业门类发展，通过创意、包装和策划实施一批重大文化项目，形成文化产业规模经济与范围经济，最终兑现和提升城市价值。三是旅游产品创新。这方面尤为突出地体现于乡村旅游、城市旅游和红色旅游，具体而言，乡村旅游发展实现了从单点式产品到综合性开发的蜕变，经历了以农家乐为主的 1.0 时代，具备观光、体验元素的 2.0 时代，古镇古村旅游为特色的 3.0 时代，民宿及民宿集群快速发展的 4.0 时代，综合型乡村旅游目的地建设的 5.0 时代；城市旅游实现了从"城市景区"到"景区城市"，从"经营景区"到"经营城市"的创新转变；红色旅游呈现出依托旅游景区建设突飞猛进、红培教育产品市场领先、红色旅游演艺大放异彩、非传统产品亮点纷呈四大特点，实现了从单点遗址向延安革命纪念地的整体性转变。四是景区发展创新。代表性景区如华山、壶口瀑布及黄帝陵，其发展也是各有侧重。如壶口瀑布更加注重体验类产品开发，推动黄河观光旅游与文化、数字化、非遗、休闲度假等业态及元素多元融合，形成丰富多彩的文旅产品库。五是营销模式创新。在营销创新方面，重在寻找传统营销与现代营销方式的融合点，革新传统文化的表现与传播方式，将历史文化与现代化元素在城市营销中融合，实现从网红城市营销到本地城市文化 IP 的打造。通过以上分析，可以看到陕西文旅产业未来创新发展的三大趋势，即为规模扩大，产业升级；技术创新，产品升级；内容运营，数字化管理。

产业发展离不开龙头企业的引领与带动，作为陕西本地成立较早的大型文旅企业集团——陕西旅游集团，在创立伊始即承担着推动陕西旅游产业发展，深化旅游管理体制改革，整合全省旅游资源，提升产业化发展程度的历史使命。在陕西旅游集团 20 多年来的发展历程中，其创新主要表现在以下四个方面。一是制度创新。包括三个方面,即纵横双向促改革,内部整合齐发力;专业建设三分离,产业体系强特色;立足省内谋全域,国际拓展绘新局。二是产品创新。陕西旅游集团始终秉承"创新是第一生产力"的原则,在旅游演艺、旅游索道、数字旅游、旅游体育、旅游金融这五大产品上进行了深度创新与实践。如文旅演艺通过文化活化激发旅游消费新动能、转型升级丰富旅游消费新业态、场景迭代创造旅游消费新体验、常演常新锻造文旅演艺新标准、精益求精塑造文旅演艺新品质、科技赋能创意旅游消费新产品、全球视野拓展旅游消费新边界七大路径,在全国形成了陕旅演艺的品牌优势,为西安建设演艺之都创造了基础条件。旅游索道在索道主导景区运营模式、索道业务全产业链构建、索道技术研发等方面进行探索;数字体验产品则在数字体验赋能景区上进行探索,揭示了景区文化的内涵、文物背后的故事,赋予景区趣味性、互动性等功能。旅游体育在体育赛事策划及运营、体育综合体开发方面颇有建树。旅游金融主要通过基金模式,对文化旅游、高端装备智造、新能源、半导体等领域进行投资,形成融合发展新模式。三是营销创新。重点体现在建立以传统媒体＋新媒体的多元营销矩阵,培育数字化营销平台等方面创新不断。四是运营创新。在运营上的创新主要体现在推动运营理论创新,同时搭建了三大专业运营团队。

二、旅游创建城市发展的新空间

城市既是现代人生活居住的主要空间之一,也是文旅产业发展的重要载体。随着旅游业的发展,传统的景区景点观光旅游虽仍占据重要地位,但越来越多的游客不满足于将充满好奇的目光仅仅停留于此,而是希望突破城市空间与区域的限制,跳出一个个被隔离于城市的点位,漫步徜徉于那充满自由与烟火气的街头,感受当地人的日常生活方式,体验地方的民俗文化，品尝当地人的日常美食，亲身体味一番身在异乡为异客的生活。让日常居住的城市所带来的喧嚣与躁动，在这一刻得到慰藉和宣泄，让心灵在此处呼吸别样的空气，获得一种舒适感与松弛感。

随着城市旅游的快速发展，各个城市殚精竭虑探索多种创新手法，打造了一批批城市旅游网红项目，从陕西西安的长安十二时辰、盛唐密盒、山河诗长安开始，到山东淄博的"进淄赶烤"，从哈尔滨的"冰雪大世界"，到上海淮海路的"繁花同款"，从甘肃天水的麻辣烫，到河南开封的"王婆说媒"、洛阳的"只有河南"等，城市正在以前所未有的"新奇姿势"火爆出圈，制造出一个又一个现象级旅游热点，成为推动城市更新、绽放城市活力、彰显城市特色、刺激经济增长、带动城市就业的重要动力。

城市，如何成为旅游发展的新空间？带着这样的思考，我们在对城市文旅产品概念和主要类型进行界定与划分的基础上，对国内主要城市文旅市场的创新趋势进行分析总结，发现新时期城市文旅发展呈现出以下四大趋势：一是更加注重文化内涵与价值的深度挖掘；二是更加注重空间布局的合理与均衡；三是更加注重功能定位与市场需求的精准对接；四是更加注重产品供给的创新表达与个性彰显。"闲逸漫行者""乐游互动派""文化体验族""绿野康旅者"是构成新时期城市文旅消费的四大主力客群，他们对具有品质化、个性化、纵深式、沉浸式、潮流性和文化内涵充足的旅游产品的日益青睐催生出"城市漫游""城市美食巡礼""城市夜游""城市时尚打卡""城市微生活"五类热门产品。

以陕西城市文旅产品为例，通过基于城市交通条件、文化底蕴、配套设施、社会经济基础等因素对陕西城市文旅产品的发展历程、空间布局进行深入分析，可以看到陕西城市文旅发展经历了由资源赋能为主的1.0阶段、特色标签彰显的2.0阶段，已进入以沉浸式体验为主的3.0阶段。城市文旅产品的开发打造，越来越重视城市新兴业态的活力激发、潮流风尚引导力的培育及旅游服务体系完善度的全面提升。在省内形成了以西安为极核、关中地区为发展优势区、陕南陕北为辅助区的发展格局，但文旅产品开发在城市间协同联动、文化特色挖掘、城市文旅品牌打造及产品质量提升等方面仍需持续改善提升。在陕西城市文旅产品创新发展的实践中，我们通过 8 个典型案例的研究，得到了一些发展的启示，比如从优化省域空间格局、丰富各城市产品类型、提升产品质量等方面重塑陕西城市文旅产品谱系，构建"点上突破—线上成景—面上开花"协同发展的全域吸引力网络。

通过以上分析及案例研究，我们创新性地提出城市文旅产品创新的六大策略与七大路径。六大策略分别为：放大文化资源链接力；无界融合构筑城市文艺共享生态圈；多元赋能增强空间场景力；情绪价值激发体验与传播；运营前置增强品牌生命力；轻资产实现"低成本"撬动"高转化"。七大路径分别为：文化创新赋能；提升产品内涵、优化业态组合；创造沉浸式独特体验、产业跨界融合；创新高品质文旅产品、优化配套设施供给；提升文旅服务能力、创新营销推广方式；扩展对外影响力、创新生活方式；构建主客共享新空间、优化开发模式、实现产品可持续成长。

在此基础上，我们进一步深入分析了支撑城市文旅产品打造的底层逻辑，构建了"城市文旅产品创新力"评价体系，它包括文化吸引力、业态融合更新力、休闲风潮引领力、公共服务保障力、营销影响力、主客共享力和产品成长力 7 个一级指标和 24 个二级指标。根据这一指标体系，未来在城市文旅产品开发打造过程中，我们的思路和方向将更加清晰明确。在产业发展的实践过程中，我们也将不断优化完善这一指标体系，让它更好地服务于城市文旅产业发展，让我们的城市旅游产品更好地满足市民与游客的多元需求，构筑具有时代特色与现实意义的旅游新空间。

三、乡村旅游如何助力乡村振兴

乡村，作为另一种居住空间，与城市一起，构成了国人日常生活的重要场景。早在20世纪80年代，伴随着改革开放的步伐，乡村也如同城市一样，诞生了属于自己的初代文旅产品——农家乐。乡村旅游由此开端，并不断创新发展，日趋成熟。在乡村振兴战略的全面实施过程中，乡村旅游的发展空间被进一步放大，担当起了助力乡村振兴的引擎。

乡村旅游发展以农村为空间载体，以农业为产业依托，以农民为生产主体，以城市居民为消费主体，通过对农村生活生产场景的打造，让游客置身新的环境，感受不同于日常居住空间的生活体验，欣赏乡村美景，品尝乡村美食，体验乡村劳动，追忆远去的乡愁，从而构筑一种新的旅游方式，促进农产品、土特产就地销售，带动村民就业与乡村经济发展，推动城镇化发展的进程及城乡一体化发展。

乡村旅游通过深度融合乡村的生产生活场景，转化为乡村振兴的新质资源和新质生产力，推动产品优化和消费升级，乡村旅游已成为推动乡村振兴的重要途径之一。当前我国乡村旅游创新发展呈现出以下五大趋势：链接情绪价值、场景价值及公共价值，实现客流捕获；因地制宜，确定开发模式；文化赋能实现品牌增值；场景营造提升乡土氛围；运营前置创新营销模式。

陕西乡村旅游发展起步于20世纪末，依托优良的生态环境与资源、深厚的历史文化、丰富的业态和多元的展示方式，经过多年发展，越来越受到国内外游客的关注。通过对陕西乡村旅游发展历程、政策沿革及趋势、市场情况的分析，结合乡村旅游资源数量、类型及空间分布特点等因素，可以将陕西乡村旅游资源分为以下八大类型，分别为民俗文化类、特色聚落类、产业科技类、休闲度假类、自然景观类、传统村落类、红色旅游类及休闲农业类。在空间分布上，陕西乡村旅游呈现出关中、陕南、陕北相对集聚的分布模式。当前，陕西乡村旅游发展已经成为全省文旅产业发展的新动能、新标识、新高地、新形象和新示范。当然不可避免地，其发展也存在以下一些问题，例如，开发层次较浅，业态及产品创新不足；产品同质化发展，特色不突出；缺乏系统规划，旅游基础服务设施缺失；旅游管理及服务专业人才欠缺；项目建设资金来源不足；运营及营销手段缺乏创新。

在陕西乡村旅游发展的过程中，先后涌现出一批批具有代表性的示范村，通过对袁家村、蔡家坡村、明星村、朱家湾村、蒋家坪村、木头峪村、梁家河村和西头村八个典型村庄的发展实践和成效的研究与总结，完整体现了陕西乡村旅游因地制宜、坚持特色与差异化发展的路径。袁家村是一个自然资源匮乏、干旱贫瘠的小村子，在多次转型发展过程中，最终选择了第三产业服务业，以"关中民俗"乡村旅游的方式，通过一、二、三产业有机融合、村民自治、构建乡村生活共同体的乡村旅游模式，打造出了中国乡村旅游的一个"超级IP"，走出共同富裕的乡村振兴之路，成为陕西乡村旅游发展的品牌、全国乡村旅游助力乡村振兴的典范；蔡家坡村以艺术乡建、节事活动为核心，以打造国际艺术村落实现文化与生态的全面振兴而成为陕西农文旅融合创新发展的示范村；明星村则以蚕桑种植产业与乡村旅游的融合发展实现三产融合，从而带动乡村振兴；朱家湾村依托秦岭南麓优越的山水生态资源及人文底蕴，通过"民宿＋新业态"发展乡村度假游，走出了一条具有秦岭山区特色的乡村振兴之路；蒋家坪村依托茶旅融合发展乡村旅游，以"茶香蒋家坪、青山大课堂"为核心IP打造青山理论研学基地，从而走出依托乡村自然生态景观的乡村振兴发展之路；木头峪村在古村落文化保护与传承的基础上，通过发展黄河风光游、田园采摘游等旅游休闲产业，从而形成古村落保护与传承发展的乡村旅游振兴模式；梁家河村以"窑居道情，黄土画村"为IP，依托驿站文化、知青文化等红色文化，探索出了黄土高原地区红色旅游发展的新范式；西头村则充分发挥乡土文化价值，以运营前置为思路，通过场景打造与产品开发，成为休闲农业旅游助推乡村振兴的示范。

综合以上研究，我们可以概括出陕西乡村旅游助推乡村振兴的创新发展路径的五大特征，分别是产业振兴、文化振兴、生态振兴、组织振兴和人才振兴。产业振兴强调基于资源禀赋的产业升级路径，是乡村振兴的基础条件；文化振兴注重乡土文化的传承与创新，是乡村振兴的精神内核；生态振兴关注景观治理与艺术空间的发展，是乡村振兴持续发展的动力；组织振兴探索乡村基层治理的新路径，是乡村振兴的内在驱动力；人才振兴则聚焦于乡村建设的引才育才，是乡村振兴的智力保障。通过"五大振兴"探索乡村旅游助推乡村振兴的"陕西模式"，可以为我国乡村旅游的发展贡献陕西力量。

四、"工业 + 旅游" 链接现在与未来

当人类从农业经济时代逐步发展进入工业经济时代之后，由于新技术的发明与应用，生产力得到了极大的提升，社会经济也随之进入了高速发展的快车道。从第一次工业革命开始的 18 世纪 60 年代起始，到今天不过 200 多年，历经了多次工业革命的世界已经发生了翻天覆地的变化。工业时代的那些遗址遗迹，既是人类社会发展的见证者，也成为现代工业旅游发展的源头动力。现代工业旅游最早起源于法国，最初的发展形式主要是工业遗产旅游，即在废弃的工业旧址上，通过保护和对原有工业机器、生产设备、厂房建筑等的改造及再利用，形成一种能够吸引现代人了解工业文化和文明，同时具有独特的观光、休闲和旅游功能的新形式。

随着社会产业结构的转变与大众旅游的不断发展，旅游消费需求多元化和个性化趋势日益明显。工业旅游作为一种新型旅游产品，不仅是旅游形式的创新，更是跨界创新的产物，其发展也越发受到国家及社会各界的高度重视。近年来，我国越来越多的工业园区及工业遗迹被开发

为旅游景点，工业旅游通过其独特的文化性、记忆性、时代性成为文旅产品矩阵中的一个重要类型。工业旅游作为工业与文旅产业融合发展的产物，既是工业产业自身转型升级发展的需要，也大大扩展了传统文旅产业的内容与范围，为文旅产业发展带来新的、巨大的机遇。

发展工业旅游具有重要的社会、经济及文化意义。首先，通过工业旅游可以传承弘扬我国的工匠精神，令游客感受中国厚重的工业文化和工业工匠精神。其次，工业旅游可以丰富提升旅游产业供给能力，将现有的资源及已闲置资源转化为旅游资源，实现价值转化及再创造。再次，工业旅游是现代企业品牌提升的新平台，工业给予了城市产生、发展的时代烙印，通过工业旅游展示，可有效提升市场影响力，推动企业升级发展。最后，工业旅游作为文旅产业新的延伸，完美实现了二产与三产的深度融合，既能有效增加当地旅游收入、创造就业机会，也能带动当地产业经济发展。

我国工业产业门类众多，为工业旅游多样化、特色化发展提供了良好基础。从20世纪90年代开始，由于市场需求快速释放，市场规模快速增长，发展至今已拥有三批共计132个具有示范引领作用的国家工业旅游示范基地。各工业企业依托工业遗产、现代化生产线、工业产品等特色资源，打造了多样化定制产品，集聚了一批稳定、忠实的消费群体，对未来工业旅游可持续发展起到了重要的促进作用。随着行业不断拓展，企业也更加重视工业旅游发展，不仅将其视为履行社会责任、传播优秀工业文化、工匠精神的有效途径，也通过工业旅游发展增加经济收益、提升自身品牌影响力及价值。

陕西拥有门类齐全的工业企业，尤以军工企业、硬科技企业为主，工业旅游萌芽较早，工业资源丰富。2022年，陕西省省属工业企业营业收入12531亿元，利润总额809亿元，具备发展工业旅游的优良条件。目前，陕西已打造开放14处遗址类工业旅游项目，22处企业类工业旅游项目，但相较于其工业大省和旅游大省的地位，陕西工业旅游发展仍相对滞后，工业遗址旅游整体开发利用程度较低。陕西的工业旅游以西安市区的工业遗址旅游为代表，其他市（区）的工业建设遗址大都处于闲置荒废状态。相比较而言，陕西工业企业的旅游接待和服务设施较工业遗址开发更为成熟，全省能全年常规运营接待游客的工业旅游点有十余处，其中西安、宝鸡工业企业旅游发展领先全省。

从陕西工业旅游发展的整体情况来看，工业企业旅游类产品占比较大，主要以商品型开发模式为主，包括生产线参观、研学教育、商品展销等产品，而高等级及综合型开发的工业旅游景区（点）占比较小。在多年的发展过程中，陕西省内涌现出了众多工业旅游创新案例，例如工业遗址类的王石凹煤矿工业遗址公园、长乐塬抗战工业遗址公园；轻工业类的张裕瑞那城堡酒庄、爱菊健康文化体验园；重工业类的陕汽汽车工业青少年素质教育实践基地、陕钢集团汉钢公司工业旅游景区；科技工业类的"9号宇宙"科普教育基地、隆基绿能智慧能源展览馆等。

基于陕西工业旅游发展的历程、现状及趋势，从工业旅游开发、规划、设计、运营等多个角度分析不同工业旅游项目主题发掘、开发重点、项目配套、体验形式、品牌营销等内容，我们探索总结出陕西工业旅游七大创新发展路径，包括"改—拓—融"发掘自身特色、分类指引创新开发模式、串联整合打造精品线路、科技赋能打造多元场景、区域联动打响陕西品牌、多项并举搭建运营模式、机制创新营造良好环境。通过以上经验总结，形成对工业和旅游产业融合发展更具科学性的发展指引经验，提供具有可落地、可操作的实践路径与方法，为推进工业旅游项目落地实施提供有价值的参考及借鉴，推动我国工业旅游进一步提升及发展。

五、新消费、新场景、新旅游

近现代以来，随着历次工业革命的发生及推动，社会生产力得到了极大的提升，社会由之前物资相对匮乏的时代慢慢进入物质富足的状态。自20世纪后半叶开始，随着工业社会的进一步发展，部分发达国家逐步进入所谓的后现代社会，"消费社会"的概念经由让·鲍德里亚的阐述，进一步深入人心，消费取代生产，成为这个世界最重要的事情。丰盛作为消费社会最主要的特征，每个人都希望在丰盛中获得更多的物质，以满足自身的欲望。

旅游作为一种更加注重精神文化内涵的高等级消费产品，在这个生产力快速发展的时代，慢慢进入大众消费领域，时至今日，大众旅游已经成为我国旅游发展的一种新的常态。满足大众不断增长的精神文化需求，自然需要不断创造新的消费产品、消费场景，创新的过程，也间接推动了文旅产业自身的创新发展。传统的文旅产业，在新需求、新技术的影响下，逐渐催生了新的形态，新消费场景贯穿了传统旅游的方方面面，展现了自身独特的魅力和吸引力，指引着文旅产业发展的方向。

近些年，随着中国经济从高速增长阶段转向高质量发展阶段，作为新的战略性支柱产业的文旅产业日益受到关注和重视。党的十九大和二十大报告均强调了文旅高质量发展的重要性。

在文旅产业发展中，文旅消费场景的创新发展成为关键。陕西拥有深厚的历史文化底蕴和丰富的旅游资源，在文旅产业创新发展的新阶段，应利用其多元、特色的资源，推动文旅消费场景创新，创造行业新的增长点，进而推动全省乃至全国文旅产业的转型升级发展。

梳理陕西景区、度假区、休闲街区三大市场的发展现状、发展历程、创新亮点、社会效益等内容，填补了文旅消费场景创新研究的空白，丰富了相关理论框架，还为政府部门和文旅企业提供了可借鉴、可落地的发展模式。有助于进一步开发打造文旅新场景，推动消费体验升级，满足人民更高层次的文旅消费需求，促进文旅产业的内涵式发展。

通过分析，我们归纳了陕西文旅消费场景创新发展的"五高"路径。包括高品质创建、高质量产品创新、高水平数字赋能、高精准营销推广和高效益运管模式。在高品质创建方面，要注重文化挖掘和主题定位的独特性，打造具有差异化竞争优势的文旅消费场景。在高质量产品创新方面，通过"文旅＋科技""文旅＋社交"等融合发展新思路，结合产品创新和文化赋能来提升消费场景的文化内涵、吸引力及体验性。在高水平数字赋能方面，需要关注如何利用人工智能、大数据等前沿技术，优化消费场景体验、管理和服务，提升消费者的满意度和忠诚度。在高精准营销推广方面，需要加强市场细分和精准定位的研究与实践，通过多元化营销手段提高品牌知名度和市场占有率。在高效益运管模式方面，要采取完善运营前置体系、优选运营前置团队等具体措施，以确保项目顺利落地和长效、高效运营。

六、鉴往知来，从实践到经验再到实践

旅游业的发展历程，与中国经济与社会发展的历程同步。改革开放后，随着经济社会的持续发展，旅游业作为一种产业发展的历程由入境旅游的发展起步，到国内游、出境游逐步出现并占据重要位置，再到如今文旅融合发展成为一种必然趋势，其发展速度超越国外。

目前，作为市场主体的我国文旅企业，通过资源整合、项目开发、管理与服务提升，打造了一批知名景区景点，成为推动行业发展的主要实践者。在行业发展越发成熟的今天，作为传统行业，必须不断通过产业协同与融合、新技术应用、管理能力提升等途径，延续自身发展态势，这本身就是一段不断创新发展的历程。温故而知新，分析区域及企业创新发展历程，有助于我们更好地认识行业发展中表现的问题，从而为今后的发展提供借鉴和指导，探寻更科学的行业发展之道。

从城市旅游到旅游城市，当社会的整体需求发生转变之时，发展的方向更是瞬息万变。城市，既是现代人主要的生活场景之一，也是现代

文旅产业发展的主要空间载体。因为产业繁荣创造的巨大经济财富、因为人口流动而形成的人才集聚、因为历史人文资源富集而具备的发展潜力，当这些因素与现代人的多元需求相互融合的时候，城市便不仅仅是一个生活场景，同时也成为一种新的旅游场景。在你的城市，你是居民，他是游客；换一个城市，你变成了游客，而他则是居民。每一个现代人所扮演的角色，也在不断流动的现代社会中持续变化，城市，则让这种生活成为一种可能。未来，城市的形态和功能仍将持续丰富和变化，而我们将如何抓住这一趋势，创造更丰富的城市文旅产品及服务，这依然需要不断地探索。

乡村是一个具有美好意向与想象空间的实体，似乎也是中国人理想生活的终极归宿。"采菊东篱下，悠然见南山""明月松间照、清泉石上流"，那种闲适与悠然，对于如今的城市居民而言，是一种奢望，是一种理想的休闲度假之地。而对于本地居民而言，谁不希望自己的家乡在拥有山水田园之美的同时，更能有现代产业的支撑，让自身的生活环境与生活水平得到大幅提升。从这样的意义上来看，乡村旅游的创新发展仍然还有很长的路要走。怎样因地制宜，为谁策划，策划什么样的产品，谁来策划，谁来投资，如何将这些要素有机协调，推动乡村真正的振兴，这样的乡村旅游发展中的挑战将长期伴随着我们。

工业旅游的发展本身就可看作一种创新，让那些荒废或已经失去原本功能的工业遗址遗迹，通过新的改造，创造新的功能和价值。这种创新精神正是今天的文旅产业转型升级发展的原始动力。每一个产品、每一个产业都会有自身独特的生命周期，而同时，它又受到社会发展周期的影响，当原有的发展阶段已成为过去式时，害怕、拒绝改变是没有出路的。唯变不变，只有洞悉社会与行业发展的规律，才能做到处变不惊，进而果断决策，坚决行动，用创新的方式助力自身穿越周期，完成蜕变。当你经历过一次这样的变化，对于未来发展的方向将看得更加清晰。同样，研究工业旅游发展的过程本身，也能为我们的创新发展提供源源不断的启示和借鉴。更何况，今天的工业旅游，在新的环境与技术条件的支持下，其所可以发挥的空间是我们尚难一眼望尽的。

身临其境才能拥有真切的感受和体验。旅游为人们提供了这样的条件，从走马观花式的观光旅游时代，到如今沉浸式体验的深度旅游时代，旅游的场景一直在变化，但不变的是人们的求新求异、追求刺激与乐趣的心。让游客拥有更加真实和刺激的体验，这正好给了行业充分发挥其创造性的机会。AR、VR、元宇宙、AI 等现代技术的应用，为行业的发展带来了无限的可能。我们要关注的：一是如何发掘游客的真实需求与市场容量；二是如何通过技术及艺术的创新利用，打造新的文旅消费场景及配套产品；三是如何形成自身的品牌 IP，向产业链上下游延伸，发挥最大价值，创收最佳效益。

文旅产业的发展与创新，是在不断优化完善已有产品及服务的基础上，通过采用新技术、新思想，进而创造新产品及新服务，在满足市场需求的同时，带动产业及社会经济增长。当我们站在前人的肩膀上，将已有技术与发现都充分转化为生产力的时候，我们创造了空前繁荣的成果。而未来，我们仍将继续前行，依然需要持续的创新，一种来自生命本源的前进的力量，引领我们穿越曾经创造的高峰，到达新的天地，在时代发展的潮流中永续发展与创新。

第一章　陕西旅游创新发展的企业实践

第一节

旅游创新发展背景

党的十八大提出实施创新驱动发展战略，强调科技创新是提高社会生产力和综合国力的战略支撑，必须摆在国家发展全局的核心位置。这是中央在新的发展阶段确立的立足全局、面向全球、聚焦关键、带动整体的国家重大发展战略。国家"十四五"规划战略导向之一即为"坚持创新驱动发展，全面塑造发展新优势"。文旅业也十分重视创新发展，出台了如《"十四五"文化和旅游科技创新规划》《智慧旅游创新发展行动计划》《关于推动未来产业创新发展的实施意见》等一系列规划、计划和意见，均对文旅业的创新发展指明了方向。

聚焦市场发展趋势，旅游需求由传统的观光旅游变得更加多元化、创新化，对文旅新业态、新模式、新产品的诉求与日俱增，品质需求倒逼旅游供给侧改革，数字沉浸体验、村BA、寺庙游、美食游、换装游、网红打卡游等新产品、新业态应运而生。未来文旅产业的高质量发展，需要讲好新故事，运用新技术，创造新场景，创作新产品，开拓新市场，形成新格局，不断创新发展以满足游客的多样化、个性化的需求。

陕西是文化和旅游强省，从产业成长历程、发展模式和规模上看，均居于全国先进水平。陕西省文旅发展一直秉承"在改革中突破、在继承中创新、在融合中提升"的原则，不断打造高质量文旅融合项目。近年来更是以创新创造为发展路径，激发了文旅新动力，形成文旅发展新格局。先后制定出台了《陕西省"十四五"文化和旅游发展规划》《陕西省推进高质量文化旅游项目建设行动方案》《陕西省打造万亿级文化旅游产业实施意见（2021—2025年）》等一系列政策法规，为加快推动陕西文化和旅游业高质量发展和创新发展提供了强劲支撑。陕西旅游集团作为陕西省龙头文旅企业，始终充当陕西文旅创新发展的排头兵，集团以文化旅游产业融合的专业化、市场化运作为基础，持续服务陕西全域文旅产业发展。

然而，当前陕西文旅契合新政策、新消费、新需求的供给不足成为制约旅游进一步增长的"瓶颈"。本篇章聚焦企业实践——陕西旅游集团的创新总结，包括对陕西旅游集团20年以来在制度创新、产品创新、营销创新和运营创新四个方面的创新路径和创新案例进行了总结和提炼，并对未来陕西旅游创新趋势进行预测。通过深入总结企业创新实践案例的成效和经验，充分发挥企业在陕西文旅发展中的示范引领作用，其研究对于推进地方文旅项目落地实施具有较高的参考和借鉴意义，是深度推动文化和旅游高质量发展的重要路径，也为陕西文旅高质量发展提供可落地、可操作的实践经验。

第二节

国内旅游创新发展现状

一、国家文旅创新的相关政策

（一）新质生产力塑造文旅发展新动能新优势

随着科技的快速发展和产业结构的调整，发展新质生产力成为推动高质量发展的重要着力点（图1-1）。

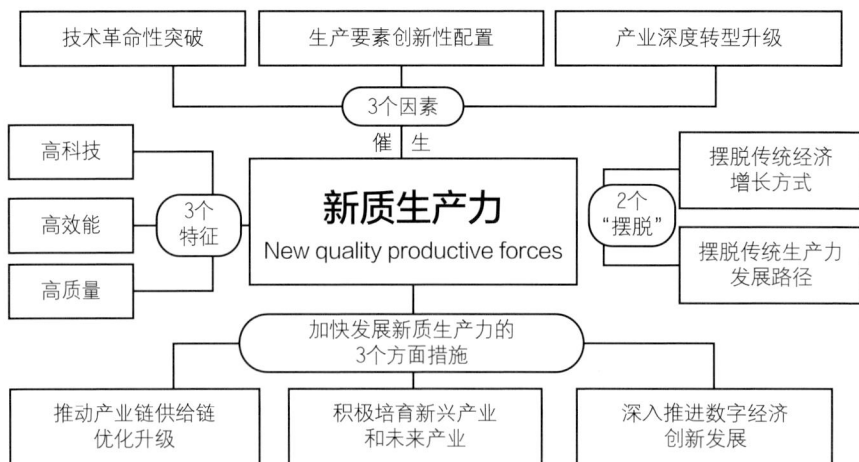

图1-1　新质生产力逻辑关系图

在国民经济各行业中，文旅产业是关联度高、融合性强的产业，成为培育新质生产力蓄势赋能潜力和空间很大的产业。新质生产力将如何赋予文旅发展新动能、新优势，促进文旅高质量发展？一是科技赋能文旅业创新发展。在未来以科技赋能文旅新质生产力发展过程中，可重点在移动端传播、智能化生成、场景化消费、沉浸式体验等方面展开。二是升级文旅全产业链。文旅的产业结构将从链式走向多"链条"复合式，即"链网"结构，文旅与各行业融合的深度、广度将逐渐拓展，如生态旅游、体育旅游、低空旅游、康养旅游、研学旅游、美食旅游等跨界融合业态产品供给将进一步加大，不断延伸产业链、催生新业态。三是文旅产业绿色发展。在形成新质生产力的过程中，客观要求文旅产业与生态文明建设的融合更广泛、更深入，倡导绿色旅游在提升旅游资源的开发效率、推动旅游目的地建设的科学化、提高旅游领域投入产出比、拉动经济发展等方面具有战略意义，这与新质生产力发展的基本逻辑不谋而合。

（二）国家"十四五"相关规划指引创新发展

近年来，国家高度重视文旅产业创新发展，"十四五"相关规划为文旅创新发展描绘了宏伟蓝图。在党的二十大报告和《"十四五"规划》中明确提出，深入发展大众旅游、智慧旅游，创新旅游产品体系，改善旅游消费体验。推进红色旅游、文化遗产旅游、旅游演艺等创新发展。除此之外，相继出台的《"十四五"文化和旅游科技创新规划》《"十四五"文化和旅游发展规划》《"十四五"旅游业发展规划》也对文旅创新提出了明确要求，强调突出创新的核心地位，把创新作为引领发展的第一动力，全面推进模式创新、业态创新、产品创新，为文旅创新发展提供了有力的支持和指导，体现了国家支持创新发展的坚定决心，也标志着中国旅游业正在进入数字化、网络化和智能化发展的新时代。

（三）国家专项计划、意见等措施对创新发展的支持

国家发展改革委、文化和旅游部及各级地方政府积极响应国家战略部署，制定了一系列详细、具体且可操作性强的专项计划和意见，如《关于推动数字文化产业高质量发展的意见》《国内旅游提升计划（2023—2025年）》《关于推动未来产业创新发展的实施意见》《关于释放旅游消费潜力推动旅游业高质量发展的若干措施》《元宇宙产业创新发展三年行动计划（2023—2025年）》等，提出创新旅游产品体系，丰富优质旅游供给，提升未来产业综合实力；结合文化产业和旅游业发展的新趋势，对互联网、VR/AR、大数据、云计算、人工智能等数字技术在文旅领域创新应用提出要求；推动利用数字技术改造提升传统旅游消费场所，打造智慧旅游、沉浸式体验新空间；坚持创新驱动，释放元宇宙集成创新动能，建设文旅元宇宙，打造数字演艺、"云旅游"等新业态，打造数智文旅沉浸式体验空间，推广沉浸交互的生活消费场景等不同行业的创新发展思路，明确了创新发展的方向和目标，强化了数字技术在文旅领域中的应用，有效助推了文化旅游产业转型升级。

二、陕西文旅创新的相关政策

（一）深化文化与科技融合创新

陕西省积极响应国家号召，通过一系列政策措施推动文旅与数字技术、互联网、人工智能等现代科技的深度融合。发布的《陕西省"十四五"文化和旅游发展规划》《陕西省推进高质量文化旅游项目建设行动方案》《陕西省打造万亿级文化旅游产业实施意见（2021—2025年）》等规划、意见提出了以创新为动能，持续推进公共文化数字化建设，打造"陕西公共文化云"，实现公共数字文化服务全覆盖；以科技创

新和数字变革不断催生新的发展动能，加快推进项目建设理念创新、策划创新、业态创新、模式创新和成果创新；实施文化旅游科技创新工程，对接秦创原创新驱动平台，健全数字文化旅游产业体系。开展"上云用数赋智"试点工作，推进传统线下业态数字化改造和转型升级，促进产业上线上云。构建智慧旅游云生态圈，升级陕西智慧旅游平台等关键的政策措施和实践方向，利用现代科技手段提升文旅体验和服务水平，促进陕西文旅的高质量发展。

（二）创新培育文旅消费形态

陕西省紧抓文旅产业发展新机遇，出台了《陕西省关于加快文旅产业发展的若干措施》等一系列具有前瞻性的政策，旨在激发消费潜力，塑造新的消费热点。主要包括推动数字文化产业、智慧旅游、公共数字文化服务、数字技术及新场景应用、文化遗产保护等创新业态蓬勃发展；创新文旅消费场景，培育壮大云旅游、云娱乐等新型消费形态，创新产品和服务方式，丰富产品供给、推动大众旅游、发展智慧旅游、优化传统业态；培育数字文化旅游新业态，发展壮大线上演播、沉浸式体验、数字艺术展示、数字会展、数字出版、网络视听、电子竞技、在线教育等新业态。培育一批"虚拟产业园""虚拟产业集群""互联网＋旅游"创新示范基地；推出一批具有陕西符号的文化文物、戏剧、动漫游戏衍生品等文创产品和数字产品。推动利用数字技术改造提升传统旅游消费场所，打造智慧旅游、沉浸式体验新空间等政策内容，旨在推动旅游多样化，构建一个充满活力、创新驱动的文旅消费新格局。

（三）出台文旅企业创新奖补政策

为了鼓励文旅企业的创新发展，陕西省出台了相应的奖补政策，包括设立专项基金支持创新项目研发、给予税收优惠、提供融资便利等措施，以此激励更多企业参与到文旅创新的大潮中来，共同推动陕西文化和旅游产业高质量发展。如《支持文化和旅游企业发展财税金融政策措施》《陕西省关于加快文旅产业发展的若干措施》等文件中提到，支持文旅企业设立科技创新平台、开展科技创新活动，符合条件的给予科技创新券、研发奖补、减税降费等政策支持。支持文旅企业利用秦创原创新驱动平台孵化科技型文旅企业，对进驻以及在秦创原创办的文旅企业优先给予项目资金支持，加大对高新技术文旅企业和技术先进型文旅企业的奖补力度。加强改革创新，推动国有景区所有权、管理权和经营权分离，建立有利于专业化运营的现代企业制度等激发企业创新活力的政策措施，促进文旅企业成为引领产业转型升级的重要力量。

三、市场动态

（一）全国旅游市场趋势

1. 旅游经济成为国民经济最大亮点

旅游在较短的时间窗口内形成巨额增长量。2022 年国内出游人数和国内旅游收入跌到谷底位置，分别为 25.3 亿人次、2.04 万亿元。2023 年国内旅游市场快速复苏，国内出游人数 48.91 亿人次，国内游客出游花费 4.91 万亿元，国内出游人数和国内旅游收入恢复到 2019 年的 8 成左右，同比增长量也分别达到 23.61 亿人次、2.87 万亿元。从收入角度来看，相当于 39 个 2019 年全国电影总票房的总额，相当于 2022 年全年消费品零售总额的 5.7%，这个增长量集中在一年时间里，且更多地集中于节假日，堪称爆发式增长。在非常有限的消费时间段里消化这样高密度的增长，形成了 2023 年的一系列全面逆转型事件，如"特种兵打卡式旅游"、"进淄赶烤"热潮、演唱会旅游、"Citywalk"火爆出圈、"国风国潮沉浸穿越"、"哈尔滨冰雪节"、"平凉烧烤"等。

2.旅游市场的碎片化、下沉化、品质化进一步提速

随着文旅活动深度融合，旅游消费呈现出明显的碎片化趋势，致使旅游供给也更加多元化。旅游＋音乐、＋文化、＋美食、＋实景演出等多重文旅"套餐"成为各地标配，"跟着影视剧去旅游"成为消费新潮流，体现出"特色游"的迅速发展。同时，三四五线城市及县域旅游目的地热度高涨，游客出游动机越来越多样，旅游产品也逐渐小众化、差异化、精细化，人少景美"反向游"成旅游热点。数据显示，2024年上半年东营、海口、菏泽、宜宾等小众城市的出游人数同比增幅都在100%以上。此外，旅游更加注重品质化，人们开始从追求"性价比"转向追求"心价比"。游客更加注重出行感受和体验，愿意为好情绪买单，旅游过程中的住宿条件、餐饮质量、卫生安全等因素都是评价旅游体验的重要指标。

3.科技与创意加持，沉浸体验、夜游等创意产品备受青睐

数字创新发力，科技赋能推动文旅产业新质生产力发展，以数字技术为依托，建立起了数字旅游产品、数字服务内容、数字监管系统和平台，既满足新的消费需求，又提升旅游业的发展动能。统计数据表明，2023年，我国沉浸产业总产值达到1933.4亿元，消费市场规模达到了927亿元，相比2019年增长了44%，彰显出创意新业态的强大市场潜力和发展势头。同时，消费新"夜"态向旅游市场"毛细血管"持续深入，游船、演艺、主题乐园夜场等夜游产品体验受到青睐，白天去景点拍照，晚上夜游看演艺、赏非遗、品美食，成为不少人的出游标配。夜游不仅延长了游客在旅游目的地的停留时间，还增加了旅游消费的可能性，带动了相关产业消费。

4.全域发展"景区城市"火热，旅游空间载体多元化

从淄博、哈尔滨到天水，总有一座被流量选中的城市，实现了可观的文旅收入，这一现象，折射出旅行目的地正在从景区转向城市。"城区即景区、旅游即生活"理念兴起，人们不再满足于看景点、逛乐园，更希望深入体验地方风土人情。在新的旅游消费场景培育过程中，城市正逐步成为新的孵化器，文旅产业也成为城市转型的重要抓手。伴随着自由行、自助旅游的兴起，越来越多的游客走进居民的生产生活空间和休闲场景，诸多城市通过空间改造、特色街区建筑和景观打造等方式彰显地域特色文化，加大了特色新业态供给，艺术空间、休闲街区、文商旅综合体、图书馆、博物馆等多元化旅游空间载体逐渐成为火热的微度假旅游目的地。

（二）全国文旅创新实践

1.制度创新

制度创新在经济转型升级、消费升级和文旅深度融合的大背景下应运而生，不仅响应了人民群众对美好生活的新期待，也体现了国家对文化旅游业战略性支柱产业的定位。突出表现在以下方面：一是跨部门合作创新。不同政府部门之间，通过促进跨领域的融合创新，实现了资源的有效整合与协同工作模式的建立，如浙江省"诗画浙江·百县千碗"工程坚持省、市、县三级联动，带动了消费升级。二是用地制度创新。文旅产业用地"桂林模式"通过创新工作机制和政策体系，在土地使用制度方面进行了大胆改革，开创了国有农用地出让先河，解决了旅游产业用地难题。三是管理机制体制创新。巴中市成立文旅新区，打破行政区划限制，促进文旅资源合理配置和高效利用，探索了授权赋能、封闭管理、市场化运作的运行机制。四是资源整合创新成为推动文化旅游产业发展的关键动力。湖南雪峰山旅游度假区通过集体土地入股等方式，构建了旅游企业与村民的利益共同体，创新了资源整合方式，推动闲置资源成为旅游创收股权。

2.营销创新

互联网和社交媒体平台的迅猛发展，为城市营销创新提供了新的渠道。随着消费者对个性化、体验化旅游需求的增长，诸多省市通过对城市特色文化的挖掘和利用，打造独特的城市品牌，并结合短视频、直播、社交媒体 KOL（Key Opinion Leader，关键意见领袖）等创新营销策略，重视游客体验，持续对城市文化和服务质量进行投入提升。如依托短视频平台成为城市"流量密码"的洪崖洞、磁器口、茶颜悦色等独特城市景观，助推了重庆和长沙进一步打造网红城市，成为社交媒体上的热门话题。淄博和天水则凭借其地域文化底蕴、当地政府的后期跟进以及商家市民的精细服务，赢得了游客的广泛好评，从细节处展现了城市的魅力。河南则以文化复兴为突破点，通过"科技＋人文"的方式，成功打造出《唐宫夜宴》等爆款 IP，推动了数字博物馆、文创数字藏品等新业态发展。同时，河南积极创新营销传播方式，如"文旅局长变装宣传""一起考古吧"等亲力亲为的宣传活动，有效提升了地方文旅品牌形象。

3. 模式创新

在经济全球化、文化与生态意识提升以及区域一体化发展等背景下，文旅模式创新通过文化资源的深度挖掘与创造性转化，推动城乡和谐共生，激活区域经济，实现多元文化融合创新与可持续发展。一方面，区域层面通过旅游一体化合作机制构建、政策协调、文旅资源协同等方式，促使文旅产业能够更好地展现地方特色。如粤港澳大湾区通过打造无障碍旅游区、共建共享的旅游产品和服务，促进了区域内外的资源整合与市场拓展；长三角地区依托交通网络一体化、市场联合营销推动了资源共享与优势互补。另一方面，乡村旅游作为一种新兴的文旅模式，为农村地区带来了新的经济增长点。成都通过文旅融合，贯彻"城乡一盘棋"全面推进乡村振兴，以旅游激活乡村资源，突出林盘生态、文创引导、土地创新与配套完善，实现了从传统农业向文旅产业的转型升级。此外，一些城市开始探索非传统资源依托型的城市旅游发展模式，着重利用城市的独特历史背景、现代艺术氛围等软实力资源，开发出一系列新型旅游产品，城市则成为展示历史与现代交融、文化与科技对话的舞台。如杭州以西湖美景和深厚的茶文化底蕴，结合现代的灯光秀和数字艺术，打造了独特的夜游产品。

4. 技术创新

文旅产业正经历着一场由数字化创新驱动的深刻变革。数字化手段极大地丰富了艺术的表现形式，如沉浸式戏曲《黛玉葬花》利用虚拟现实技术，通过扩展现实眼镜和智能终端，将虚拟的越剧表演与真实的舞台装置相融合，革新了戏曲观演模式；数字艺术展览、在线互动剧场等数字化创新艺术形态，推动了文化机构的数字化转型升级，使博物馆等传统场馆通过数字化藏品管理、在线展览和智慧导览等手段，跨越物理界限，实现文化的广泛传播与深度互动。云旅游、数字文创产品等数字化文化消费新场景的兴起，拓宽了文化消费的边界，构建起一个全天候、跨地域的文化体验空间。数字科技在场景塑造上的应用，特别是沉浸式游览项目的开发，如利用 VR/AR 技术重现历史场景、打造未来主题公园等，更是颠覆了传统的旅游观光模式，极大地增强了文旅体验的真实感与参与感。以"张家界星球"为例，该项目通过数字孪生构建元宇宙虚拟世界，还原了张家界武陵源景区的万千奇峰。可见，数字技术不断革新着文旅模式，构成了一个多元化、智能化、高度参与的文旅新生态。

5. 产品创新

得益于消费升级与文化自信的双重驱动、数字技术的飞速发展以及"90后""00后"对个性化、互动性、深度文化体验日益增长的需求，文旅产品呈现出文化＋科技融合的显著特征。如大唐不夜城、夜游锦江等城市夜游项目利用光影艺术和智能技术，将历史文化遗产与现代都市风貌有机融合，为游客提供耳目一新的夜间游览体验；中国大运河博物馆、湖北省博物馆《遇见·楚庄王》等"博物馆＋"沉浸式展览展示则通过 VR/AR、全息投影等高科技手段，融合内容创意与技术创新，让静态展品"活"了起来；《重庆·1949》等以演艺为核心的大型实景演出文旅产品，结合地方特色文化，创造出震撼的视听盛宴，强化了文化故事的传达；以"长安十二时辰"为代表的沉浸式街区与主题乐园更是通过构建完整的"全业态、全场景、全时段"故事场景与角色扮演，实现了娱乐与文化的深度交互，为游客营造沉浸式体验。

6. 运营管理创新

源于对文化传承与科技创新融合的深刻理解以及对消费者日益增长的个性化旅游需求的精准把握，文旅运营从 IP 打造与内容创新，到线上线下融合的全渠道营销，再到精细运营与顾客体验管理的全方位升级，共同构筑了一个综合性的文旅生态体系，主要体现在运营理论创新、运营团队创新和运营平台创新等多个层面。运营理论创新强调数据驱动和用户体验导向，通过收集和分析大量数据，精准把握游客需求，不断优化运营策略，如拈花湾文旅以"文旅+"推动跨界融合，在轻资产过程中做到了文化总领、设计总控、运营贯穿和效益落地；运营团队创新则通过高效的团队协作，确保文旅项目的顺利实施，如华强方特集团以其自有知名 IP——熊出没，下沉市场瞄准于中国二、三线城市，实行了技术自研自产、全国规模化复制及全方位娱乐营销，以快速推进国内主题公园布局的运营手段，扩大市场；运营平台创新则体现在搭建智能化、网络化的管理平台上，如携程计算机技术有限公司搭建的旅游营销枢纽，不仅建成了目的地品牌全域营销矩阵，提高了运营效率，也为游客提供了更加便捷、个性化的服务。

第三节

陕西旅游发展历程及创新

一、陕西旅游发展历程

（一）改革开放 40 年陕西旅游业创新发展回顾

陕西旅游在 1990 年之前，以入境旅游为主要发展阶段。旅游产品以"走马观花"的观光旅游为主。"食、住、行、游、购、娱"供给严重不足，服务质量比较低。主要形成北京—上海—西安入境旅游线路，以世界八大奇迹兵马俑等参观旅游为核心。

1990—2000 年，资源主导阶段。以世界级的自然和文化遗产的参观为主，形成了以秦始皇兵马俑博物馆、华清池、城墙、华山、大小雁塔等著名景区景点为核心的产品体系。

2000—2010 年，多元产品开发阶段。如开发了以太白山温泉、临潼温泉为代表的温泉旅游，以周至水街、高陵场畔为代表的乡村旅游，以翠华山、太平森林公园、秦岭野生动物园等为代表的生态旅游。

2010—2020 年，目的地开发阶段。以西安市旅游目的地建设最为突出，通过世界园艺博览会、西安丝绸之路国际旅游博览会等会展旅游的开发吸引大量游客来陕，其次通过"西安年·最中国"等活动举办开创陕西旅游新纪元，来西安过大年成为陕西文旅的品牌，西安旅游再无淡旺季，陕西实现跨越式发展。2018年"西安年·最中国"春节假日西安市共接待游客人数1269.49万人次，同比增长66.56%，实现旅游收入103.15亿元，同比增长137.08%。

2020年至今，由文旅融合走向科技创新发展阶段。近年来陕西省全省文旅企业积极抢抓信息化、数字化、智能化发展战略机遇，开辟新领域新赛道，文旅新业态、新场景、新成果持续涌现，迭代升级、链式发展的陕西现代文化旅游产业体系正在形成。如长安十二时辰、大唐不夜城等一批5G应用示范场景、智慧旅游沉浸式体验新空间成为文旅"爆款"IP，西安城南夜游品牌领跑全国。白鹿原影视城、西安城墙景区获评国家旅游科技示范园区。

（二）改革开放40年陕西旅游业发展中的企业作为

改革开放40年，陕西已经拥有陕西旅游集团、陕西文化产业投资控股有限公司、西安旅游集团、西安曲江文化旅游股份有限公司等一批知名的国有文旅企业。它们深耕陕西文旅创新发展，共建了当今陕西文旅的大格局。陕西旅游集团，作为陕西文旅的龙头企业，曾荣获2020年中国旅游集团20强，陕西旅游集团不断开拓、持续创新，引领了陕西旅游的新发展，以此为典型案例来阐述陕西文旅企业创新、发展嬗变的历程。

2000年之前，是突破资源限制，尝试体验式旅游阶段。如1988年唐乐宫开演，推出"穿唐装、观唐戏、品唐餐"系列活动，开创中国旅游文化演艺先河。陕西核心景区，如秦兵马俑、秦始皇帝陵、华山、乾陵、法门寺、汉阳陵当时皆属陕西旅游集团管理。

2000—2010年，文化演艺旅游品牌形成。2006年，真山真水真历史的大型实景演出《长恨歌》诞生。使得华清宫景区跳出传统人文景区的发展路径，走出了一条"以文化促旅游，以旅游养文化"，文旅融合的新路径。

2010—2020 年，陕西旅游集团助力多地旅游目的地建设。太华索道投入运营，助力渭南旅游目的地打造，陕西旅游集团在省内相继投资了白鹿原影视城、诸葛古镇、中国·周原、文安驿、黄河壶口、四海唐人街、延安圣地河谷等一批践行文旅融合的重大项目，对延安、汉中、宝鸡等地旅游目的地打造发挥积极作用。

2020 年至今，陕西旅游集团率先实行数字化转型发展。从 2020 年投入 3000 万元，到 2023 年投入近 8000 万元，陕西旅游集团的科技投入年均增幅超过 30%。随着科技转型的深入实施，陕西旅游集团旗下的传统文化资源型景区实现了产品迭代、产业升级，打造了兵马俑数字体验馆、金延安九曲黄河 HI 元宇宙沉浸漫游馆等项目，用科技揭示了文化内涵，促进了文旅消费。

（三）改革开放 40 年陕西旅游业发展特色与创新总结

陕西旅游在全国处于领先地位，入境旅游尤为突出。陕西入境游是全国热点省份之一，特别是西安的国际游可以追溯至改革开放初期，1980 年，来华外宾主要集中在七大热点地区：北京、西安、上海、桂林、昆明、重庆、新疆。当时，西安长居热点城市第二名，仅次于首都北京。最新数据显示，西安在"入境游 15 座热门城市"榜单中位列第五位。换句话说，陕西旅游的整体发展水平比陕西 GDP 在全国的排名要高。

世界级遗产旅游在全国处于重要地位。截至 2025 年 5 月，陕西有包括秦始皇帝陵及秦兵马俑、唐长安城大明宫遗址、大小雁塔等在内的 9 处世界遗产，皆进行了保护性开发，从而享誉世界。陕西的世界非物质文化遗产有 4 处，分别为西安鼓乐、华州皮影戏、陕西剪纸、咸阳茯茶，这 4 项世界级非遗通过影视、景区等载体得以创造性传承。国家 5A 级旅游景区 14 家，国家级旅游度假区 2 家。

政府与国有企业双轮驱动下的发展格局。陕西历届省委、省政府非常重视发展旅游业，把旅游业一直作为特色产业、支柱产业来发展，近年来更是提出要建设旅游强省，陕西旅游40年的发展成功离不开陕西省政府对旅游的一系列政策支持。陕西省还有效地发挥了国有企业的产业驱动作用，陕西旅游集团、西安曲江文化旅游集团、陕西文化产业投资控股集团、西安旅游集团等国企对旅游产业发展起到了示范带动作用。

初步形成"中华圣地，人文陕西"的旅游品牌。具体而言，北有圣地延安、黄帝始祖圣地；中有关中周秦汉唐历史文化圣地；南有秦岭中华龙脊圣地的旅游品牌。特别是近年来品牌形象进一步明晰，品牌影响力进一步扩大。如以"人文陕西"为形象定位，系统推出"三秦四季·畅旅欢歌""越秦岭、阅黄河、悦陕西""丝路起点，秦俑故乡——陕西欢迎你""了解中国从陕西开始"等系列宣传标语，全面提升了陕西文旅的吸引力、传播力与竞争力。

二、顶层设计创新

（一）创新路径

1.起步阶段（改革开放伊始）

依托陕西省厚重的历史文化底蕴，陕西省委、省政府在全国率先成立了旅游行政管理部门，开启了陕西发展旅游的新征途。1978年，旅行游览事业管理局正式成立，陕西旅游业进入了起步发展阶段。之后，政府大力筹资首先改善西安市的旅游环境和基础设施，创造性地新建了一批旅游景观，增建了一批不同档次的旅游宾馆、饭店，旅游一跃成为西安第三产业的支柱行业和创汇"龙头"。1979年秦始皇兵马俑博物馆的正式开放，奠定了陕西省在全国入境旅游中的领先地位。在此期间，陕西正式开始发展国际旅游业。

2. 发展阶段（1985—1997年）

1985年，陕西省委、省政府出台了《关于大力发展旅游业的决定》，提出把发展旅游业作为振兴陕西经济的突破口，在全省开始重视发展旅游产业。此外，政府在旅游产业要素配套方面持续发力，同年西安市第一个四星级饭店——金花饭店开业，主要负责接待外宾以及全国政要；1989年，陕西成立了第一家具有独立外联权的一类旅行社——西安市海外旅游总公司；到1990年，西安的旅游航空线路已经增加到70多条，旅游客车数量扩展到2100多辆，旅游线路也增长到10多条；1993年，西安市共有涉外饭店27家；1996年，组建西安旅游客运联营公司，并增开公交线路旅游班车；到1997年年底，西安市旅行社规模逐步壮大，拥有国际旅行社24家、国内旅行社75家，总数已接近100家。

3. 提升提速阶段（1998—2007年）

1998年，陕西旅游业开始驶入规范化发展轨道，陕西省委、省政府相继出台《深化旅游体制改革加快旅游产业发展的决定》《陕西省旅游管理条例》。同时，陕西省旅游集团、西安市旅游集团、宝鸡市旅游集团、延安市旅游集团相继组建，增强了旅游竞争力。2001年陕西省成立了旅游质监所，2004年成立陕西省旅游稽查大队，随后各地市成立旅游质监所及旅游稽查队，多措并举强化了旅游市场监管力度，推动陕西省旅游业走上健康发展的轨道，旅游市场秩序持续好转。在此期间，旅游设施水平不断提升，2000年全市8家旅行社进入全国国际国内旅行社百强，2002年西安市有旅游星级饭店60家，其中五星级4家，四星级8家。

4. 全面发展阶段（2008年至今）

为方便人民群众自驾车旅游，2009年成立了西安市旅游信息咨询中心、西安自驾车旅游呼叫中心，与中国电信合作推出自驾车旅游呼叫中心服务，这是全国首家旅游城市与电信企业联手开通的自驾车旅游呼叫中心。为提升西安市旅游公共服务体系建设，在市内依托交通枢纽布局，分别建立大、中、小三级 28 个旅游集散中心，其中大型旅游集散中心 8 个，中型和小型旅游集散中心各 10 个。2013 年"一带一路"倡议提出后，西安市作为丝绸之路的起点，在对外交流中发挥了先导和桥梁作用。陕西省政府先后提出推动陕西省文化强省和旅游强省建设、打造重点文化旅游产业链、打造万亿级文化旅游产业集群等发展战略，旅游业呈现出快速发展、全面开花的局面。

（二）创新案例

1. 因地制宜地出台了一系列陕西文旅发展政策包

秦岭——作为陕西生态保护的核心区域，为了推进秦岭生态环境保护与建设，合理进行旅游开发建设活动，早在 2007 年陕西省就通过了《陕西省秦岭生态环境保护条例》，2013 年西安市制定了《西安市秦岭生态环境保护条例》，对文化旅游等行政主管部门提出保护秦岭生态环境保护的要求与红线，对旅游开发商建设进行了规范。2018 年，陕西旅游发展委员会制定了《关于规范秦岭地区农家乐（民宿）发展的指导意见》，鼓励科学有序发展农家乐（民宿）集群式旅游村，打造秦岭山水乡村旅游品牌。在一系列法律法规的保驾护航下，陕西省统筹实施了生态环境保护和绿色产业发展战略，推出了一批生态景区、乡村旅游目的地等，成为市民假期休闲的最佳出行地。

黄河——为进一步保护传承弘扬好黄河文化，立足陕西黄河文化实际，陕西省先后出台《陕西省黄河文化保护传承弘扬规划》《陕西省黄河非物质文化遗产保护传承弘扬专项规划》，积极推进黄河流域（陕西段）文化保护传承弘扬以及生态环境保护和高质量发展，展现出陕西担当与作为。

历史文化——陕西是中华民族及华夏文化的重要发祥地之一，共有 6

个国家级历史文化名城，为了加强历史文化名城、名镇、名村的保护利用与管理，陕西省在 2023 年出台了《陕西省历史文化名城名镇名村保护条例》。为统筹推进文物保护与有效利用、创造性转化和创新性发展，相继出台了《西安"博物馆之城"建设总体规划（2023—2035 年）》《西安市关于让文物活起来扩大中华文化国际影响力的实施方案》，用"博物馆 +""文物 +"手段打造多元融合产品，全面推动文物的活化利用，充分展现千年古都的魅力。

2. 借助"一带一路"建设契机，搭建丝路文化交流合作平台

在陕西省委、省政府的领导下，陕西积极响应共建"一带一路"倡议，充分发挥古丝绸之路的东方起点、文化旅游资源大省优势，持续打造国际交流平台品牌。经党中央、国务院批准，丝绸之路国际艺术节永久落户陕西，成为"一带一路"共建国家人文交流的重要桥梁；西安丝绸之路国际旅游博览会为丝绸之路旅游经济繁荣、国际旅游合作以及东西方文化交流合作搭建了重要平台；与福建省轮流主办 10 届丝绸之路国际电影节，以电影为纽带，为"一带一路"建设创造了良好的人文条件；2023 年中国—中亚峰会是中国和中亚五国元首首次以实体形式举办峰会，搭建了区域睦邻友好合作新平台。这些"一带一路"文旅交流合作平台，全面展现了陕西对外开放新形象，有效促进陕西深度融入"一带一路"大格局和建设内陆改革开放高地。

三、发展模式创新

（一）创新路径

曲江模式是陕西省围绕文物资源的外部性效应展开的旅游产业发展的重要探索模式，是以土地运作为核心的操作模式。对历史文化资源进行整合及有效利用，发挥文物资源潜在价值，通过打造文化旅游目的地、形成文化旅游产业集群、拓宽文化产业门类、策划重大文化项目，形成具有相当规模的文化产业经济，最终实现城市升值。通过实施保护、开发、运营三部曲，实现"文物保护＋旅游产业＋城市发展"三方共赢。

（二）创新案例

曲江模式以城市运营为手段，通过在地文化挖掘、基础设施打造、基层管理建设，推出了一批文化内涵丰富、国际影响巨大、示范带动作用强、市场前景广阔的文化旅游项目，包括国家 5A 级旅游景区大雁塔—大唐芙蓉园景区、大唐不夜城、西安曲江海洋世界等文化旅游项目。为加强文物活化利用，打造了包括曲江池遗址公园、曲江寒窑遗址公园、唐城墙遗址公园、唐大慈恩寺遗址公园、大唐芙蓉园遗址公园、秦二世遗址公园在内的六大遗址公园，创造了城市现代化与历史文化遗产保护和谐共生的成功典范。同时结合城市综合开发，建设了主客共享的文化场馆与系列文化休闲广场——音乐厅、电影城、大剧院、美术馆、民间艺术馆、陕西文学馆六大场馆以及大雁塔北广场、贞观文化广场、玄奘文化广场、和谐广场、中和广场等广场。

四、旅游产品创新

（一）乡村旅游创新路径

乡村旅游的发展实现从单点产品到综合开发的蜕变，创新历程可划分为 1.0 时代、2.0 时代、3.0 时代、4.0 时代、5.0 时代这五个阶段（表 1-1）。

表 1-1　陕西乡村旅游创新路径

发展阶段	特点	典型代表
1.0 时代	农家乐为主	上王村、东韩村、赵家塬村、北郭村、龙头村
2.0 时代	具备观光、体验元素	袁家村、马嵬驿、周至水街、高陵场畔等
3.0 时代	古镇古村旅游	文安驿—梁家河、青木川、照金、茯茶镇、白鹿仓
4.0 时代	民宿及民宿集群	朱家湾乡村民宿群、留坝乡村民宿群、金延安民宿群
5.0 时代	综合型乡村旅游目的地	长安唐村、白鹿原、蒋家坪村

（二）乡村旅游创新案例

1. 文安驿—梁家河文化旅游区

文安驿古镇文化园位于延安市延川县，占地面积 27 万平方米，总投资 6 亿元，于 2015 年正式开园（图 1-2）。梁家河村 2017 年游客量已突破 100 万人次，旅游收入达到 2000 万元，村民人均年收入由 2015 年的 1.52 万元增长到 2017 年的 2.08 万元。

文安驿—梁家河文化旅游区的成功之处在于立足文安驿这一核心资源，在保护古村镇风貌的基础上，依托千年驿站文化、知青文化、传统民俗文化等地域文化特色，丰富原生村民社区内容，融合一、二、三产业发展，打造集主题文化体验、多元人文展示、农家特色美食、地方精品民宿于一身的复合型旅游目的地。景区的独特性主要体现在五个方面：一是保护陕北传统古村落的肌理风貌；二是利用民间文化元素展现陕北丰富的社会生活；三是景区成为美院艺术写生基地与黄土画派的重要创作基地；四是在地民俗文化植入的主题餐饮与特色民宿；五是充分保护村民的原始生活风貌，成为根植本土的旅游传统村落。

图1-2　文安驿古镇文化园

2.长安唐村·中国农业公园

长安唐村·中国农业公园位于西安市长安区南堡寨村，占地面积38平方公里，项目总投资100亿元（图1-3）。自2019年开业以来，累计接待游客量突破250万人次，旅游总收入达到2000万元，为周边提供约200个就业机会，吸纳当地劳动力3万人次以上，荣获"全国乡村旅游重点村""全国乡村治理示范村"等称号。

长安唐村·中国农业公园从乡村综合治理与产业发展两手抓，积极探索中国农业公园发展模式，走出了一条政府提供政策、村集体提供资源、社会提供资本的"三元共建"合作模式，形成艺术、农业、文博、文艺等多产业融合发展格局，不仅修复老村焕发了新活力，还有效盘活了村内闲置资源。长安唐村如今的成绩主要归功于三大发展策略：一是多元化发展策略，通过吸引更多社会资源积极参与，构建了"地方政府＋村集体经济＋社会资本"的产业运营模式；二是特色化发展策略，依托粮食、果蔬、花卉、养殖四大农业，发展家庭农场，整合乡村旅游综合体、田园综合体、农业双创园等，建设现代化农业示范基地与农业科技

图 1-3　长安唐村·中国农业公园

示范园，打造特色化中国农业公园，实现了从传统农业向现代农业的转变；三是平台化发展策略，依托盛唐田园文化、农耕文化与柳青精神文化资源，长安唐村构建起了综合性的农业产业发展平台与当地的文化社交平台，打造休闲农业、农耕体验、餐饮民宿等综合业态，并通过各类文化创意、艺术设计赛事活动，为艺术爱好人群提供创作、交流、分享的平台。

（三）城市旅游创新路径

陕西城市旅游发展着重体现在西安城市旅游的发展，实现从"城市景区"到"景区城市"，从"经营景区"到"经营城市"，最终成为旅游城市的转变。

（四）城市旅游创新案例

1. 长安十二时辰

长安十二时辰位于西安市曲江新区大唐不夜城东侧，项目占地面积2.4万平方米，总投资1.5亿元，于2022年4月开业（图1-4）。游客量

图1-4　长安十二时辰

累计已超过350万人次，日均接待游客量达到7000人次，节假日突破10000人次，并入围文化和旅游部第一批全国智慧旅游沉浸式体验新空间培育试点项目，获得文化和旅游部创新成果奖、沉浸式文旅新业态示范案例等奖项30余个。

　　长安十二时辰是以热门影视剧《长安十二时辰》为依托打造的中国首个沉浸式唐风市井文化生活街区，不仅成功盘活了街区所在的曼蒂广场，更是成为西安城市文旅新名片。其成功之处主要体现在以下三方面：一是影视IP的成功落地与高度还原。街区复刻了影视剧中的大唐开市场景，构建了情景演艺沉浸场、微缩长安沉浸场、文化盛宴沉浸场、唐风雅集沉浸场、换装推本沉浸场、唐食嗨玩沉浸场六大场景。二是文旅商的高度融合。街区收入有40%来自门票收入，30%~40%则来自餐饮、文创、换装等收入，打造出了集合热门影视剧IP、沉浸式娱乐体验、特色餐饮、国潮购物的新消费综合体。三是唐风沉浸式主题乐园的玩法。项目自带IP的属性，让游客可以把自己装扮成长安生活的亲历者，沉浸式的体验、参与、观看唐朝市井生活，同时植入颠覆性的商业业态，打破了传统的文旅运营模式。

2. 丝路欢乐世界

丝路欢乐世界位于西咸新区沣西新城，总占地 567 亩，总投资达 36 亿元，于 2023 年 4 月开业（图 1-5）。自开园以来，项目累计接待游客人数超百万人次，并入选省级 10 个最具影响力文娱消费场景。园区内驻场演艺《丝路之声》荣获"2020 年文化和旅游融合发展十大创新项目"提名。

丝路欢乐世界作为国内首个以"丝绸之路"为主题的综合性文商旅示范区，围绕"丝路、欢乐、科技"三大核心要素，不断探索文化和旅游融合的新路径，革新文化传播方式，引领主题公园的新模式、新产品、新业态、新玩法。项目有三大创新点：首推"开放式街区"空间形态，以商业、休闲娱乐、文化教育科技、智慧景区、国际文化交流、平台投资管理"六大体系"打造多元业态组合，结合七大丝路风情主题街区和品牌商业集群打造集商业与娱乐、科技与文化于一身的"Life-style+ 城市新生活方式中心"；首倡"36 小时微度假"理念，推出"时空融合，因

图 1-5　丝路欢乐世界

人制宜"的微度假模式，针对四大目标客群开创个性化定制细分旅游产品，并以原创主题角色 IP 为核心，打造"亲子休闲欢乐体系"，如由丝路欢乐世界联合奥斯卡提名团队制作的原创丝路 IP 动画短片《奇迹》与联合美国百老汇倾力打造的原创音乐剧《丝路之声》；首创国际游园新模式 "Hi you，嗨游！"，集全园区、全实景、全业态、全游客、全员 NPC 于一身，打造大型实景多剧本游戏，为游客提供全新的互动体验。

表 1-2　陕西城市旅游创新路径

时间	主题	代表景区 / 项目 / 活动
2010 年之前	围绕核心景区的项目开发	大雁塔北广场音乐喷泉、大唐芙蓉园
2010—2018 年	城市会展旅游	"世界园艺博览会""西安丝绸之路国际旅游博览会"、大唐不夜城、永兴坊
2019—2020 年	网红城市营销	"西安年·最中国"、景区灯展与古城九宫格局点亮工程
2020 年之后	爆点项目频出	长安十二时辰、大唐不夜城诗词街、不倒翁小姐姐、盛唐密盒、山河诗长安、"长安夜·我的夜"系列嘉年华、Citywalk

（五）红色旅游创新路径

以延安市红色旅游发展为例，实现从单点遗址向延安革命纪念地的转变，这一发展历程经历了四个阶段。第一阶段特点是旅游景区建设突飞猛进。2012 年年初，延安市投资 50.9 亿元，对枣园、杨家岭、王家坪、宝塔山、清凉山、凤凰山、南泥湾、抗小遗址、桥沟鲁艺旧址、西北局旧址景区十大红色革命旧址进行规划建设。第二阶段特点是成为红色文化培训教育产品首选之地。形成了延安干部培训学院 1 个总院、6 个分院、6 个培训中心、8 个县区基地的办学格局。课程覆盖全国 31 个省、自治区、直辖市和香港、澳门特别行政区，先后承办了 100 多个国家部委、省级机关等高层次培训班。第三阶段特点是红色旅游演艺大放异彩。

打造了全国首个红色旅游大型实景演出《延安保卫战》，大型红色历史歌舞剧《延安保育院》、红秀《延安延安》等红色文化品牌形成。第四阶段是非传统产品类型亮点纷呈。圣地河谷·金延安、红街、文安驿等体验性强、文化内涵丰富的文旅项目相继落地。

（六）红色旅游创新案例

1. 延安红街

延安红街位于延安市宝塔区，占地面积 61 万平方米，长 1.5 公里，总投资约 40 亿元，于 2021 年开业（图 1-6）。延安红街开业一年游客量达到 765 万人次，此外还在线上吸引超过 1700 万名网友"云游"红街。

延安红街项目作为中国红色文化新品牌，已成为传承延安红色文化的重要载体。该项目通过复刻长征中的关键事件，以步行街由北往南依次布局的会师广场、边区广场、圣地广场、抗大广场和胜利广场等长约 1.5 公里的标志性红色主题建筑群，串联起延安 13 年辉煌历史，营造了与旅游线路相匹配的"情景式旅游小镇"，创建了红色旅游新模式。红色

图 1-6　延安红街

室内情景体验剧《再回延安》则采用声光电、人造风雪等高科技智慧手法，结合"边走边看"的互动沉浸式观演方式，带领游客在行进场景中真切感受红色文化，极大地丰富了延安红街的文化氛围，并以新方式激发了年轻群体了解"红色故事"的热情。除此之外，红街携手延安干部学院，结合现场实景开发了11门创新型红色培训课程，塑造了红街独有的红色培训IP，促使延安红街真正成为传递红色精神的大讲堂。

2.《延安保育院》

《延安保育院》剧场坐落于延安枣园风情街，建筑面积1.3万平方米，总投资为2亿元，于2013年正式常态化演出（图1-7）。《延安保育院》是唯一一部入选全国旅游演艺精品名录的红色演艺项目，先后获评中宣部、文化和旅游部"庆祝中国共产党成立100周年优秀舞台艺术作品展演剧目"、陕西省"五个一工程"奖等荣誉。

《延安保育院》是通过演艺传承红色基因，融合历史性、民族性、创新性与艺术性为一体的大型红色历史舞台剧。该剧运用"红色赋能＋艺术升华"的手法，对"延安精神"进行艺术化地解读与传播，具有两大

图1-7　《延安保育院》演艺剧照

创新特征：一是深挖红色文化内涵并恰当选取表现视角。在演艺创作上，主创团队曾采访200余名老保育员及保育生，通过历史调查来获取最真实的故事，不仅构建起了现实与历史的对话桥梁，更是立足宏大革命历史背景，坚持从小处着眼叙述，强调感官和精神追求，演绎了《回家》《成长》《转移》《东渡》四幕微观层面的红色记忆，实现了红色教育与艺术的完美融合。二是注重红色文化保护传承并创新叙事手法。该剧借助科技手段赋能，采用环幕投影、高科技水幕、人工爆破、激光技术、仿真轰炸机等创新手法，结合不断变换场景的专业异形舞台设计，极大增强了红色旅游演艺的体验度。

五、代表景区创新

（一）华山景区创新发展历程

华山景区是山地旅游目的地创新发展的代表，经历了复合化产品开发的过程。1996年开发的北峰和2013年运营的西峰索道，结束了"自古华山一条路"的历史，形成风景独特的观光体验线，同时索道的建成实现大华山、大环线、大旅游的新突破。2015年之后华山加快对周边康养度假类产品的开发，旨在将华山的"流量"转化为"留量"，以华山旅游助力全域旅游发展，相继开发了悠然谷、地建南山（华山）温泉酒店、华山自驾露营基地等项目，丰富了住宿、商务会议、特色商业、餐饮娱乐、休闲度假、疗养健身等功能。2022年运营的华山冰雪仙境乐园项目，进一步丰富了华山休闲娱乐类业态类型，该项目是集文化休闲、娱乐健身、体育竞技、冰雪表演、冰雪娱乐、冰雪运动及配套餐饮于一身的综合性休闲娱乐项目。2023年，华山景区数字化建设取得突破性发展，数字文旅"登峰计划"发布，推出数字形象"沉小香"、元宇宙场景"华山灵境"以及首款数字纪念门票，推动了其在数字文旅产业融合发展的道路上不断创新发展。

（二）壶口瀑布创新产品

壶口瀑布作为自然观光类项目，在创建国家 5A 级旅游景区的过程中更加注重体验类产品的开发，推动了黄河观光与文化、数字、非遗、度假等业态、元素的融合，形成了丰富多彩的文旅产品库。主要特色体现在四个方面，一是数字体验产品的研发，如开设景区直播、720 云，建设球幕影院。上演《黄河之水天上来》，该剧是全球首创以黄河为主题的"弧幕 3D 动感"创新科技体验影片，依托黄河壶口瀑布厚重的历史文化，打造"超真实"震撼视听娱乐体验。二是文化演艺，以《黄河大合唱》实景演艺为代表，大型山水交响实景演出《黄河大合唱》以壶口瀑布这一得天独厚的自然景观为天然舞台背景。从视觉、听觉、触觉全方位、深层次、集中展示黄河文化。三是文创产品，如体现当地特色的毛驴抱枕、毛驴布偶、《黄河大合唱》纪念币、壶口瀑布邮票等系列文创产品的开发。四是精品酒店——云尚·观瀑舫，实现住宿、会议、宴会、停车一体化服务的精品商旅酒店。

（三）黄帝陵创新发展历程

黄帝陵创新发展历程体现在以黄帝陵为基点，实现功能拓展，同时联动全域发展。第一阶段重在景区建设，主要包括庙前区、轩辕庙区、祭祀区、陵区四个功能区的建设，在观光基础上功能进行了适度拓展，增加了小规模公祭活动。第二阶段打造祭典活动，新建祭祀广场，举办大型公祭活动、私祭活动，这类活动扩展了祭祀文化空间，强化了黄帝陵的意识形态功能，也制造了更多的文化消费契机，优化了景区的产业结构。此外，根据个别游客（信众）的需求提供祭祀服务，如敬献三牲、乐舞表演等环节，展示传统祭礼文化。第三阶段开发森林旅游，如黄帝陵周边桥山、阳洼山、张寨山、南山等的开发，同时联动黄陵国家森林公园，增加了森林观光、科普教育、研学旅行、森林探险、体验娱乐、亲子活动等业态。第四阶段开发文化研学等体验性产品，如打造中华始祖堂，集文物陈列、文化展示、体验参与、教育培训、旅游服务于一身的研学体验基地。

六、营销模式创新

（一）创新路径

1. 精心策划文化小IP，打造网红爆款

当下话题与流量的爆发已逐步深入各个领域，创新IP营销绑定文旅、城市成为标配。陕西以挖掘地域传统文化和创新融入现代文化为抓手，进行内容创新，打造出有别于其他城市的文化IP，并通过年轻人喜闻乐见的短视频平台进行营销传播，给西安带来了上亿级流量，同时形成了自身的品牌形象。

2. 影视IP转化文化IP，赋能文旅空间

影视剧通过生动的故事和场景设置，让观众对拍摄地和剧中产品产生强烈的代入感和向往感，从而激发观众实地体验和消费的欲望。西安紧紧抓住机会，通过挖掘文化资源，打造具有吸引力的城市形象，做好新景区景点的开发，不断创新和丰富旅游业态，把影视剧带来的"流量"转化为"留量"，从而吸引更多的游客前来旅游。

3. 依托文化节庆大IP，引爆全国

在对文化做了深刻的研究和梳理之后，西安推出了多个以旅游为导向的城市文化品牌活动。其中，"西安年·最中国"是最有代表性和标志性的节事品牌活动。西安市文化和旅游局在活动期间，积极在全国及国际各个平台开展线下线上推介活动，如与携程合作开展"全球网络大营销"，在全国14个主要城市开展媒体营销宣传；并于2019年在意大利和日本等国家举办海外专题推介活动，并在美国纽约时代广场的纳斯达

克大屏播放"来西安过中国年"活动巨幅广告，不遗余力地多维度宣传"西安年·最中国"，让更多国家认识中国、认识西安。

（二）创新案例

1. 现象级话题

近几年，永兴坊摔碗酒、毛笔酥、不倒翁小姐姐、《西安人的歌》、盛唐密盒等不同类型的现象级话题频频出圈，为西安带来了巨大的客流量，提升了城市的知名度和影响力。2024 年，总台春晚西安分会场凭借《山河诗长安》火爆出圈，形成超 30 亿次现象级转播，播出当天西安旅游搜索热度环比上涨 294%。这些现象级话题及文旅新 IP 赋能西安，为西安注入新的活力。

2. 多元化活动

2018 年，西安深入挖掘周、秦、汉、唐年节庆文化、礼乐文化，将国际化元素融入其中进行创新表达，推出了极具话题性的"西安年·最中国"品牌，开展了系列文化主题活动。在 2019 年为期 66 天的活动期间，大唐不夜城作为"西安年·最中国"的核心承载区域共接待游客近1700 万人，在各类社交平台也形成了持久度和热度极高的现象，微博阅读量超 7 亿、抖音播放量过 4 亿，成为名副其实的"网红打卡街区"。西安城墙新春灯会入选"全国十大灯会"，2024 年"灯会热"大放异彩全市重点灯会门票收入超过 5000 万元。此外，西安积极引进 TFBOYS 十周年演唱会、2023 英雄联盟夏季总决赛等年轻人喜爱的赛事活动，TFBOYS演唱会带动 4.16 亿元旅游收入，通过举办活动吸引人流量，影响辐射到城市旅游业，进一步提升了西安城市品牌形象。

3. 影视 IP 赋能城市营销

将《长安十二时辰》爆款影视 IP 与商业 IP 融合，打造了长安十二时辰主题街区，打造了影视剧 IP 转化为文旅项目的成功样板。此外，结合《那年花开月正圆》《长安三万里》《唐朝诡事录》《白鹿原》等影视 IP 在赋能西安城市文旅商融合新场景塑造、营销城市形象、提升城市热度等方面发挥着巨大的作用。

第四节

陕西旅游创新趋势

一、规模扩大，产业升级

（一）政策扶持，产业稳增长

从陕西省到陕西各地市政府，先后出台和印发了《陕西省"十四五"文化和旅游发展规划》《陕西省打造万亿级文化旅游产业实施意见（2021—2025年）》《陕西省打造重点文化旅游产业链三年行动方案（2023—2025年）》《支持文化和旅游企业发展财税金融政策措施》等各项文旅政策规划，引导文旅市场的规范化、专业化发展。从税收减免、金融支持、刺激消费、行业补贴、审批管理等多个层面积极为行业纾困解难，这些政策将为文旅产业、行业的快速复苏和发展提供强有力的保障，推动文旅产业成为陕西经济发展的新动力和引擎，文旅复苏态势和产业发展始终稳居全国第一阵营。

（二）文旅融合，高质量发展

党的二十大报告对文化和旅游融合提出新要求，即在更深层次、更广范围、更高水平上实现深度融合发展。未来陕西势必呈现"文化和旅游产业与其他产业"全面融合的局面，文化和旅游产业链不断延伸，"文旅 +"新兴业态将不断成熟，利用新空间、打造新场景、培育新业态逐渐成为促进旅游消费的重要路径。随着文化和旅游的深度融合，未来围绕文旅融合新载体进行扩容发展和深化发展将成为主旋律，包括创建文旅融合发展示范区、文化和科技融合示范基地，加快文旅景区、文旅度假区、文旅产业园区、国家公园等的建设。随着文旅形态日益丰富、文化和旅游业规模日趋扩大，文旅融合边界不断拓展，与相关产业经济联系不断紧密，通过" + 文旅"的方式，提升产业的附加值，实现新旧动能的转换，具体表现为不断涌现的沉浸式文化感知体验和新消费综合体等产品，场景营造 + 文旅、元宇宙技术应用 + 文旅、夜经济 + 文旅等模式的广泛应用，不断催生新兴消费业态。

（三）创新驱动，产业链延伸

在文化旅游融合发展趋势下，文旅产业的特点是能够形成更大规模或价值链条更长的文旅全产业链结构，文旅产业是陕西省的主导产业，创新驱动下的产业链整体转型升级和产业集群的构建将成为重点工作。未来围绕陕西世界级旅游品牌和国内著名景区，国际游、人文游、红色游、生态游、研学游等旅游产业链将不断做大做强。立足旅游强势做优新闻、出版、影视、动漫游戏、演艺等文化产业链也将成为可能，产业链做优、价值链提升、创新链延长、资金链补齐是重点方向，将不断满足各种消费者的需要，从而实现"以文塑旅、以旅彰文"的发展目标。陕西省将现代旅游、广播影视和网络视听、出版印刷发行、文化旅游制造业、文化创意设计与服务、节庆会展、文娱演艺这 7 条重点文旅产业链做强做优，全面推动万亿级文旅产业集群建设。

（四）扩大投资，融资渠道多元化

以"上一个项目就能形成一套拳头产品、打造一个热门IP、传承一段文化记忆、产生一批经营主体"为理念，未来投资的项目重点领域将集中于文化地标性项目，全省未来将形成"全链条推进产业链项目、全方位推进重点项目、全批次推进年度项目、全领域推进行业项目"的投资趋势。陕西省正在进入文旅消费与投资要素双市场互动、良性循环的阶段，文化和旅游业投资潜力较大，且出现大量非旅资本进军文化和旅游业，跨行业投资态势越发明显，地方政府旅投平台公司、转型文旅的房地产企业、地方民营文旅企业、文旅服务商、金融投资机构等多元化投资主体将会不断投资进入文旅项目。同时，陕西省已提出完善财政支持机制、充分发挥引导基金作用、探索推广文化和旅游领域政府和社会资本合作模式等工作内容，可以预见陕西省文旅产业投融资体系呈现多层次、多元化、多渠道趋势。

二、技术创新，产品升级

（一）赛道细分，多业态共荣

近年来国家为鼓励消费制定了一系列政策，文旅消费市场一片向好，文化旅游市场专业化、精准化、精细化分工将更加明晰。游客个性化、多样化的消费需求使康养旅游、乡村旅游、低空旅游等多类型业态快速增长，创意设计、演出产业、音乐美术、游戏动漫、数字出版等重点领域会成为新的蓝海，云演艺、云旅游、文化电商、沉浸式体验等新体验消费形式成为新趋势。旅游产品和服务能否在大众消费时代满足人们的需求，给游客带来新体验、新感受。能否构建行之有效的旅游产品体系，释放旅游业对陕西经济发展更大的效能，盘活旅游领域资产，是新时期陕西旅游发展的重点工作。故未来丰富夜间消费业态，发展研学旅游、乡村旅游、民俗旅游、红色旅游、体育旅游、云旅游等多类型产品，着力打造旅游休闲街区、国家级夜间文化和旅游消费集聚区、国家文化产业和旅游产业融合发展示范区、高品质旅游景区度假区、乡村旅游集聚区等会成为陕西省文旅高质量发展的有力抓手。

（二）跨界融合，新体验升级

未来"文旅 +"跨界融合将重构陕西省旅游新生态，秉持"文旅 +"发展理念，全省将不断推进旅游与相关产业和领域融合，打造一批跨界融合多元产品。一方面，文化旅游与农业、工业、教育、体育、交通等其他领域融合发展，为游客带来城市旅游、研学旅游、工业旅游、体育旅游、低空旅游、康养旅游等多门类、多元化的文化和旅游融合产品；另一方面，文化旅游及其跨界朝深度、广度延伸，也将包括线上线下的融合，致力于"文化、旅游、科技、互联网平台"的深度交融上。文化和旅游融合之下的产业关联度和附加值提升，将推动红色旅游、旅游演艺、节庆会展等业态健康发展，文旅产品更具有参与性、体验性、沉浸化、可视化、互动化，构建更长的全产业链条。

（三）沉浸业态，新文旅赋能

随着人工智能、虚拟现实、光影电声、穿越时空、5G 数字等前沿技术的深度应用，未来将推出更多沉浸式体验型文旅融合产品和内容，用沉浸式的表达，充分挖掘文旅资源，才能带给游客更新奇多元的文旅体验，故未来陕西省文旅发展要将目光聚焦于数字文旅、沉浸业态。VR、AR、5G、AI 技术以及技术穿戴设备与现实的搭接目前尚未成熟，因此"数实融合"也是未来几年陕西省文旅发展的着力点。一方面，要发展体验云直播、云展览、云旅游，举办线上艺术节、博物馆展览、红色研学课堂、非遗艺术体验等专题活动；另一方面，在具备条件的地区发展文旅沉浸式经济，支持有条件的旅游景区、休闲街区在提质升级中融入元宇宙、5G数字等技术，发展光影秀、场景体验秀、沉浸演艺，让数字沉浸体验充分为文旅赋能。

（四）城市更新，微旅游兴起

面对目前文化旅游呈现近距离、短时间、高频次的特点，轻旅游、微度假应运而生，除了城市周边游景点外，一些城市中心项目逐渐成为火热的微度假旅游目的地，例如各种休闲街区、图书馆、博物馆、节庆活动等。因此，通过对公共空间进行小而精、小而美的改造，利用好城市新空间，探索推动城市存量空间的活化与利用成为提升城市软实力的重要手段，也是未来文旅发展的新机遇。基于微旅游发展趋势，未来陕西省在聚力修复城市空间的同时，要秉持"微更新""微改造"的原则，以"城区即景区、旅游即生活"为理念，为在地居民及游客提供创新、沉浸、新奇、品质的微度假旅游产品。

三、内容运营，数字管理

（一）内容为王，IP为核心

随着新政策、新理念、新玩法的不断涌现，内容为王、体验至上成为优质文旅项目的核心竞争力，文化IP化为文旅深度融合发展提供了最佳的突破口。随着国潮热和传统文化在消费领域的崛起，未来陕西文旅的运营不仅局限于IP营销，将更注重本土优质文化资源的IP化，通过不断挖掘文化IP的内涵与价值进行植入，围绕文化IP进行场景营造、业态布局、活动设计等内容，已成为打造文旅项目的新范式。以内容服务为核心的业态将是陕西文旅行业高质量发展的关键，场景驱动、内容打造则是延伸 IP 价值链的有效手段，并通过新事件、新活动、新的表达方式，才能不断赋予 IP 新的生命力，实现 IP 持续运营。

（二）人群迭代，消费新玩法

随着年青一代的崛起和成长，旅游的主力人群也在迭代更新，为文旅产业注入更多活力，推动新消费业态的多元化发展。不同于以往的消费群体，年青一代更注重消费时的体验感、氛围感以及产品的差异与特色，追求个性、重视体验消费，对新事物的接受度更高，他们不只对于消费要有质量保障，消费体验也要符合精神审美需求。"新锐爸妈"消费群体是亲子消费的主力军，成为文旅行业发展的重要驱动力，尤其对高质量亲子互动和教育的需求，推动亲子游、研学游产品迭代升级。随着社会老龄化步伐加快，"银发族"人口不断增长，催生银发经济红利持续释放，这一群体消费能力强、出游时间充裕、出游意愿更为强烈，跟团游是他们最喜欢的出游方式，他们注重性价比，热衷打卡观光式旅游。对于历史怀旧类产品、红色旅游产品更加青睐，更重视与旅游目的地的情感互动以及当地文化和教育体验。面对需求端多元的文化观念与价值取向、追求个性化和品质化的消费行为，陕西文旅供给端应当聚焦新消费趋势，持续创新产品和服务。

（三）智慧管理，专业化运营

随着 AI、大数据、5G 等现代信息技术的发展与应用以及旅游需求的提升，以数字化引领文旅发展方向，构建产业互联网的全新数字化管理成为文旅运营的重要驱动。对运营方来说，通过整合大数据、云服务、物联网等技术，搭建智慧旅游平台，可以实时监控游客流量、管理资源分配、进行数据分析等，解决目的地旅游痛点，优化游客出行体验，为景区提供更精准的决策依据和管理手段，让运营管理更加高效、更加专业。对游客来说，通过智能设备，可以获得门票、酒店及特色商品预订、精品线路旅游规划，实现线上预约、电子票务、智慧导览等多样化智慧旅游服务等，并根据个人消费偏好选择合适的旅游产品，提升旅游体验质量。随着国家对 5G 在旅游业创新应用的持续推动，陕西文旅"新基建"步伐将进一步加快，数字新技术在文旅行业的应用路径将被进一步探索，推进以数字化、智能化、网络化为特征的智慧旅游发展，满足游客在旅游全过程中的智慧体验。

（四）标准管理，品质化服务

旅游服务离不开标准化和品质化。一方面，旅游服务是文旅高质量发展的重要保障，完善的旅游服务标准化体系能够从高位推进文旅服务供给能力和品质，充分发挥标准化建设对文旅产业发展的引领作用，成为旅游目的地管理服务质量的硬约束。另一方面，旅游服务要坚持以游客为中心，时时把握各类游客的需求，反馈市场舆情，应急处理，以精细化的管理为游客提供便捷化、个性化、人性化的旅游服务，从而促进旅游管理、运营的高质量发展。陕西省旅游业正处在向高质量发展转型的重要时期，为适应文旅融合新要求，针对文化和旅游发展实际需要，立足游客需求，陕西文旅行业将进一步加大标准化体系的出台力度，让旅游服务标准化成为陕西文旅强省的重要支撑。各级政府应当积极引导旅游景区提升服务意识，提升全域服务软环境，让优质服务成为陕西旅游发展的着力点和发力点。

第五节

陕西旅游集团创新的企业实践

陕西旅游集团文旅创新发展的经验可总结为制度创新、产品创新、营销创新和运营创新这四个方面。其一，制度创新体现在三个方面，即纵横双向促改革，内部整合齐发力；专业建设三分离，产业体系强特色；立足省内谋全域，国际拓展绘新局。其二，产品创新方面，在旅游演艺、旅游索道、数字旅游、旅游体育、旅游金融这五大产品上进行了深度创新实践。其三，营销创新，重点体现在建立了营销矩阵和培育了数字营销。其四，在运营上的创新主要在于推动了运营理论创新，同时搭建了三大专业运营团队。

一、制度创新

陕西旅游集团是老牌国有企业，体制改革前，存在体制僵化，管理层级多，效率低，内部同业竞争、对外竞争力不足等问题。为响应党中央、国务院推动国有企业瘦身健体、提质增效、深化改革的重大决策，亦为了企业的可持续、高质量发展。陕西旅游集团以"三级架构、两级管理"体制机制建设为核心，坚持压缩管理层级，消灭低效资产，通过改革优化了国有资本布局结构，成功实现企业转型升级。

（一）纵横双向促改革，内部整合齐发力

陕西旅游集团通过纵横两个方向，以"三级架构、两级管理"管控模式为切入口，从顶层机制层面开始，整合内部资源，调整内部结构。一是纵向压缩层级，搭建三级架构，提升专业化管理水平，形成"集团总部—二级集团—生产经营企业"的三级组织架构、两级管理模式，明确了集团总部为投资和决策中心，二级集团为管理和利润中心，三级企业为经营和成本中心的功能区分；二是横向整合板块，组建二级集团，实现内部资源大整合。在初步压缩层级的基础上，通过改制、股权受让、引进民营资本、员工持股等多种方式，深度整合同类业务，突出集团主业，组建了九个业务板块及相应二级集团。九大板块的整合，提升了陕西旅游集团内部产业协同度，增强了市场竞争力，实现向集约化发展的转型。

（二）专业建设三分离，产业体系强特色

陕西旅游集团在改革中突出专业化管理与特色产业体系构建，实现资本与产业的布局优化。一是三层分离推动运营管理专业化。即坚持轻重分离、加强管属分离和推进建管分离，如轻重分离方面，将子公司西安宾馆等酒店重资产进行自持，而将酒店的运营管理进行剥离，实现资产轻重分离，降低管理成本。二是优化布局实现产业体系特色化。加强产业链各环节的协同建设，构建形成食、住、行、游、购、娱全产业链。此外，陕西旅游集团向产业链的中高端领域拓展，如数字旅游、高端旅游制造集群、低空旅游等新业态、新产品。发起成立了陕西旅游产业投资基金，依托集团公司的企业荣誉与行业资源，发挥了较好的融资能力，拓展了融资渠道。

（三）立足省内谋全域，国际拓展绘新局

优化战略发展方向，实现从原来的较少"走出去"，到现在"省内发展"与"走出去"的双向结合。一方面立足省内发展，形成全域旅游高质量发展的新格局。在陕西省内已形成关中黄土文化、陕北红色文化、陕南生态文化的王字形战略布局。另一方面实施外向拓展，开启国际视野新发展。陕西旅游集团紧抓"一带一路"倡议机遇，不断谋求国际合作。2023 年陕西旅游集团被联合国世界旅游组织（UNWTO）接纳为附属会员，成为当时全国唯一一家加入的国有企业。在陕西旅游集团优势产品——文化演艺和索道建设方面进行了国际深入合作，如计划与意大利合作打造大型实景演艺《马可·波罗》、与美国纽约合作打造《丝路之声》音乐剧等，将陕西旅游集团文化演艺优势业务由陕西走向了世界。

二、产品创新

（一）旅游演艺创新路径

1.陕西旅游集团演艺产品概况

25 年来，陕西旅游集团始终秉承"深度挖掘文化资源，打造精品项目"的理念，通过将文化注入旅游，先后推出 19 台大型旅游演艺项目，组成强大的演艺矩阵，这些演艺项目已经成为所在城市和景区的重要名片（表 1-3）。

表 1-3　陕西旅游集团旅游演艺产品基本情况一览表

演艺类型	项目名称	首演时间	项目选址	演出形式
历史文化演艺	《长恨歌》	2006 年	华清宫景区	实景
	《出师表》	2016 年	诸葛古镇	剧场
	《大唐女皇》	2016 年	西安唐乐宫	剧场
	《法门往事》	2017 年	法门寺文化景区	剧场
	《白鹿原·黑娃演义》	2017 年	白鹿原影视城	剧场
	《封神演义·炫战》	2018 年	中国·周原	户外
	《魔法公主》	2019 年	白鹿原影视城	户外
	《丝路之声》	2020 年	丝路欢乐世界	剧场
	《夜谭·白鹿原》	2021 年	白鹿原影视城	户外
	《风云周原》	2021 年	中国·周原景区	剧场
红色旅游文化演艺	《延安保育院》	2012 年	延安唐乐宫	剧场
	《二虎守长安》	2016 年	白鹿原影视城	户外
	《文安驿·穿越道情》	2016 年	延安市延川县文安驿古镇	剧场
	《延安记忆》	2016 年	圣地河谷·金延安文化旅游产业园区	户外
	《12·12》西安事变	2016 年	华清宫景区	剧场
	《黄河大合唱》	2017 年	黄河壶口瀑布景区	实景
	《红色娘子军》	2018 年	海南省三亚市天涯区槟榔河	实景
	《延安十三年》	2021 年	圣地河谷·金延安文化旅游产业园区	户外
	《铁道游击战》	2021 年	泰山秀城	剧场

2.陕西旅游集团演艺实践经验

文化活化凝聚旅游消费新动能。陕西旅游集团的演艺项目植根于陕西深厚的历史文化底蕴、光辉灿烂的红色文化以及丰富多彩的民风、民间文化，致力于用艺术活化的形式讲好中国故事。早在 20 世纪 80 年代，唐乐宫即以国内第一家剧院式餐厅开启了中国旅游文化的先河，推出《大唐女皇》室内演艺，成为陕旅革新文化旅游模式的首个夜间旅游项目，之后的《长恨歌》等皆为以演艺活化文化、传承文化的典范。

转型升级丰富旅游消费新业态。文旅演艺满足了游客对高品质文旅消费不断增长的需求，使传统景区从单纯文物古迹或自然山水观赏旅游升级为历史文化体验式旅游，丰富了夜间演艺市场和文旅景区业态，有力地促进了夜间旅游消费提升。如《延安十三年》夜间演艺集群为游客打造出"夜市、夜游、夜购、夜读、夜民宿、夜在线"六位一体的夜间经济街区，顺利晋升为国家级夜间文化和旅游消费集聚区。

场景迭代创造旅游消费新体验。文旅＋沉浸式体验，以融合传统文化景区与新兴娱乐产业的创意形式，成为聚焦消费热潮、创新"文旅＋"业态的重要尝试。如《出师表》以高科技的形式将木牛流马、挥泪斩马谡、空城计、魂归五丈原等情节呈现在舞台之上。

常演常新锻造文旅演艺新标准。陕西旅游集团的演艺产品坚持"常演常新""陕旅出品必是精品"的出品理念，与市场发展紧密结合，时刻保持产品竞争力。《长恨歌》上演17年来，每年都会投入1000万元，在舞美、灯光、音效、剧情等方面对演出进行调整和提升，不断适应市场的变化、科技的发展以及观众不断提升的口味和视野需求，以"匠心精神"打造文旅演艺精品。

精益求精塑造文旅演艺新品质。陕旅各个演艺项目均建立了完备的演出管理体系，从演出的人员管理、物资设备管理、事件流程规范，到票务、安保、销售、保洁、接待的日常管理，再到演出现场的保障，力求做到分工明确，流程严谨，细致入微。如《延安保育院》创作团队在创作初期就曾分赴北京、重庆、陕西、南京等地，采访200余名在延安保育院工作学习过的保育员和保育生，整理500多个小时的录音、录像资料和100多万字的文字资料，才保证演出具有最翔实的一手史实依据。

科技赋能创意旅游消费新产品。陕西旅游集团推出一系列数字文旅产品和沉浸式体验产品，通过打造可触可感的体验场景，不断丰富文旅演艺产品矩阵。先后有科技力量十足的《红色娘子军》和《夜谭·白鹿原》的成功运营，360极限飞球、黑暗乘骑、尖叫影院等数字产品纷纷落地白鹿原影视城、圣地河谷·金延安、诸葛古镇等景区，高新技术带来的超震撼视听氛围和沉浸式感官体验，形成了夜间演艺、夜间游玩、夜游街区、夜场活动和休闲项目的全覆盖，满足了游客对数字、沉浸、社交等体验消费的新需求。

全球视野拓展旅游消费新边界。在深耕国内市场的基础上陕旅助推中国文化"走出去"，加强中国文化对外传播，讲好中国故事，拓展旅游消费边界也进行了创新尝试。如2020年，由陕西旅游集团与美国倪德伦环球娱乐公司打造的中国第一部以"丝绸之路"为主题的音乐剧——《丝路之声》，该剧是西北首个面向国际市场的"丝绸之路"主题音乐剧，也是双方在中国的第一部合作原创剧。

（二）创新旅游演艺品牌

1.《长恨歌》实景演艺

大型实景历史舞剧《长恨歌》于西安市临潼区华清宫景区内上演，座位数约3000个，投资1.2亿元（图1-8）。2023年，陕西省排名前10位的旅游演艺总收入14.33亿元，《长恨歌》占39%，接近四成。2006年公演至2023年年底，《长恨歌》已演出5000余场，接待人数约1000万人次，带动周边酒店、民宿、文创综合收入超70亿元。该剧以唐代诗人白居易的传世名篇《长恨歌》为蓝本，借助"真山真水真历史"和现代科技、艺术表现手段，成为中国文旅演艺领域一个常青的奇迹。该演艺形成"旅游为体，文化为魂，标准为矛，专利为盾"的发展模式。其成功之处体现在四个方面，一是从"景区观光"到"景区体验文化盛宴盛典"。通过"旅游资源＋文化创意＋科技手段"的发展路径，让沉睡的历史苏醒过来。二是从"制造精品"到"用精品带动品牌化发展"。《长恨歌》的品牌效应，有效带动了华清宫景区游客人数的大幅上升、产业机

图 1-8 《长恨歌》演艺剧照

构和旅游产品的转型发展。三是从"旅游演艺产品"到"演艺产业链"。开发了华清御汤温泉体验、酒店客房和唐宫餐饮服务，构建了从旅游演艺业到休闲娱乐业、服务业的产业链条。四是以国家标准实践探索助推中国实景演出。以《长恨歌》为蓝本制定的《实景演出服务规范》成为首个实景演出的国家标准。

2.《黑娃演义》

《黑娃演义》于西安白鹿原影视城西北偏北剧场内上演，剧场占地1.45万平方米，层高15.36米，是亚洲最大室内实景摄影棚，项目总投资达1.2亿元，每日演出7~8场，2023年接待游客17.6万余人次，收入达2000万元左右（图1-9）。该演艺是大型沉浸式"拍演放"一体化演出，是全球首部观众参与的影视拍摄互动

图 1-9 《黑娃演义》演艺剧照

体验演出。该演艺首次提出"2½电影空间"概念，将"旅游演艺"与"电影拍摄"两大元素相结合，打破了演员与观众的界限。以小说《白鹿原》主要人物黑娃为原型，讲述了黑娃跌宕起伏的传奇人生。该演艺的创新点主要体现在四个方面，即剧场空间真实化、影视化，亚洲最大室内实景摄影棚；沉浸方式平行化、亲身化，仿佛亲身经历黑娃跌宕起伏、丰富多彩的一生；解构方式交互化、沉浸化，穿上演出服梦回白鹿原；剧场形式科技化，声、光、电立体式沉浸体验拍、演、放。

3.《红色娘子军》

《红色娘子军》于三亚红色娘子军演艺公园内演出，剧场建筑面积1.9万平方米，设置移动演出看台和演出车台8个，可移动沉浸式座椅2400个（图1-10）。本着"尊重历史，还原历史"的宗旨，以红色精神为魂，融合海南特色民俗风情、人文地理，通过现代艺术表现手法，以

图1-10 《红色娘子军》演艺剧照

高科技手段，将话剧、舞蹈、电影、特技等艺术元素融为一体，打造科技与艺术结合、历史与文化共融的实景大剧。三亚红色娘子演艺公园被评为爱国主义教育基地，对红色教育发挥举足轻重的作用。

《红色娘子军》演艺的亮点体现在科技赋能上，大型椰海实景演出利用高科技灯光阵列、三维爆破、裸眼3D、全息投影、280平方米可升降全色透视LED冰屏、跨度180米的高空真人威亚表演等高科技，通过氛围营造，可以有效调动游客身心感官的参与，激发深度的情感共鸣。

4.《延安十三年》

《延安十三年》在延安市金延安旅游度假区演出，从2021年首演至今，累计演出269场，接待观众人数近8.1万人次，成为延安红色旅游的一张名片（图1-11）。该剧以圣地河谷·金延安园区复原的老延安城街景为演出舞台，以党中央在延安十三年的光辉历程为题材，通过建筑、科技和艺术的叠加，打破时空局限，让那段峥嵘岁月展现在观众眼前。它演出的不仅是一个时期。该剧实现了将1935年到1948年的13年时间从"一

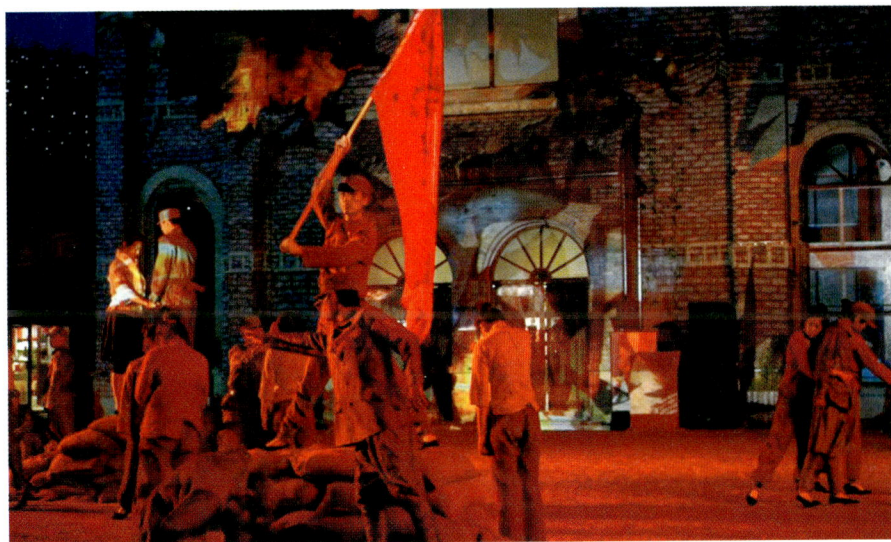

图1-11　《延安十三年》演艺剧照

个时期"升华到"一段历史",最终以一种高度凝练却又喜闻乐见的形式体现出来,让人们在观看后,实现情感共鸣,重回那段峥嵘岁月。它上演的不仅是一部歌舞剧。本剧为打破单一的舞蹈门类从而丰富表演形式,导演组在剧中不但加入了丰富的陕北特色元素,如腰鼓秧歌、民歌对唱、三弦说书等内容,更是融入了武术、跑酷等独立于舞蹈以外的艺术门类来丰富呈现形式。演出过程不仅是一种呈现方式。本剧用同一时间线下多维度的叙事场景,在立体时空光影中呈现出极具震撼性、感染力的沉浸式体验,创新性地将沉浸式演出植入文化民宿院落集群,通过建筑、科技和艺术的有机叠加,运用声光电构建更为饱满立体的游客体验。

(三)旅游索道创新路径

1. 景区运营模式

高品质定位。桂林阳朔是全国知名的旅游目的地,旅游资源丰富,客流量大,但在旅游市场管理方面,普遍存在景区体量小、品质差、门票低,景区收入来源主要依靠二次商品销售,从而造成了旅游市场秩序混乱、旅游配套设施不健全、景区整体品质较差的现状。按照陕西旅游集团核心发展定位和景区打造模式,将阳朔如意峰索道景区定位成"观光型、高品质、以人为本"的休闲度假体验产品。

索道主导景区。陕西旅游集团提出"先有索道再有景区配套模式"。索道是空中移动的观景平台,如意云顶是阳朔空中观景平台,进而打造成为空中花园、天空之城。景区作为索道的配套,游线设计及游线形式规划均因地制宜地突出了体验功能。该模式的优势有四个方面。一是由索道衍生出景区,景区+索道一体化经营,市场营销由陕西旅游集团主导,营销机制运用上灵活机动,从而能够迅速推向市场;二是乘索是"刚需",即乘索转化率100%,索道票即游览门票,游客必须乘索才能观景,而目前全国绝大多数景区索道并非唯一登山交通工具,通过游览步道、观光车也能登顶;三是阳朔如意峰索道景区的建成投运,通过独特游览视角，为广大游客带来了新的旅游体验；四是基于如意峰的高品质定位，区别于阳朔各旅游景区以低价接待团队游客为主的模式，阳朔如意峰索道景区目前散客占到游客总量的90%以上，且客源地来自全国各个省份，景区发展势头良好，游客量呈逐年递增态势，未来发展潜力巨大。

2.企业管理、业务拓展模式

尝试设备安装业务。陕西旅游集团下属的陕西骏景索道投资建设有限公司（以下简称"骏景索道公司"）取得"客运索道安装维修 A 级资质"，正式进军索道设备安装行业市场。自2018年以来，该板块先后完成了"亚洲最长"天蒙旅游区观光地轨缆车、云南轿子雪山、云南九乡叠虹桥、陕西鳌山滑雪场 5 索及 6 索、阳朔如意峰等多条索道的安装建设工作。同时，在设备安装业务拓展中，团队不断改进、改良安装工器具、吊装方式，优化货运索道的设计和安装，成功取得了国家发明专利。发展至今，索道设备安装板块已发展成为骏景索道公司的核心业务之一。

组建陕西骏景索道运营管理有限公司。公司确立了以索道管理输出、服务输出，即索道对外托管业务作为公司的主营业务和未来发展方向，在行业内可谓独树一帜。至今，骏景索道公司已实现托管 9 条索道，培养锻炼了一支国内最全面、经验最丰富的索道技术人才队伍，形成了一套成熟、科学的索道技术管理模式，具备较强的索道设备管理输出能力，圆满完成了"2022北京冬奥会"高山滑雪中心赛事保障任务。

组建索道技术研发事业部。骏景索道公司于2017年年初组建索道技术研发事业部，主要负责客运索道信息化系统创新研发，通过技术创新并结合行业市场需求开发了"索道运维管理系统""设备监测预警系统""智能胎压监测系统"等诸多先进、实用的索道信息化产品，在国内已有 40 余条索道投入应用，形成了骏景索道产业链布局的核心竞争力。

强化品牌管理。结合骏景索道公司实际，公司制定了"45630"企业品牌营销概念，即立足 4 个子公司、5 个业务板块、6 大产品及服务项目、

30个骏景典型人物开展系统性宣传，在行业内迅速引发了强烈反响，并对公司业务拓展起到了积极的促进作用。

推出"3100工程"。骏景索道产业发展研究院深入研究索道技术，建立全国索道大数据平台，平台着手完成1000条客运索道数据信息采集，完成1000个索道故障案例收集整理汇编，完成客运索道1000篇论文整理及100个国内重点客运索道运营企业的数据信息整理。同时，组建骏景索道技术专家团队，打造公司高端智库，为各类索道技术性难题的解决提供了保障。

3. 科技创新模式

领先世界索道技术，创新研究与应用。骏景索道公司6年取得了53项技术专利，其中发明专利3项、实用新型专利18项、外观专利8项、计算机软件著作权24项，合计53项。公司产品过硬，服务全国25个省市地区景区、索道企业，骏景索道成为索道行业里的标杆企业，逐年在拓展市场。

提升公司影响力。通过高新技术企业、潜在瞪羚企业、科技型中小企业等认定，受到国家、省、市的关注和认可，研发项目多次荣获奖励，实现了再创新、再突破的良性循环。

（四）旅游索道创新案例

1. 投资开发板块

陕西华山太华索道投资开发。太华索道位于陕西省渭南市华阴市华山景区内，索道投资5亿余元，于2013年正式运营，单向运量可达1500人／小时，2023年太华索道接待游客335万人，实现营业收入4亿元，品牌价值达到2.89亿元。陕西华山太华索道是迄今为止世界上第一条采取崖壁开凿硐室站房、起伏式走向、设中间站的单线循环拖挂式索道，整体安全与运营系统采用最精尖的客运索道技术，全程数字自动化控制系统达到世界一流水平（图1-12）。

图 1-12　陕西华山太华索道

　　阳朔如意峰索道投资开发。如意峰索道位于桂林市阳朔县，索道投资 1.58 亿元，如意峰索道景区于 2020 年正式开园运营。单向运量可达 2000 人／小时，2023 年游客量为 85 万人，收入超 1 亿元。如意峰索道引进法国 POMA 公司进口设备，整体运行与安全系统采用最先进的全程数字控制系统和客运索道技术，是亚洲第一条、世界第二条采用自带动力救援小车的索道，位居广西建设规模游客承载量第一位（图 1-13）。

　　2022 年冬奥会索道战略联盟单位。2020 年 10 月，陕西旅游集团骏景索道公司与北京市八达岭旅游总公司就冬奥会索道服务战略合作正式签约，成为 2022 年冬奥会索道服务战略联盟单位，骏景索道公司与北京八达岭旅游总公司、武汉三特索道集团股份有限公司等在内的四家国内索道行业顶尖企业合作，共同服务冬奥会延庆赛事区的高山滑雪场索道。凭借全产业链布局的服务能力，骏景索道公司成为 2022 年北京冬奥会赛期内雪场索道维保项目及赛后索道维护、运营托管、信息化建设合作单位。

图 1-13 阳朔如意峰索道

2. 咨询服务 + 索道工程

咨询服务项目代表：甘肃省平凉市崆峒山弹筝峡索道。甘肃省平凉市崆峒山景区现有索道为双线往复吊厢组式客运索道，运行速度慢，运输能力有限，不能满足日益增长的客流需求，景区决定对现有索道进行改造。受平凉崆峒山文化旅游发展有限公司委托，于 2020 年开始进行平凉市崆峒山弹筝峡索道改造索道项目地勘、测绘、编制可行性研究报告等工作。

索道工程项目代表：延川乾坤湾景区索道安装项目。索道形式为单线循环式脱挂抱索器 8 人吊厢索道。水平长约 1900.412 米，上、下站高差 13.6 米，线路设计 8 个支架，吊厢数量 39 个。陕西骏景索道运营管理有限公司主要负责索道站内设备、沿线支架安装，索道运载索的施放、张紧及配合外方技术人员的编接以及索道通信电缆的施放、张紧。

3. 代建 + 技术托管

代建项目代表：贵州千户苗寨索道。陕西骏景索道运营管理有限公司负责索道施工、索道设备选型、索道设计和土建站房图纸的技术审查，提供项目施工组织流程及项目节点控制建议，索道建设工程的踏勘、测量、专家评审，索道安装期间技术论证，配套设施技术协助，索道运营期间技术管理及设备维修等工作。

技术托管项目代表：新疆喀拉峻索道项目。骏景索道公司与新疆喀拉峻旅游客运公司签订索道技术托管协议，并委派经验丰富的索道技术人员进行设备的日常维护保养、维修、检查以及员工培训，协助通过索道年度检验。

（五）数字旅游创新路径

陕西旅游集团数字化转型创新为文旅界数字化建设作出了示范，主要体现在以下四个方面。

数字化创新转型探索。一是前沿科技探索应用。二是数字基建建设，陕西旅游集团积极应用 5G、IoT、人工智能、大数据等前沿技术，助力传统文旅项目的内容和服务升级。三是中台体系的率先构建。陕西旅游集团制定了双中台战略，数据中台与媒体中台已经搭建，为数字化创新应用提供了强大的底座支撑。四是文旅业态技术解决方案的创新。在智慧景区的基础上，进一步结合市场需求，创新探索周边休闲旅游目的地与城市文商旅项目的运营管理的优化。

构建文旅产业数据资产结构标准。一是数据类型广泛，包括用户数据、票务数据、酒店数据、交易数据、营销数据、内容信息等不同维度，涵盖从集团内部到目的地运营领域。二是数据维度精深，国资监管系统上线后，陕西旅游集团上报数据的主数据标准将达 2000 余条，数据接口数万个。三是数据创新视角方面，陕西旅游集团未来还将创新构建游客肖像指标体系，精细刻画用户内在价值观与偏好特性。

破题"一机游"困局的区域资源整合 + 私域流量服务平台。一是定位与路径清晰。陕西旅游集团超级 App 体系从集团内部营销协同开始，未来逐步整合区域文旅资源，以自身私域流量为锚点，为游客提供在途场景下的信息与消费服务。二是区域资源禀赋优质。陕西旅游集团拥有文旅多业态产业资源，对周边文旅产业有良好带动作用。同时，企业自身线下私域流量充沛，未来能够有效支撑平台的用户流量集聚。三是内部能力基础夯实。旗下子公司在区域资源整合方面，具有良好的技术与运营优势，能够有效支撑企业的未来转型升级。

以数字化体验产品树立文旅融合样板。一是顺势而行，方向前瞻。结合陕西旅游集团文旅项目拓展的特性，应对目标客群的偏好需求，为项目规划匹配更多数字化体验产品，增加项目吸引力和收入来源。二是内容为王，IP 打造。强化文旅融合，为数字化项目赋予更多文化内容，讲好当地故事，以 IP 引领市场需求。三是优选合作伙伴，强调项目落地品质。遴选行业领先伙伴，并提升集团项目团队能力，确保项目品质，满足游客市场的偏好需求，为企业开辟更大的可持续发展空间。

（六）数字旅游创新案例

1. 数字体验产品——以数字体验赋能景区

《夜谭·白鹿原》项目。项目坐落于陕西省西安市白鹿原影视城，项目总投资约 7186 万元，于 2021 年 7 月首演，每日呈现三场演出，单人票价 68 元。该项目是全国首个全沉浸梦幻光影秀，项目运营盘活了景区"夜经济"，成为夜游新地标。项目通过夜灯光升级、静谧夜氛围营造、夜体验交互的全方位手法，多层次、立体化地再现了白鹿精灵传说和白灵的传奇故事，在 20 余万平方米的坡面、台垣、山谷、湖面中，"白鹿""萤光""蝴蝶"等元素交织辉映，打造出虚实结合、奇幻浪漫的十三大故事场景，丰富和提升了传统光影秀的内容、形式和品质（图 1-14）。

《公元一万年》项目。项目坐落于陕西省西安市白鹿原影视城中央广场西侧，总投资约 8453 万元，于 2022 年 4 月对外开放，占地面积达 5000 平方米，单人票价 80 元，单次可承载 12 人同时体验。该项目是全国首创无轨飞船黑暗乘骑，以沉浸式、裸眼3D、全程无轨自控车辆为亮点，对传统黑暗乘机项目进行全新突破。该项目通过大量使用高科技，将置景和影像巧妙融合，并使用具有高动态范围、高帧率、高分辨率、广色域的电影影像，讲述了一段为爱出发

图1-14 《夜谭·白鹿原》光影秀

穿越异星、拯救未来地球的感人故事，让观众乘坐360°无死角飞船类无轨车在全沉浸的氛围中得到视听上的震撼与享受（图1-15）。

2. 数字运营产品——以数字运营实现增量

以陕西旅游集团旗下泽润数字传媒公司为数字运营主要载体，实现了从流量运营到GMV（商品交易总额）转化、从单一全案营销到全域链

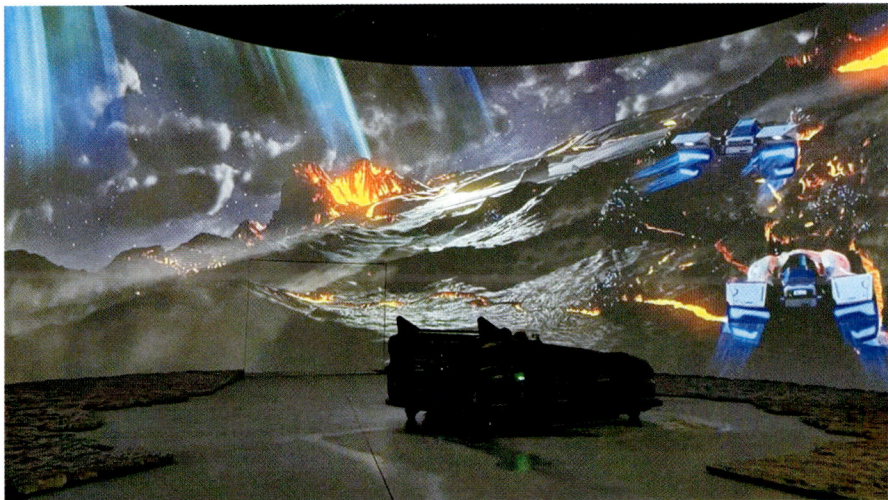

图1-15 《公元一万年》黑暗乘骑

路营销，其创新发展通过三条路径实现。

升级抖音本地生活板块玩法。通过达人短视频和攻略进行种草——在营销节点引爆流量池——实现直播流量收割，完成从流量运营到 GMV 转化全过程。陕旅嗨 GO 抖音账号粉丝数已突破 17W，GMV1 亿 +。

成立陕西小红书全域营销中心。为景区量身打造达人探店活动，令 # 西安丝路欢乐世界 # 和 # 丝路欢乐世界 # 话题曝光量一周内增加近百万，成功打造本地爆款文旅 IP。

3. 数字平台——以数字平台扩大国有资源和资本优势

以骏途网为代表，最新开发了"Hi 元宇宙"数字文创平台，具备区块链技术自主知识产权，与 80 多家博物馆、景区开展合作，打造相关重点 IP50 余个，数字藏品曝光量均达 1 亿人次以上，是国内文博领域数字文创展示、鉴赏、收藏的头部平台。"Hi 元宇宙"通过数字技术、区块链技术，推动文化资产的价值重估，形成真实世界和虚拟世界的双重盈利模式，助力业态营销直达 C 端流量，传播价值最大化。通过技术创新推动模式创新，进而引领数字经济变革。

（七）旅游体育创新路径

陕西省体育产业集团承担着旅游体育方面的工作，它是陕西省政府推动体育产业成长和发展的市场化平台。体育业务板块创新主要体现在三个方面。一是体育赛事引领。国际性、全国性、群众性体育赛事活动举办，如"i 奔跑"系列赛事、"中国台协杯"全国斯诺克团体锦标赛、红色马拉松等。二是国家赛事特许运营服务。十四运会期间，陕西省体育产业集团是十四运会票务独家供应商（联合体），同时提供十四运会特许运营服务，项目策划咨询服务，拓展冰雪运动、体育培训等服务。三是体育综合体开发。陕西旅游集团建设了陕西国际体育之窗项目，承担了十四运会赛事指挥中心和广播电视中心任务，成为体育 + 文旅产业融合发展的重要窗口。

（八）旅游体育创新案例

1. "梅西中国行"——2023阿根廷VS澳大利亚国际足球邀请赛

比赛获得了多个第一。如近年来筹备时间最短的国际A级赛事（35天）、中国足球赛事票房最高（约1.5亿元）、现场观赛人数最多（5万余人）、全球70个国家200多个媒体同步直播、66亿播放量和全网互动1000万+（图1-16）。

图1-16　"梅西中国行"比赛现场

持续霸占数字热榜。工人体育场当天现场零售创历史新高，北京市酒店预订量同比上涨10倍，朝阳区5星级饭店入住率同比上涨30倍。赛事宣传价值预估2000万元左右。

2. "一带一路"陕西中国台协杯（三届）——全国斯诺克团体锦标赛

本项目亮点体现在三个方面：一是成立国内首家国资控股的台球全产业运营公司陕西启汇斯诺克产业有限公司。二是举办多场专业赛事。如斯诺克中国A级赛事、团体赛等台球赛事的举办。三是构建了全产业链，形成了产（器材生产）、训（台球学院培训）、管（俱乐部运营管理）、销（衍生品销售）一体化的全产业链发展模式。

3. 陕西国际体育之窗——十四运会"最强大脑"

陕西国际体育之窗位于高新区唐延路，规划总用地面积65亩，总建筑面积 37 万平方米，是西安首个"文旅体商"综合体（图 1-17）。

后全运时代，将开启文旅体商融合发展新格局。十四运会在陕西成功举办后，陕西国际体育之窗将以文旅服务业为引擎，融合体育产业、商业、文化产业，打造西北首家高端体育文化运动综合体，成为连接文旅体商多元产业发展的新纽带。

陕西国际体育之窗是高新区唐延路第一高楼。囊括商业、写字楼、五星级饭店、公寓，涵盖了星空篮球场、可移动式冰场等运动场馆，创造性地融合米其林、黑珍珠等高端美食业态，打造城市微度假运动生活体验地，成为西北地区首个融合体育赛事、体育休闲、运动生活的跨界商业综合体，也是西北首个涵盖全年龄客群、多维场景、多感体验的运动休闲 MALL。

融入冰雪战略，双冰场至上圆梦四季。该项目充分发挥冬奥品牌效应，打造室内标准国际赛事级冰场，将冰场运动与体育赛事相结合，布局冰上项目全产业链发展，这也是西北地区唯一商业综合体内"双冰场"板块，可满足冰上项目的专业训练和赛事。

（九）旅游金融创新路径

中金旅基金板块的业务类型主要有文旅产业基金投资、投资咨询业

图 1-17　陕西国际体育之窗国际标准真冰场

务、半通道业务、通道类业务、固收类业务、硬科技股权基金投资六大方向。其中依托陕西国开旅游产业基金管理有限公司，累计设立及管理包括陕西旅游产业投资基金以及西安旅游发展基金在内的产业基金及多个专项基金共 23 个，投资方向涵盖文化旅游、军工智造、新能源、半导体等领域，基金管理总规模累计突破 480 亿元。先后获得 2017 年度最具实力政府文旅基金管理平台、2019 年中国私募基金影响力品牌 100 强、2021 年度优秀文旅投资机构、2022 陕西省创业投资协会"最具人气机构奖"和 2022 年度陕西省优秀创投风投机构 Top20 等诸多奖项。

（十）旅游金融创新案例

1. 文化旅游项目

白鹿原项目。2018 年，陕西国开旅游产业基金管理有限公司通过陕西旅游产业基金对该项目进行投资，随后通过陕西旅游产业基金、西旅基金等追加了 3 次投资。项目公司目前经营稳定，业绩良好，市场上升空间较大。

大连博涛文化项目。陕旅产业基金投资大连博涛文化，旨在借助大连博涛文化在高科技文化装备上具备国际水准和创新创意能力增强自身科技文旅要素，以便更好地布局国内文旅目的地升级市场。

穿越千机项目。广州穿越千机创新科技公司通过将无人机与声光影电等高科技载体相结合，在全国各核心城市地标及各大景区场景占领空域优势，国开基金于 2021 年投资穿越千机，已实现上海外滩、广州小蛮腰、长沙世界之窗的常态化飞行。

2. 高科技领域项目

飞碟项目。西安飞蝶虚拟现实科技有限公司是一家专注于低代码的 XR 内容创作工具云平台的高新技术企业。国开基金以自有资金出资于 2021 年 6 月，通过陕西旅游产业投资基金合伙企业（有限合伙）完成对飞碟虚拟项目的投资。

九州一轨项目。北京九州一轨环境科技股份有限公司是国内弹簧减振产品头部企业。国开基金于 2020 年成功投资九州一轨，2022 年，科创板 2022 年第 5 次上市委员会审议会议上，九州一轨首发过会，这是国开基金斩获的第一家成功 IPO 企业。

三、营销创新

（一）建立营销矩阵

1. 多活动营销矩阵

陕西旅游集团多年来连续主办陕西旅游消费节，该活动已成为陕西文旅惠民品牌活动之一。此举是陕西旅游集团积极探索激发文旅消费潜力的长效机制，培育壮大文旅消费新业态新模式，联合全省各大文旅商企业，共同推动陕西文化旅游深度融合发展和旅游消费经济发展的有效实践，对促进陕西旅游经济发展起到了积极作用。近年来，陕西省体育产业集团着力打造文体旅产业融合的精品 IP 赛事，探索出了文体旅融合发展的新路径，举办了中国台协杯（陕西旅游集团）全国斯诺克团体锦标赛，该系列赛事已成为世界斯诺克巡回赛（WST）之外，国内级别最高、关注度最高的斯诺克团体赛事，并连续三年入选"一带一路"陕西体育精品赛事。为了丰富赛事活动体验，现场还举办了斯诺克嘉年华主题活动，设有文旅体品牌、QH 全产业链、趣味集市三大新潮板块，为球员及游客观众打造全新的消费场景。

2. 全媒体营销矩阵

陕西旅游集团依托传统媒体 + 新媒体共同发力，同频共振，构建起了主流媒体 + 自媒体融合矩阵。在央视新闻频道核心时段持续投放宣传片，陕西旅游集团下属景区、演艺、营销推广活动等亮相央视相关节目报道，人民日报社、新华社、求是杂志社等国家高级媒体以及陕西省级主流媒体对集团各项工作进行了专题报道，持续扩大权威媒体宣传陕西旅游集团声量，广泛提升了陕西旅游集团品牌知名度和美誉度。此外，陕西旅游集团坚持官媒、自媒体宣传双管齐下，深化抖音、微信、小程序、小红书等传播矩阵，集团公众号总阅读量突破百万大关，《陕旅视界》持续发刊，实现内部报道、外部推广双向发力。

（二）培育数字营销

1. 搭建平台，数字赋能

"陕旅嗨 GO"直播间以景区、演艺、索道、文创、餐饮、娱乐以及商业综合业态为产品支撑，利用"内容＋互动＋电商"的模式，推介种草各大景点及相关文旅产品的新玩法，构建以播带景带货的沉浸式直播消费场景，助力集团数字化转型。通过虚拟合成技术，使内场直播与外场漫游相互结合，将固定的直播间延伸向更广阔的户外，将户外美景无缝导入直播间，极大地提升观众的参与感和互动感，增加直播的趣味和吸引力，打造出沉浸式直播消费场景。以视频电商平台＋抖音直播间开启"直播＋"新纪元，高站位打造营销新渠道，实现宣传推广落地销售，被评为抖音西北首家二星级服务商。此外，陕西省体育产业集团积极开展票务总体运营及营销工作，在第十届"体育大生意年度评选"中，陕西省体育产业集团旗下第一届全国学生（青年）运动会票务营销工作荣获"年度体育营销案例"。

2. 培育达人，流量变现

陕西旅游集团推出"陕旅星推官达人孵化计划"，整合集团内部员工、导游及外部达人组成近 3000 人的抖音达人营销矩阵，打造服务商＋MCN 机构并行的一体化运营模式，形成陕西旅游集团常态化数字营销推广的中坚力量。集团对签约达人／商家官号进行一对一精准培训，打造视频带货＋直播带货全能型达人。同时，建立抖音达人直播带货群，以"线下实探＋线上直播"的模式，助推华清宫景区特惠引流＋消费，实现从线上种草传播到线下销售转化的数字化经营转型。

3.开拓创新，联动营销

陕西旅游集团旗下泽润数字传媒与小红书共同成立全域营销中心，为景区量身打造达人探店活动，成功打造本地爆款文旅IP，同时采取"策略＋数据＋内容"三位一体的营销模式，围绕优质内容构建全面商业化体系，打通小红书店铺跳转购买链路，实现数字营销闭环。创建酒旅垂类MCN机构，组建6000+抖音达人团队，成为抖音MCN西北唯一S2酒旅MCN机构，孵化自有达人＋联动平台达人双向激活种草与转化效率，助力传播内容加速破圈，实现了从流量运营到GMV转化，从单一全案营销到全域链路营销的转变。

四、运营创新

（一）推动运营理论创新

陕西旅游集团高度重视并持续引导旗下各业态不断深化文旅行业标准化建设，由陕西旅游集团旗下太华旅游索道公司参与起草的《滑道运营管理规范》（T/CMES 37005−2023）团体标准，这是滑道行业管理规范化的首个标准，将在规范滑道行业日常运营、提高滑道运营行业整体水平、开展新建滑道项目、指导滑道领域运营单位及管理人员等方面发挥重要作用。由华清宫景区及北京大学光华管理学院团队共同完成的三个案例《古今结合的文化创新和商业探索——〈长恨歌〉文化品牌的建立与发展》《企业社会责任感和业务绩效的均衡发展之路——〈12·12〉爱国主义教育示范基地成长记》《物质和精神的双需求碰撞——"华清御汤"书写新时代消费升级》被北京大学管理案例中心正式收录。同时，以理论加快管理输出业务是华清宫文旅破圈的又一触手，如洛阳大河荟项目、贵阳长征文化科技展示馆项目等，在更大范围延伸了华清宫的文旅产业链条。

（二）搭建三大专业运营团队

1. 索道业务运营商

骏景索道所属运营管理有限公司作为索道业务运营商，继2020年首次获评成为高新技术企业以来，第二次被认定为国家级高新技术企业，意味着骏景索道公司在行业中具备领先的技术水平和创新能力。凭借技术优势，所属运营管理公司陆续被认定为陕西省科技型中小企业、瞪羚企业、创新型中小企业、"专精特新"企业，这是陕西旅游集团向科技型企业转型、客运索道行业信息化建设的实践。

2. 体育票务运营商

陕西省体育产业集团是十四运会票务独家供应商（联合体），为十四运会提供专业票务服务，累计吸引观众人数约38万人次入场观赛，省级媒体传播覆盖人数超过63亿人次，销售额创下全运会票房收入纪录，并荣获第十四届全运会组委会颁发的"最佳票务运营商"。同时，陕西省体育产业集团成功入选第十四届全运会特许运营服务商，成为本次面向全国公开征集的3家特许运营商之一，原创特许商品设计共478款，运营期间积极开拓销售渠道，除开设面积最大的特许商品旗舰店外，另开设零售店铺9家，零售专柜40家，成为十四运会线上唯一天猫官方旗舰店及线下最大四海唐人街官方旗舰店运营商。

3. 优秀酒店运营商

陕西云尚精品酒店管理有限公司以文旅服务住宿业为主导产业，塑造强势品牌，实施规模化经营，旗下项目现已遍布10座城市，已运营和在建项目共30余家，拥有客房总数超过3000间，年接待宾客人数达100万人次。在由陕西省旅游住宿业协会主办的"启航2024"迎新大会暨酒店空间价值与场景新经济创新发展论坛上，云尚酒店管理公司荣获"优秀酒店管理公司奖"、西安唐城宾馆荣获"最佳新媒体运营奖"、圣地河谷·金延安斩获第十五届中国（陕西）文化和旅游总评榜"年度最具人气口碑民宿"。

第二章　陕西城市文旅产品创新发展实践

第一节

城市文旅发展背景

一、研究背景

（一）政策引导城市文旅产品供给不断丰富

中国经济进入高质量发展阶段，一系列政策推动文旅融合发展。国家层面，党的二十大报告明确指出，坚持"以文塑旅、以旅彰文"，推进文化和旅游深度融合发展；2023 年 9 月，国务院办公厅印发了《关于释放旅游消费潜力推动旅游业高质量发展的若干措施》，鼓励丰富文旅融合新业态，加大优质产品和服务供给。陕西省层面，2022 年 8 月，出台《陕西省打造万亿级文化旅游产业实施意见（2021—2025 年）》，聚力推动文旅重点产业链做强做优；2023 年 12 月，陕西省人民政府办公厅印发推动陕西文旅深度融合的 26 条措施，为陕西文旅高质量发展聚集强大合力。在政策引导下，陕西"文旅＋"融合创新业态不断推陈出新，催生出大唐不夜城、长安十二时辰等一大批城市休闲街区、文博场馆、主题乐园等文旅融合新产品，陕西城市文旅产品的供给体系不断丰富，吸引力显著提升。

（二）本地游、周边游的兴起助推了城市文旅产品的创新发展

本地游、周边游日益成为城市居民文旅休闲的首要选择，正创造着经济新亮点，成为文旅消费潜力释放新的发力点和旅游业发展新的增长极。因其高频性，本地游、周边游的开展往往更注重城市在地文化和生活方式的体验，对于新奇特的景观场景、有趣的文化体验、多元丰富的产品及活动具有更高的要求，催生出城市漫游、城市骑行、城市露营、城市微度假等一系列个性化、沉浸式、文化型文旅"新姿势"，创新出城市文旅商综合体、文旅休闲街区、文博场馆、主题乐园、文旅演艺等文旅新产品，助推城市文旅不断迭代升级和创新发展。

（三）城市文旅产品不断满足人民群众的美好需求

旅游日益成为新时代人民美好生活的重要组成，高质量文旅产品正成为高品质生活的必需品。对此，为回应和激发市场日益增长和升级的文旅休闲消费需求，相关单位坚持以文塑旅、以旅彰文，持续深化城市文化场馆建设、景区提升、非遗旅游、全域旅游、城市更新等具有城市特色的文旅融合实践，迭代创新出城市夜游、非遗旅游、研学旅行、沉浸式旅游、元宇宙＋旅游、文化微空间、户外微度假等新产品新业态，人民群众日益增长的多元化、个性化、体验化、社交化、文化性、沉浸式旅游休闲需要被不断丰富和满足。

（四）城市文旅产品为城市注入新活力

城市文旅的开发创新往往囊括了城市商业、旅游、文化、教育、体育等诸多产业，能有效催发城市产业的价值和潜力，为城市发展注入新活力：一是城市文旅产品的创新通过场景营造、业态植入、内容创新、运营优化等，能够有效激活城市存量资产，赋能城市有机更新；二是城市文旅产品创新推动了文娱旅游、体育赛事、国货"潮品"等新消费增

长点的培育，有力带动了城市消费提振升级；三是城市文旅新产品、新业态的不断涌现，为城市聚集人气、打造新名片、塑造新形象提供了有力支撑；四是一系列"文化＋""旅游＋"等城市文旅创新产品在吸引外来游客到访的同时，也丰富了本地居民的城市生活，提升了市民的幸福感。

二、城市文旅的价值潜力

（一）带动城市活力

城市文旅正由传统观光游向体验式、沉浸式转变，并以"文旅＋""＋文旅"的模式催生出"文旅＋科技""文旅＋体育""文旅＋教育""文旅＋演艺"等一系列深度融合的创新产品，以强大的综合性、融合性和带动性为城市社会经济发展注入创新活力，带动着城市消费的全面提振升级。以"文旅＋演艺"为例，2023年TFBOYS十周年演唱会在西安举办，西安住宿、出行、门票收入等大幅提升，直接带动4.16亿元的旅游收入，为西安城市赚足了声量、"留量"和现金流量。

（二）强化城市特色

城市的文化精髓是一座城市最独特、最具吸引力的存在，也是根植最深、最难以被表达与感触的隐性元素。城市文旅则可以"旅游"的思维和展现形式对城市文化精髓进行挖掘、传承和合理利用，有效实现城市特色的表达、呈现和强化，进而提升城市整体形象和对外传播力。例如，设在大唐不夜城开元广场的2024央视春晚西安分会场，让"盛世长安"的文化标识与西安深度绑定，让西安千百年来的大唐文化以最震撼人心、最吸引眼球、最生动形象的方式向世人呈现，让古城西安的魅力名片再度擦亮。

（三）推进城市更新

城市文旅行业涉及面广、关联度高、渗透性强，能够有效推进新业态与新要素有机植入城市更新体系并焕发新的生机与活力，有效激活城市存量资产，是新时代推进城市有机更新、提升城市风貌的有效抓手。例如，西安老菜场历经 3 年的微更新与轻改造，完成了由破旧的菜市场向"内外兼修"的西安文化地标的身份转变，成为兼具市井生活、时尚与艺术气息的活力新空间，以新风貌延续西安老城记忆的活力新空间，日均客流超过 6000 人。

（四）形成吸引力引擎

城市文旅产品的创新以场景创新为基础，通过文化、科技、创意、艺术等多种元素的创造性融合形成极具吸引力的爆款项目，已成为文旅产业快速发展、城市消费水平升级、社会经济活力提振的重要手段。例如，长安十二时辰聚焦盛唐文化，通过科技创新，布局歌舞演艺、市井体验、沉浸互动等新型商业消费场景，营造出覆盖全时段、全生活、全业态、全场景、全体验的沉浸消费爆款项目，与大雁塔、大唐芙蓉园、大唐不夜城等聚集形成唐文化全景展示的核心示范区，成为西安城市持续吸引年轻消费群体的重要引擎。

（五）带动城市就业

城市文旅产业的发展，在引入大量游客的同时，也带动了城市直接和间接就业的显著增长，并创造出更多新的创业机会。例如，大唐不夜城的火爆，不仅为周边区域带来巨大客流，同时也带动了遍布大街小巷的汉服体验馆、汉服旅拍馆，甚至服饰制造业的发展。与此同时，众多知名品牌酒店、休闲购物空间入驻大唐不夜城，搭建起"不夜城＋联名快消品"矩阵模式，形成了大唐不夜城 9 大业态、千万商铺的多元文商旅业态格局，创造出超 5 万个就业岗位。

三、概念界定与类型划分

（一）概念界定

本章认为，"城市文旅"指依托城市及其周边经济社会活动密切互动范围内的空间、人文、产业、环境、场景、功能等，所开展的休闲娱乐、文化艺术、旅游度假和运动康养等具有地方特色和文化气息的旅游活动，进而将城市文旅产品界定为：为"城市文旅"的发生而打造的既具文化与创意又能满足游客基本旅行需求的各种有形和无形的产品或服务。

（二）依托空间

城市空间资源是城市文旅产品依托的重要空间载体，了解城市空间类型及其属性特征，挖掘具有文旅产品开发创新潜力的城市空间成为城市文旅产品分类的重要基础。研究以城市用地分类为基础，将具有文旅产品开发创新潜力的城市空间资源划分为七大类，分类如下（表2-1包括但不限于表中所列细分类型）：

表2-1　具有文旅开发创新潜力的城市空间分类表

空间类型	细分类型
公共文化空间	图书博览空间（图书馆、博物馆、科技馆、纪念馆、美术馆和城市展览馆等空间）、文化活动空间（综合文化活动中心、文化馆、青少年宫、剧院、音乐厅、老年活动中心等空间）
公共体育空间	体育场馆、体育训练基地等
文物古迹空间	具有保护价值的古遗址、古墓葬、古建筑、石窟寺、近代代表性建筑、革命纪念建筑等空间

空间类型	细分类型
商业服务空间	零售商业空间（以零售功能为主的商铺、商场、超市、市场等空间）、批发市场空间（以批发功能为主的市场空间）、餐饮空间（饭店、餐厅、酒吧等空间）、旅居空间（宾馆、旅馆、招待所、服务型公寓、城市民宿等空间）、娱乐康体空间（包括电影院、歌舞厅、音乐厅等营利性的文化娱乐空间和赛马场、高尔夫、溜冰场等营利性的康体空间）
基础设施空间	道路、交通枢纽、交通工具、交通场站及城市供水、供热、供电等基础设施空间
工业空间	工矿企业的生产车间、库房及其附属设施空间
绿地与广场空间	公园绿地（包括综合公园和植物园、动物园等专类公园等）、防护空间（用于满足卫生、隔离、安全、生态防护等要求设立的绿地）、广场空间（用于游憩、纪念、集会、避险等功能的公共开放空间）

（三）类型划分

依据具有文旅产品开发创新潜力的各类城市空间属性、承载功能及其开展活动类型，将城市文旅产品按主题划分休闲观光、娱乐体验、产学研教、旅居度假四大类，进而细分为多类文旅产品（表2-2包括但不限于表中所列产品细分）：

表2-2　城市文旅产品分类表

产品分类	产品细分
休闲观光类	（体）文旅商综合体、休闲街区、夜间消费集聚区、交文旅融合产品
娱乐体验类	赛事会展、主题乐园、城市演艺
产学研教类	文博场馆、动植物园、文化产业园区、文化遗址公园
旅居度假类	城市营地、户外运动、城市微度假、康养旅居

第二节

国内城市文旅市场发展趋势

一、发展概况

中国旅游研究院（文化和旅游部数据中心）对2023年城市游和乡村游的分月度监测数据表明，2023年1—9月，城市旅游人数均高于乡村旅游人数，其中8月城市文旅人数最多，约2.2亿人次，同月乡村旅游人数为1.7亿人次。春节假期，因为大量在外务工农村居民回乡探亲访友，两者差距达到全年最低水平（图2-1）。

由此可见，城市始终是文旅市场的客源地和目的地重构的核心载体，是文旅产业高质量发展的关键。

二、创新趋势

随着我国迈入以高质量发展为核心的中国式现代化建设新阶段，城市文化旅游发展的重点也随之转变，由以往"量"的增长转向"质"的提升。具体而言，城市文旅发展更加注重文化内涵与价值的深度挖掘与

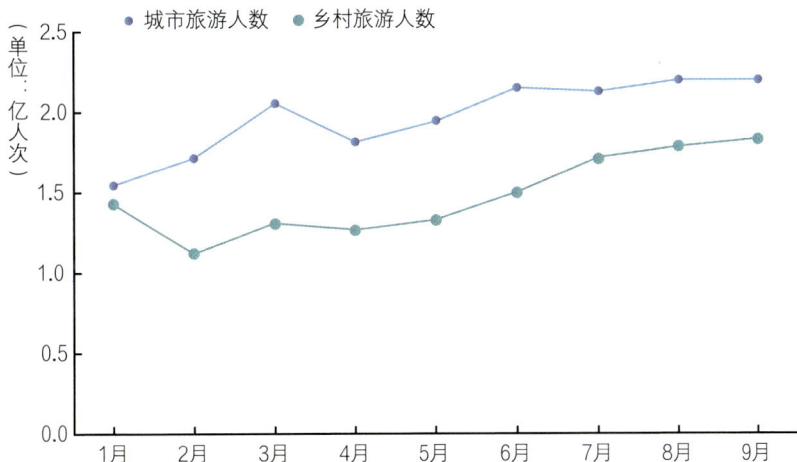

图 2-1 2023 年 1—9 月城市旅游人数与乡村旅游人数变化趋势

高质量呈现，空间布局趋向更加合理与均衡，功能定位更加精准地对接市场需求，同时，产品供给也更加注重创新与个性化，以满足人民群众日益增长的精神文化需求。

（一）幸福导向下的城市文旅高质量发展

随着居民人均可支配收入的稳步增长，人民对精神文化层面的需求向着多层次、多元化及多样化方向发展，不仅追求艺术熏陶，还热衷于参观文化场馆，观赏戏剧作品、电影展览等体验。在此背景下，城市文旅的创新发展开始淡化传统以经济效益为主导的城市文旅发展观念，转而更加注重人民对美好生活向往的需求满足，越发注重对城市内涵与价值的深层次挖掘与更高质量呈现。

（二）文旅空间的全域立体化重构

随着全民旅游新时代的开启，游客的消费偏好已从浅层的景点观光转向了深层次的沉浸体验。游客的足迹不再局限于固定的景区，而是覆盖了城市的每一个角落。旅游活动的体验维度也从二维平面跃升至三维立体。低空观光、天际线打卡、防空洞探险等创新体验形式，不仅为游客提供了全新的视角去发现城市之美，更让他们在互动与探索中深刻感受城市的历史底蕴与文化魅力。城市文旅空间布局正逐步从零散点状向全域融合、立体交织的方向发展，构建起一个全方位、多层次的旅游体验网络。

（三）文旅需求的日常化与公共属性的强化

随着经济的飞速发展，人民的物质与精神需求均实现了较大的飞跃，旅游活动也随之由昔日精英阶层的专属体验转变为普罗大众的日常需求。在此情境下，短程高频成为主流趋势，催生了露营热潮、博物馆探索、城市骑行等一系列新兴文旅业态，进一步拉近了旅游与日常生活的距离。旅游的日常化趋势使休闲街区、城市绿地、文博场馆等公共空间逐步转型为游客与市民共融共享的旅游休闲新地标。许多地方政府通过开放景区、实施门票优惠或免费政策以及发放旅游消费券等手段，有效促进了城市文旅资源的全民共享，进一步强化了其公共属性，为构建更加和谐、包容的城市文旅生态奠定了坚实的基础。

（四）文化内涵深化与情感价值链接

随着游客消费偏好由单纯的感官刺激向情感精神共鸣的转变，对旅游供给端也提出了更高要求。当前，国内许多旅游城市致力于将本土文化的精髓与地方特色融入旅游产品的设计、场景营造及品牌塑造中。例如，上海推出的"建筑可阅读"文旅项目，以独特视角诠释了城市的文化底蕴；长安十二时辰则生动再现了盛唐文化的辉煌。上述案例均以市场需求为导向，以文化魅力为牵引，通过精准把握消费者需求，不断深化产品文化内涵，打造与消费者情感价值链接和深度共鸣的文化产品，持续推进城市文旅的高质量内涵式发展。

三、热门产品

结合当下消费趋势的转变，即：消费诉求细分，"性价比"趋向鲜明、环保认知强化，追求愉悦身心、文化自信凸显、追求情感共振与价值认同、注重消费体验等，进一步总结提出"城市漫游""城市美食巡礼""城市夜游""城市时尚打卡""城市微生活"为当下旅游的五大热门产品。

（一）城市漫游

随着大众旅游由观光转向观光与休闲并行，人们对于旅游的期待不再仅仅满足于看景观、逛乐园，更希望"走出景区、深入城市的大街小巷"，去深度体验一座城市的风土人情与烟火气息。由此，一种名为"城市漫游"的休闲方式悄然流行。"城市漫游"即"Citywalk"，以近距离、易决策、高频次、深体验为典型特征，是一种漫步探索城市的休闲方式，人们在寻常的城市里探索不寻常，重新发现附近的美好与惊喜，强化与城市之间的紧密连接。在小红书发布的《2022年十大生活趋势》中，Citywalk 位列第五，小红书上关于 Citywalk 的笔记则高达 36 万篇。DT 财经和 DT 研究院联合发布的《2023 旅游调研报告》中显示，有 82% 的人想尝试 Citywalk，远远超过了其他几种新型旅游方式。

（二）城市夜游

"白天的城市专注生产，入夜的城市释放消费"，人们通常将一天的 18:00—22:00 点称为夜间经济的"黄金四小时"，在这一时段的经济产值则被称为"夜间经济"。据统计，我国北京、广州、深圳等城市，"夜间经济"已占全天服务业营业额的 50%，重庆 2/3 以上的餐饮营业额是在夜间实现的，城市中的居民和游客在这一时段游乐欢愉，尽享城市夜生活的精彩繁华。"夜间经济"的兴起繁荣，使城市文旅休闲空间得到了有效拓展、消费场景得到极大丰富，除 KTV、餐饮、购物等传统夜游业态外，

"文化夜市""夜游博物馆""夜游景区"等不断进入人们视野，沉浸式演艺、剧本秀、光影秀、音乐节、live house、汉服游园等新体验项目也层出不穷，成为城市文旅的重要内容和吸引力构成。

（三）城市美食巡礼

在旅游"食、住、行、游、购、娱"六要素中，民以食为天，食是旅游发展的第一要素。有关数据表明，城市的美食街、小吃街等地段或毗邻的酒店往往是城市中最热门的酒店，每逢节假日通常是"一房难求"。"食"在旅游六要素中的地位快速上升，不再仅仅是一次旅行的组成部分，而是在线上平台的相关美食话题和攻略的互动下成为旅游者决定前往某一目的地的重要动机，成为旅游吸引物体系中越来越重要的组成部分。继"跟着山河去旅行""跟着文化遗产去旅行"之后，人们开始热衷于"跟着美食去旅行"，去目的地品尝时令食材、地道风味小吃也成为越来越多人的现实选择和出游原动力，并由此产生了"美食地图""城市美食打卡清单"等类型的旅游产品。

（四）城市时尚打卡

随着游客旅游决策行为逐渐由热门景区、景点驱动转向超越物质满足的精神文化需求，旅游偏好则更加侧重于能够提供情绪愉悦和社交体验的项目，在决策中充分张扬个性与偏好，更有可能因一个趣味话题、一场在线社交互动和某种情感连接而奔赴一场旅行。在一场集体性的社交狂欢中获得精神满足和情感链接，以艺术、科技、文化和旅游深度融合的"博物馆旅游""国潮旅游""时尚市集""音乐节/演唱会"等城市潮流打卡正成为新时代游客体验城市的新窗口。

（五）城市微生活

"城市微生活"是一种短而小的当地生活化旅游体验，因为能够让游客以一种"当地人"的视角探索和发现城市中的小美好，以体验深度化、方式休闲化、消费品质化而广受市场青睐。对比以往到此一游、走马观花、打卡赶集的"快餐式""外来者"旅游方式，"城市微生活"将角色定位为"本地人"，将体验内容定位于"城市生活"，以倾向于一种"无景点"的旅行方式深入当地人的空间、匹配当地人的生活方式。以一种在地的、深度的、散漫的、沉浸的、多角度的全新体验，去品鉴一方水土、品味一方美食、了解一方文化、参与一方活动、体验一方生活，短暂地成为一方人，感受"一方水土养一方人"的浪漫旅居。

四、客群画像

"城市漫游""城市美食巡礼""城市夜游""城市时尚打卡""城市微生活"等城市文旅热门产品内在折射的是旅游者对于品质化、个性化、纵深式、沉浸式、文化感和潮流性旅游产品的日臻青睐。城市为游客提供创新文旅产品的同时，也满足了本地居民对完善的配套设施的需求，展示着城市文化内涵和精神内核。这种主客共享模式不仅极大地丰富了市民的精神世界与文化生活，同时也为游客提供了更加深入、多元的旅行体验。

由此，可将城市文旅的客群画像分为：闲逸漫行者、乐游互动派、文化体验族、绿野康旅者四类（表2-3）。

表2-3　城市文旅客群画像

客群画像	客群特征	产品偏好
闲逸漫行者	追求放松和享受、关注性价比	（体）文旅商综合体、休闲街区、夜间消费集聚区、交文旅融合产品
乐游互动派	追求多元化、沉浸式、互动性	主题公园、城市演艺、赛事会展
文化体验族	追求丰富知识、独特体验和文化熏陶	文博物馆、动植物园、文化产业园区、文化遗址公园
绿野康旅者	追求高品质、健康、可持续	城市营地、户外运动、城市微度假、康养旅居

（一）闲逸漫行者

客群特征：闲逸漫行者更追求在旅游过程中得到放松和享受，他们倾向于选择那些能够提供舒适环境和丰富休闲活动的消费场景。同时也会关注旅游产品的性价比，选择价格合理、服务质量好的消费场景。

消费场景与产品选择——文旅商综合体：这类场景综合性强，集文化、旅游、商业于一身。设施齐全，拥有购物、餐饮、娱乐、住宿等多种功能设施，能够满足游客的一站式需求。休闲街区：这类场景通常充满生活气息，保留了城市的传统风貌和市井文化，并且特色鲜明，每个休闲街区都有其独特的主题和特色，如老街、美食街、艺术街区等，吸引着不同兴趣爱好的游客。夜间消费聚集区：这类场景在夜晚尤其热闹，成为城市夜生活的重要组成部分，且氛围独特，通过灯光、音乐、装饰等手段营造独特的夜间氛围，吸引游客驻足观赏和体验。

（二）乐游互动派

客群特征：乐游互动派更倾向于选择多元化、沉浸式、互动性的消费场景。这些场景不仅为游客提供了丰富的娱乐体验，还促进了城市旅游业的繁荣发展。

消费场景与产品选择——主题公园与游乐场：这类场景通常拥有独特的主题设计，如动漫、电影等，通过高科技手段打造沉浸式体验，集游乐设施、表演、美食、购物于一身，提供全方位的娱乐体验；文化演艺场所：这类场景包括剧院、音乐厅、演艺中心等，提供高质量的文艺演出，如音乐会、话剧、舞剧、杂技等。这些场所往往具有浓厚的文化氛围，能够满足游客对艺术欣赏的需求。

（三）文化体验族

客群特征：文化体验族更倾向于那些能够提供丰富知识、独特体验和文化熏陶的多元化场景。这些场景不仅满足了他们探索世界的渴望，还提升了他们的文化素养和综合素质。

消费场景与产品选择——历史文化遗址：这类场景往往具有丰富的历史底蕴和深厚的文化内涵，如博物馆、遗址遗迹、历史街区、工业遗址等。文化体验族热衷于在这些地方深入了解当地的历史文化，通过参观展览、参与互动体验等方式，增长知识，拓宽视野。研学旅游基地：这类场景专注于提供研学旅游产品，如科普教育基地、非遗传承体验中心等。游客可以在这里参与科学实验、非遗技艺学习等实践活动，将理论知识与实际操作相结合，获得更加丰富的学习体验。自然生态探索：这类场景包括动物园、植物园等，强调与自然的亲密接触和对生态知识的学习。游客可以在这里进行户外探险、生态观测等活动，了解生物多样性，增强环保意识。

（四）绿野康旅者

客群特征：绿野康旅者在选择消费场景时，会综合考虑高品质、健康、环保、可持续的度假体验，满足其对于身心放松和精神愉悦的追求。

消费场景与产品选择——城市营地：这类场景往往位于城市周边或城市内部的绿地、公园等自然环境中，有助于缓解城市生活的压力和疲劳，让身心得到放松，且能提供与传统住宿完全不同的体验，同时也是一个理想的社交和团队建设场所；户外运动：这类场景通常在山林、湖泊、海滩等，为游客提供了一个探索自然、亲近自然的机会，同时也具有一定的挑战性和刺激性，能够激发人们的冒险精神和挑战欲望，让他们在不断突破自我中获得成就感和满足感；城市微度假与康养旅居：这类场景通常注重环境保护、生态平衡及身心健康，采用有机种植、生态养殖、修养身心等可持续发展的生活方式，提供高品质的休闲服务。游客可以放下工作和生活的重担，享受宁静与放松的时光，让心灵得到充分的滋养和修复。

第三节

陕西城市文旅发展现状

一、发展基础

陕西省作为文化旅游大省，在城市文旅的发展中承担着旅游目的地和旅游客源地的双重角色，其发展显著依赖城市中的文化资源、交通设施和公服配套、消费人口及消费能力等，为其发展构筑着坚实的支撑体系。一是交通网络优良，陕西是连接中国东、中、西北和西南地区的重要节点，西安咸阳国际机场2小时航程可覆盖全国75%的领土，形成了铁陆空和地铁无缝衔接的立体交通网络体系。二是文化底蕴深厚，境内关中平原、黄土高原和秦巴山区孕育了底蕴深厚又各具特色的文化内涵，关中平原古都文化、历史文化、民俗文化成为中华文明的重要发祥地之一；陕北地区的红色文化、边塞文化和黄土风情文化闻名全国；陕南地区以得天独厚的自然生态资源成为陕西生态旅游的发展新高地。三是公服设施完备，游客服务中心、旅游厕所、停车场等旅游公共设施有力支撑起陕西全域旅游的通畅便捷，"陕西公共文化云""陕西文旅之声"等智慧文旅平台以菜单式、点单式、互动式数字文化服务不断优化在陕旅游体验。四是人口基数庞大，2023年年底，陕西省常住人口3952万人，城镇人口 2575 万人，遥遥领先于西北五省，展现出强大的人口吸引力和经济发展潜力。五是消费能力强大，2023 年全年，陕西省居民人均生活消费支出达到 22012 元，同比增长 10.9%，高于全国平均增速 1.7 个百分点，消费市场的活跃度和消费者的购买力正持续增强。

二、发展历程

在时代快速发展变革的背景下，城市文旅的核心吸引力不再局限于传统的景点观光模式，而是逐步演变为一个由游客需求点交织而成的城市文旅吸引力网络。这种转型显示出城市文旅竞争格局的深刻变化——从单纯依赖传统旅游资源到重视城市新兴业态活力、潮流风尚引领能力以及旅游服务体系完善度的全面升级。依托游客需求演变这一主轴，可将陕西城市文旅的发展历程划分为三大时代阶段：资源赋能时代 1.0、特色标签化时代 2.0 以及沉浸式体验时代 3.0（图 2-2）。

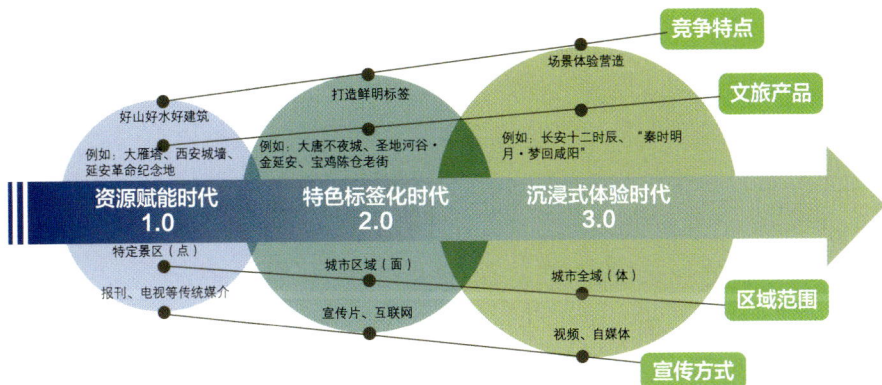

图 2-2　陕西城市文旅及产品发展历程

（一）资源赋能时代 1.0

在 1.0 时代，城市凭借其独特的自然风貌与人文底蕴吸引游客。例如现存最早、规模最大的唐代四方楼阁式砖塔大雁塔景区；中国现存规模最大、保存最完整的西安城墙景区；自然资源优越的安康秦巴文化生态旅游区；全国首批红色旅游经典景区的延安革命纪念地景区等。在此发展阶段，旅游活动主要围绕着封闭式的付费景点展开，游客体验侧重于对这些山清水秀与历史遗迹的直接观赏。同时，鉴于当时互联网技术的相对滞后，文化传播与旅游市场的推广更多依赖传统媒体，如报纸、杂志及电视等媒介。

（二）特色标签化时代 2.0

在 2.0 时代，特色标签成为城市旅游的核心吸引力，城市通过精准定位自身特色来吸引游客。例如大唐不夜城景区巧妙地将演艺、文化创意、美食等多元化元素融入其中，构建了一个全方位、生动具体的商业生态体系，形成了独特的"盛唐文化 + 文旅经济"模式；金延安景区以延安红色文化旅游资源为依托，以"镜像历史、写意延安"为理念，以延安城市发展为脉络，形成了"中国红色革命文化体验的世界级展示窗口"。游客的旅行方式也发生了转变，他们不再满足于零散景点的游览，而是倾向于对一个特定区域进行深度探索，全方位体验食、住、行、游、购、娱服务。与此同时，随着互联网的兴起，城市通过制作精美的宣传片来传播自身的鲜明标签，进一步提升了城市的知名度和吸引力，推动了旅游业的快速发展。

（三）沉浸式体验时代 3.0

在 3.0 时代，旅游体验迈向了沉浸式的新高度。游客们的追求已超越了对自然美景与历史遗迹的单纯观赏，转而寻求在旅行过程中建立情感链接，并追求精神层面的共鸣。长安十二时辰正是这一追求的生动体现，它紧密围绕唐文化主题，构建了一个集全方位游览、深度体验、互动参与、文化休闲于一身的沉浸式空间。咸阳的"秦时明月·梦回咸阳"秦文化数字光影演艺空间，以"秦文化"为核心，以沉浸式光影演艺作为核心吸引物，集多元体验于一身，多元业态融合成就全国首个文旅融合新地标。这种创新的文旅融合模式，将主题景观、精彩演艺与多元业态有效衔接，创造出别具一格的文旅产品和消费场景，为游客带来了一场全方位、沉浸式的文化体验之旅。

综上所述，从 1.0 至 3.0 的递进演变，揭示了游客对城市旅游需求的根本性转变：从单一景点的表层观赏，到追求文化沉浸、情感共鸣与个性化体验的全方位旅途享受。这一转变不仅拓宽了旅游的内涵与外延，更强调了旅行过程中游客的主体地位及其对于深层次精神与文化满足的渴望。

三、空间布局

（一）省域空间格局现状

党的二十大以来，陕西省积极推进万亿级文化旅游产业集群建设，全省旅游的标志性名片持续擦亮，各地市不断探索城市旅游发展。陕西城市文旅发展现状研究以陕西省域为研究范围，为使研究更具典型性和借鉴意义，选取陕西城市文旅发展相对较好的地级市，以其中心城区及近郊各类城市文旅产品为研究对象，对其数量规模及空间分布展开研究。

研究发现，当前陕西省各地市城市文旅发展水平与城市规模呈现一定相关性，特大城市西安、大城市宝鸡和咸阳以及其余中小城市的城市文旅发展水平具有显著差异。就整体数量规模来看，陕西省各地市城市文旅发展以西安市为极核，其城市文旅发展优势显著，产品数量与发展水平均遥遥领先，西安以外其他地市的城市文旅发展水平彼此差距不大，城市文旅产品数量也相差不大（图 2-3）；从整体空间分布来看，除西安极核外的其他地市，关中地区发展较好，尤以宝鸡、咸阳表现突出，其

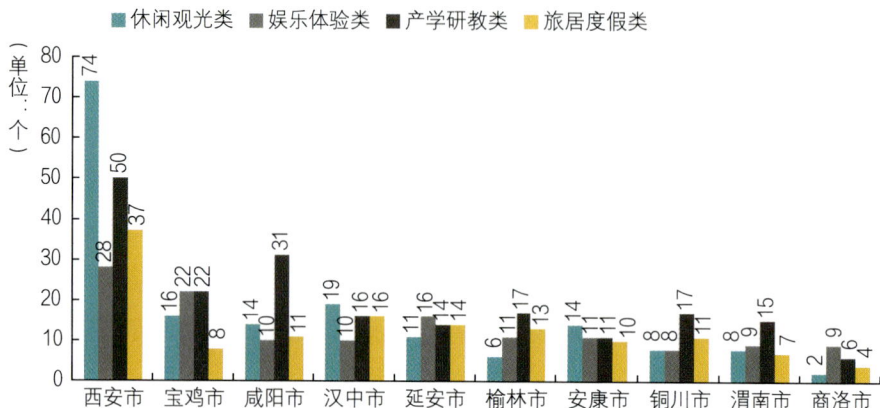

图 2-3　陕西省地级市城市文旅产品分类数量柱状图

城市文旅产品数量仅次于西安，居陕西省前列。陕南地区次之，以汉中作为陕南城市文旅发展的先行者。陕北地区发展相对较弱，但延安城市文旅发展极具潜力（图 2-4）。

（二）地市文旅产品布局现状

1. 西安市

西安市作为陕西省省会是中国西北部最大的中心城市，长期处于全国旅游热门城市榜单前列，城市文旅发展处于全国较高水平，热门城市文旅产品为全国城市文旅提供西安经验。

当前西安城市文旅产品依托规模大、特色优、服务好的商业与公共服务资源，密度大、保存好、级别高的历史文化资源，以休闲观光类、产学研教类城市文旅产品为主，且集中分布在城市核心区位［图 2-5（a）（c）］；娱乐体验类产品因其服务于周边市民休闲生活及满足游客消费体验需求，因而空间分布相对分散，呈现出城市核心区及近郊新区等多点开花的分布格局［图 2-5（b）］；旅居度假类产品依托空间对建设规模、周围环境要求较高，因此此类产品多分布于城市外围的近郊区域，呈现环形布局，其中秦岭北麓密度较大［图 2-5（d）］。

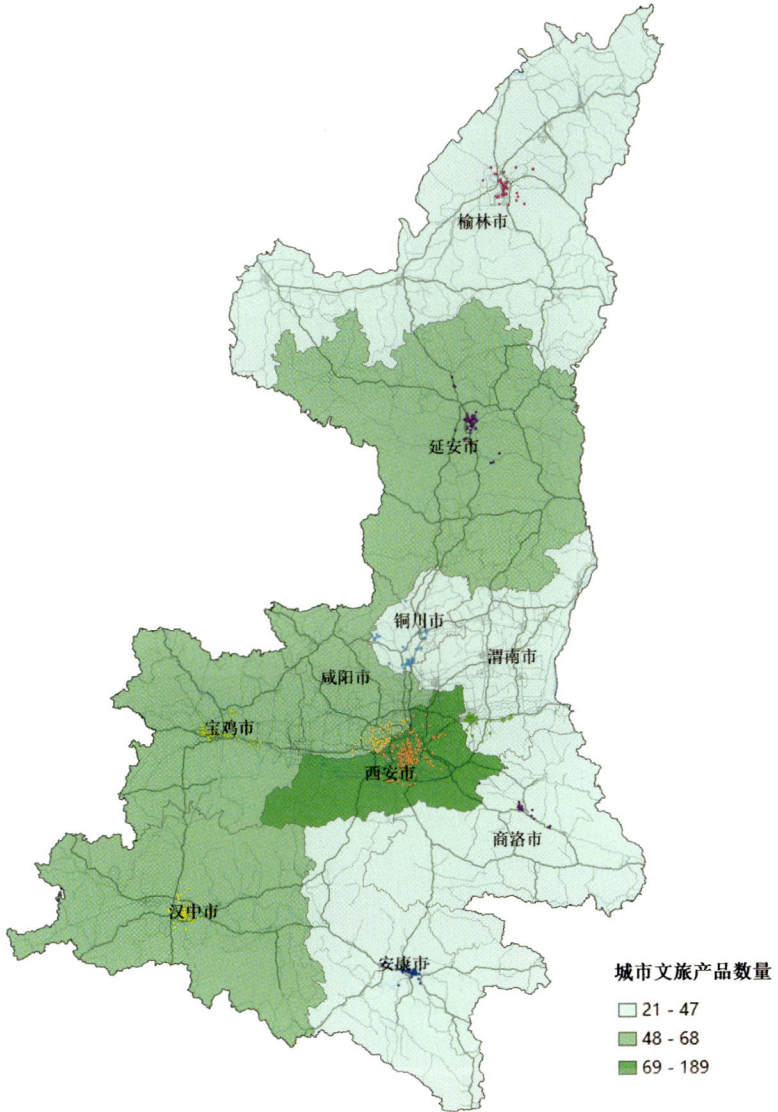

城市文旅产品数量
- 21 - 47
- 48 - 68
- 69 - 189

图 2-4 陕西省地级市城市文旅产品数量空间分布图

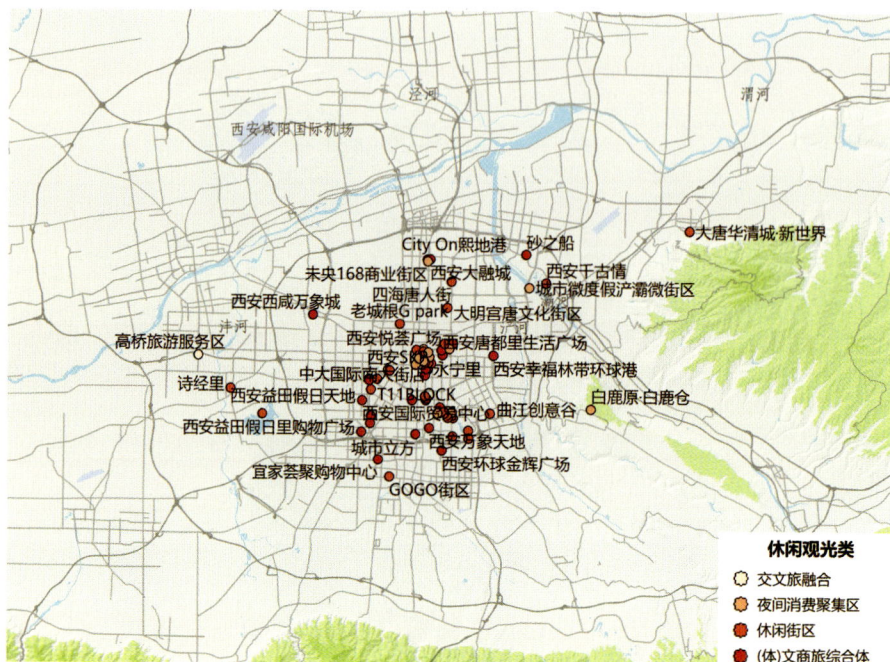

City On熙地港　砂之船
　　　　　　　　　　　　　　　　大唐华清城·新世界
未央168商业街区　西安大融城
四海唐人街　　　　　西安千古情
西安西咸万象城　老城根G park　城市微度假浐灞微街区
　　　　　　　　　　大明宫唐文化街区
高桥旅游服务区　西安悦荟广场　西安唐都里生活广场
　　　　　　　　西安S　　永宁里　西安幸福林带环球港
诗经里　　中大国际商业街区
　　西安益田假日天地　T11BLOCK
西安益田假日里购物广场　西安国际贸易中心　曲江创意谷　白鹿原·白鹿仓
　　　　　城市立方　西安万象天地
宜家荟聚购物中心　　西安环球金辉广场
　　　　GOGO街区

休闲观光类	
⬡	交文旅融合
●	夜间消费聚集区
●	休闲街区
●	(体)文商旅综合体

（a）休闲观光

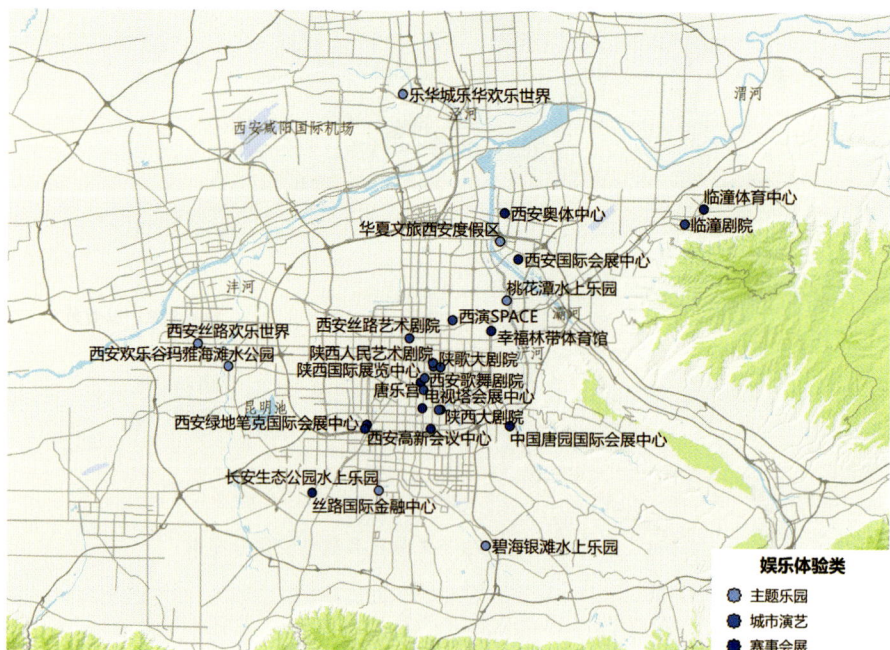

乐华城乐华欢乐世界

西安咸阳国际机场

　　　　　　　　　西安奥体中心　临潼体育中心
华夏文旅西安度假区　　　　　　　临潼剧院
　　　　　　　　　西安国际会展中心
　　　　　　　　　桃花潭水上乐园
　　　　　西安丝路艺术剧院　西演SPACE
西安丝路欢乐世界　　　　　　幸福林带体育馆
西安欢乐谷玛雅海滩水公园　　西安歌舞剧院
　　　　陕西人民艺术剧院　西安歌剧院
　　陕西国际展览中心　陕西大剧院
　　唐乐宫　电视塔会展中心
西安绿地笔克国际会展中心　中国唐园国际会展中心
　　　　　西安高新会议中心
长安生态公园水上乐园
　　　丝路国际金融中心

碧海银滩水上乐园

娱乐体验类	
●	主题乐园
●	城市演艺
●	赛事会展

（b）娱乐体验

西安兵器博物馆　高陵博物馆

泾河　渭河

西安咸阳国际机场

汉景帝阳陵博物院

秦始皇帝陵博物院　临潼区博物馆
贾平凹文化艺术馆　骊山美术馆

灞河

西安大明宫
关中民俗体验博物馆　大华1935
广仁寺庙　西安半坡博物馆　半坡国际艺术区
西安碑林博物馆　陕西秦腔博物馆
西安唐皇城墙含光门遗址博物馆　西影TIME
陕西历史博物馆
新省图书馆　西安量子博物馆　大雁塔文化休闲景区
大唐青铜镜镜博物馆　西安美术馆　西安柴密文化博物馆
中国秦陵秦砖汉瓦博物馆
长安美术馆　曲江电竞产业园

陕西考古博物馆

产学研教类
- 动植物园
- 文博场馆
- (创意)产业园区

西安秦岭野生动物园
西安关中民俗艺术博物院

（c）产学研教

泾河　渭河

西安咸阳国际机场

天鹅山庄　绿野仙踪河畔露营地
雅荷度假山荘　未央湖跑马场
新桃花源休闲庄园　弘德康养基地
西安爱自在房车天然温泉露营地　悦椿度假村
万知营地

洋河　浐河

朋心阳光花园
汉城房车露营地
金蜗牛西安丝路起点房车露营地　山水一方度假村
鹿小仙儿童成长营地
mtk房车营地　白鹿之隐天然温泉房车度假营地
盛美利亚度假村　白鹿原滑雪场　嗨KING野奢营地
昆明池　鲸鱼湖度假庄园　白鹿营地
西安爱我行水上运动营地

西安悦途房车爱荷露营地
雄风马术　星耀马术牧场　有营有帐　乔森马术
芃麦自然营地　凤凰庄园
西安新大地天然温泉度假村 国泰山庄　秦风骑马场　硕丰家庭农庄　秦岭1号国际房车露营地
抱龙庄园　露野太乙驿房车露营生态公园
秋林度假村

旅居度假类
- 城市营地
- 度假庄园
- 户外运动

（d）旅居度假

图2-5　西安市城市文旅产品空间分布图

2. 宝鸡市

宝鸡市作为关中平原城市群副中心城市，是中国优秀旅游城市、中国十大生态宜居城市之一，也是我国西部工业重镇、新材料研发生产基地，工业旅游发展位于陕西省前列。

宝鸡市各类城市文旅产品发展较为均衡，休闲观光类产品依托西府老街、陈仓老街、中华石鼓园等在老城区集中团块分布［图2-6（a）］；娱乐体验类产品由于城市三面环山以渭河为中轴向东拓展，产品布局沿渭河呈带状分布，西侧老城相对密集，东侧城市拓展方向数量相对较少，且多为水上主题乐园［图2-6（b）］；产学研教类产品依托长乐塬抗战工业遗址、宝鸡市西凤酒工业旅游基地、青岛啤酒宝鸡新厂区形成三角组团分布，同样以老城组团分布相对密集［图2-6（c）］；旅居度假类产品依托宝鸡市北坡、南山、中渭河的自然环境，呈枝状分散布局［图2-6（d）］。

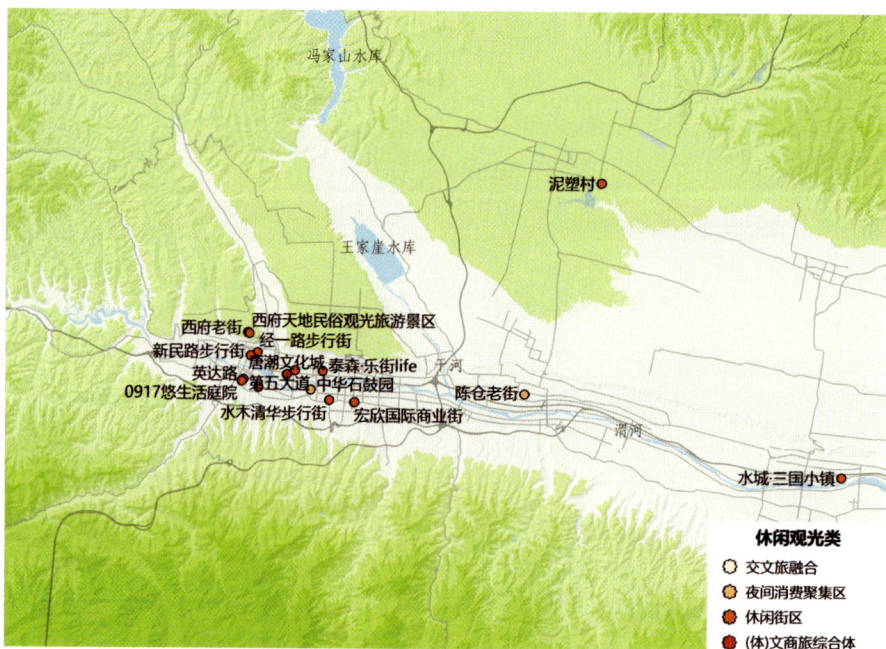

（a）休闲观光

小灵山水世界
雍州大剧院　凤翔西区游乐园
凤翔体育馆

金泉湾戏水乐园
西府欢乐世界
西凤酒剧院　蟠龙欢乐世界　周游湾山庄·水上乐园
群众艺术馆　宝鸡大剧院　宝鸡展览馆
宝鸡音乐厅　嗨熊猫萌宠海洋王国　宝鸡市陈仓区剧院
石鼓山游乐园　宝鸡国际会展中心
渭河水上运动公园

蔡家坡体育馆
西崖剧场

娱乐体验类
● 主题乐园
● 城市演艺
● 赛事会展

（b）娱乐体验

凤翔烈士纪念园
凤翔图书馆
宝鸡市西凤酒工业旅游基地　周家大院民俗博物馆

宝鸡先秦陵园博物馆

陵辉花海
宝鸡北首岭博物馆
槐荫园
宝鸡植物园　宝铁文化宫　长乐塬抗战工业遗址
宝鸡抗洪纪念园　中国流动科技馆　理想共创文化科技产业园
人民公园动物园　陈仓区图书馆　青岛啤酒宝鸡新厂区
炎帝影视基地

产学研教类
● 动植物园
● 文博场馆
● (创意)产业园区

（c）产学研教

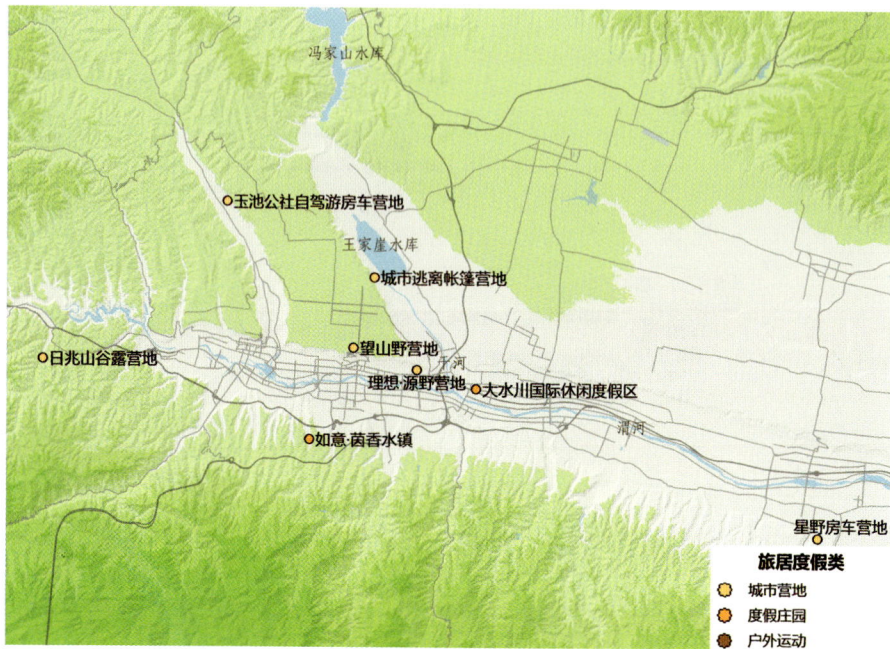

（d）旅居度假

图 2-6　宝鸡市城市文旅产品空间分布图

3. 咸阳市

咸阳市地处关中平原中部，是国家级历史文化名城、中国魅力城市、中国优秀旅游城市，作为中华第一帝都，唐十八陵其中有九座分布在咸阳，城市历史文化底蕴深厚，同时是西北最大电子工业基地、陕西重要能化工业、轻纺工业基地、西北重要物流枢纽。

咸阳市城市文旅产品发展以产学研教类为主，依托丰富的历史文化资源，建设众多文博场馆且空间布局分散，其中以西北园棉一厂改造的咸阳纺织工业博物馆为核心形成咸阳城市记忆工业文化旅游产业的集聚［图 2-7（c）］；休闲观光类以中心城区的咸阳湖景区、咸阳老街、福园巷子与汇通十字等资源为依托，以渭河南北、秦都渭城东西分界形成三角组团分布的空间布局［图 2-7（a）］；娱乐体验类产品与旅居度假类产品分布与东西较长的城市建设空间形态相关，呈轴带分散布局［图 2-7（b）（d）］。

（a）休闲观光

（b）娱乐体验

（c）产学研教

（d）旅居度假

图 2-7 咸阳市城市文旅产品空间分布图

4. 汉中市

汉中市位于陕南地区，陕甘川交界处，是传统农业大市，中国绿水青山最佳旅游名城，也是"两汉三国"等历史文化、秦巴民俗文化、红色文化、茶文化等人文资源聚集地。

汉中市各类城市文旅产品发展较为均衡，其中旅居度假类产品较有特色。休闲观光产品以兴汉胜境、天汉长街为核心形成中心城区集聚布局，石门栈道景区、汉中秦巴民俗园等点状分散在近郊外围［图2-8（a）］；娱乐体验类产品分散布局，其中以上演全国首个汉文化主题水上实景演出《天汉传奇》的汉中天汉大剧院引爆市场［图2-8（b）］；产学研教类产品以文博场馆聚集在中心城区，动植物园分散在近郊外围布局［图2-8(c)］；旅居度假类产品围绕中心城区呈椭圆环状分布在外围，"中国最美油菜花海"IP的持续打造，使汉中依托花海引来人海，带动各类度假产品发展［图2-8（d）］。

（a）休闲观光

英豪水上乐园

汉中城固机场

上元观古镇欢乐水世界

体育运动休闲中心
红星剧院

汉中天汉大剧院
汉中尤曼吉欢乐世界
汉中mini乐园
汉中云朵新乐道亲子乐园
汉中体育馆
濂水河
汉江

南沙河水库

娱乐体验类
- 主题乐园
- 城市演艺
- 赛事会展

（b）娱乐体验

褒姒纪念园
汉中牡丹园

汉中城固机场

乡见陈村农研文旅产业园区区
陕南珍稀植物园
图书馆
古城墙遗址
汉中地区群众艺术馆
拜将坛
汉中市博物馆
野生动物标本展览馆
图书馆
濂水河
汉江
鸵鸟园

南沙河水库

汉中植物园
南郑谷林博物馆

产学研教类
- 动植物园
- 文博场馆
- （创意）产业园区

（c）产学研教

（d）旅居度假[*]

图 2-8 汉中市城市文旅产品空间分布图

5. 安康市

安康市位于秦巴腹地，汉水之滨，陕西南门户，是汉江生态经济带重要节点城市、生态旅游样板、中国硒谷、秦巴药谷、康养胜地，聚集富硒产业、旅游康养、新型材料三大产业集群。

安康市各类城市文旅产品发展较为均衡，但整体特色不足。休闲观光类产品以安康·吾悦广场金街、天一城市广场河神街等现代街区为代表，以内部的特色场景打造为主要特征，在中心城区集聚分布［图 2-9（a）］；娱乐体验类产品呈现出以主题乐园散状布局、赛事会展相对集中的分布格局［图 2-9（b）］；产学研教类产品呈现出中心城区文博场馆集中分布，城市外围及周边以毛绒玩具文创产业园为代表分散布局的特征［图 2-9（c）］；旅居度假类产品呈现出依托城市优良的自然环境，在城市生态优势区集

---

* "中国最美油菜花海"活动举办地每年不同，故无法在图中标出。

（a）休闲观光

（b）娱乐体验

恒口示范区毛绒玩具文创产业园

安康富强机场

安康三宝堂民俗博物馆

汉江

月河

安康海洋馆
安康美术馆　移民博物馆
安康市图书馆　安康天年民俗馆
安康博物馆
藏一角博物馆　泸康酒文化旅游景区

牛蹄岭战斗纪念碑

安康水库

产学研教类
⬤ 动植物园
⬤ 文博场馆
⬤ (创意)产业园区

（c）产学研教

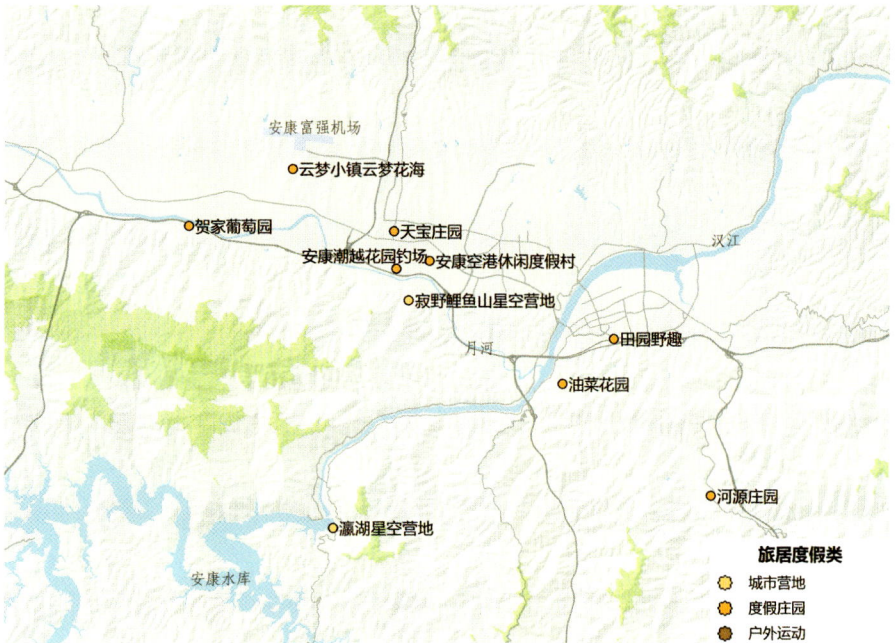

安康富强机场

云梦小镇云梦花海

贺家葡萄园
安康潮越花园钓场
安康空港休闲度假村
寂野鲤鱼山星空营地

天宝庄园

汉江

月河

田园野趣

油菜花园

河源庄园

瀛湖星空营地

安康水库

旅居度假类
⬤ 城市营地
⬤ 度假庄园
⬤ 户外运动

（d）旅居度假

图 2-9　安康市城市文旅产品空间分布图

中分布的空间态势，如瀛湖星空营地的开发，集自然风光、旅游度假于一身，成为游客蜂拥而至的网红打卡胜地［图2-9（d）］。

6. 渭南市

渭南市位于黄河中游，陕西省关中平原东部，是仓颉造字、杜康造酒、蔡伦造纸等中华文明的重要发祥地。

渭南市旅游产品多为自然景观，境内有全国著名的华山风景名胜区，但中心城区文旅发展水平较弱，产品数量与特色不足。休闲观光类产品以渭南民俗文化街、渭南老街、沈河生态公园为代表集聚在中心城区［图2-10（a）］；娱乐体验类产品以渭南圣都乐园、桃花源游乐场为代表［图2-10（b）］；产学研教类产品以市区内各类文博场馆为主，自然资源、红色纪念园等在周边散落分布［图2-10（c）］；旅居度假类产品靠近水系，以户外运动、露营度假为主，桃花源景区星空帐篷营地融合人文与自然成为典型代表，综合赏美景、观民俗、享美食等多种休闲观光功能，但整体产品品质特色不足［图2-10（d）］。

7. 商洛市

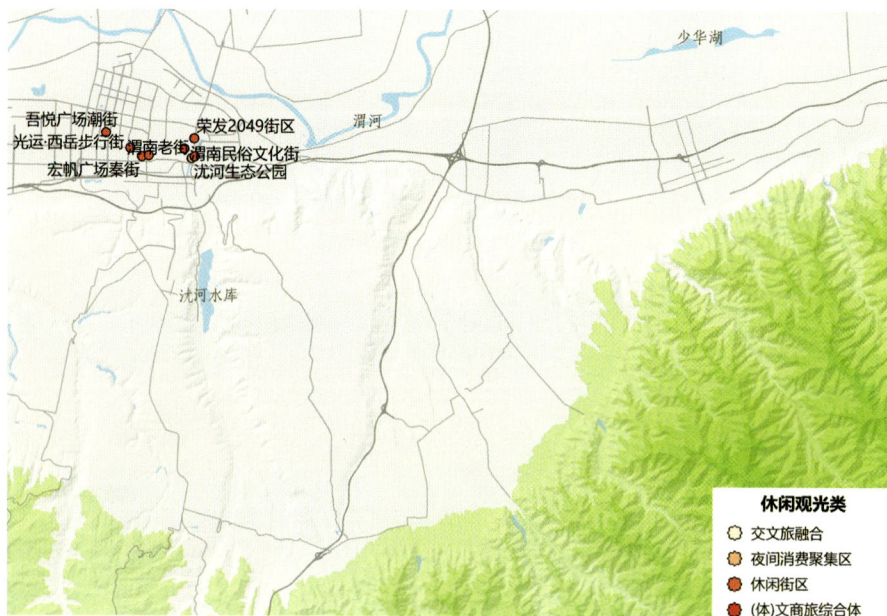

少华湖

吾悦广场潮街
光运·西岳步行街
宏帆广场秦街
渭南老街
荣发2049街区
渭南民俗文化街
沈河生态公园
渭河
沈河水库

休闲观光类
- 交文旅融合
- 夜间消费聚集区
- 休闲街区
- （体）文商旅综合体

（a）休闲观光

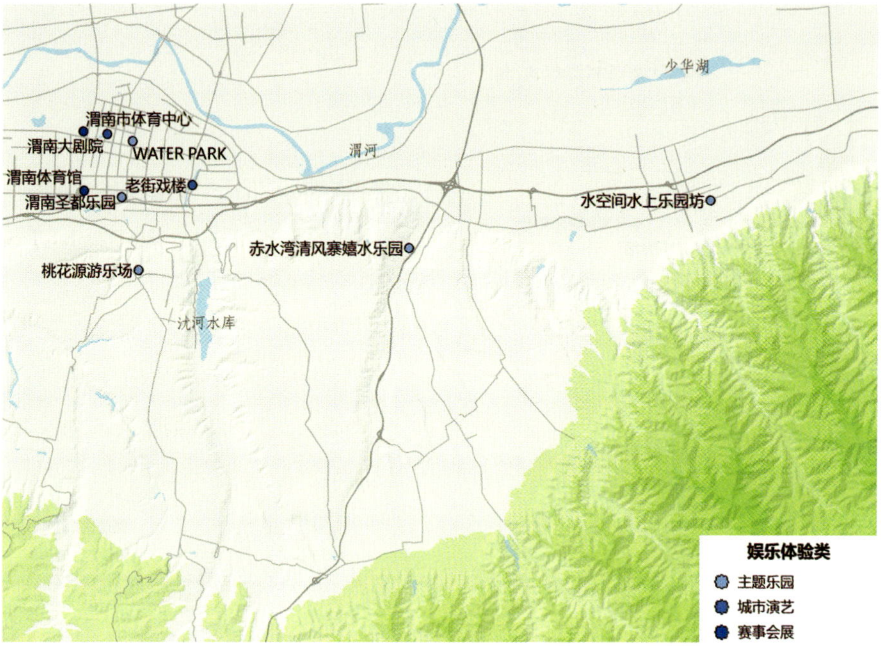

渭南市体育中心
渭南大剧院
WATER PARK
渭南体育馆
老街戏楼
渭南圣都乐园
桃花源游乐场
赤水湾清风寨嬉水乐园
水空间水上乐园坊
少华湖
渭河
沈河水库

娱乐体验类
- 主题乐园
- 城市演艺
- 赛事会展

（b）娱乐体验

渭南市博物馆
渭南市文化艺术中心
渭南市中心西片区多功能馆
渭南市图书馆
中国陕菜博物馆
渭南美术馆
渭南圣都乐园动物园
大乘木器博览馆
影桥皮影文化园区
渭南市华州区图书馆
华州205库群文化创意园
少华湖
渭河
沈河水库
渭南桃花源民俗文化园区
渭华起义纪念园
渭南植物园
航天测控装备博物馆

产学研教类
- 动植物园
- 文博场馆
- (创意)产业园区

（c）产学研教

117

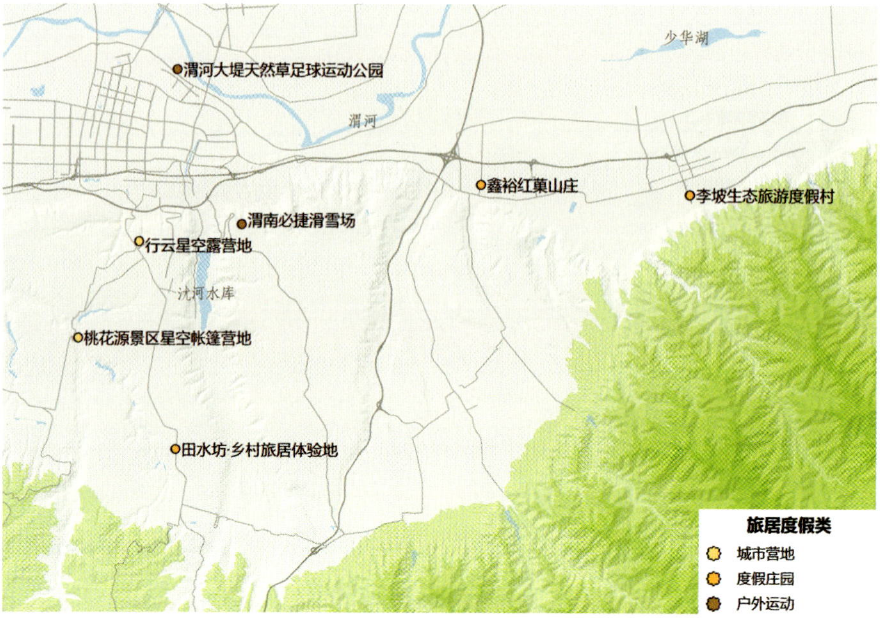

（d）旅居度假

图 2-10　渭南市城市文旅产品空间分布图

商洛市位于陕西省东南部、秦岭南麓，拥有商鞅文化、四皓文化、商於古道文化以及商州地方传统文化等文化资源；同时拥有良好的自然生态资源，是中国气候康养之都。

商洛市各类城市文旅产品发展较为均衡，但城市文旅的品牌特色较弱。市区内城市文旅资源开发不足，文旅产品数量、规模与空间分布较其他地市都处于弱势水平，具体表现为：休闲观光类产品中旅游休闲街区和特色商业街开发较少，传统商业街较多，仅商於古道棣花文化旅游景区距中心城区较近 [图 2-11（a）]；娱乐体验类产品依托水系轴线分布，并以水乐园为主要代表，产品规模与质量均一般 [图 2-11（b）]；产学研教类产品以传统博物馆和动植物园为主并散点分布 [图 2-11（c）]；旅居度假产品主要有陕西商州牧护关滑雪场、商洛仙娥湖庄园等，分布较为分散，其中商於古道第一关牧护关开发的吉祥物"牧牧"成为创新宣传有效范例 [图 2-11（d）]。

休闲观光类
- ⬤ 交文旅融合
- ⬤ 夜间消费聚集区
- ⬤ 休闲街区
- ⬤ (体)文商旅综合体

二龙山水库

团结路商业步行街
西街商业步行街
丹江

商於古道棣花文化旅游景区

（a）休闲观光

二龙山水库

欢乐岛水世界
商洛市体育运动中心
商洛剧院 金凤山游乐园
22度商洛翼动水上乐园 商洛市体育场
商洛国际会议中心

沙河子动感地带亲子乐园

娱乐体验类
- ⬤ 主题乐园
- ⬤ 城市演艺
- ⬤ 赛事会展

（b）娱乐体验

119

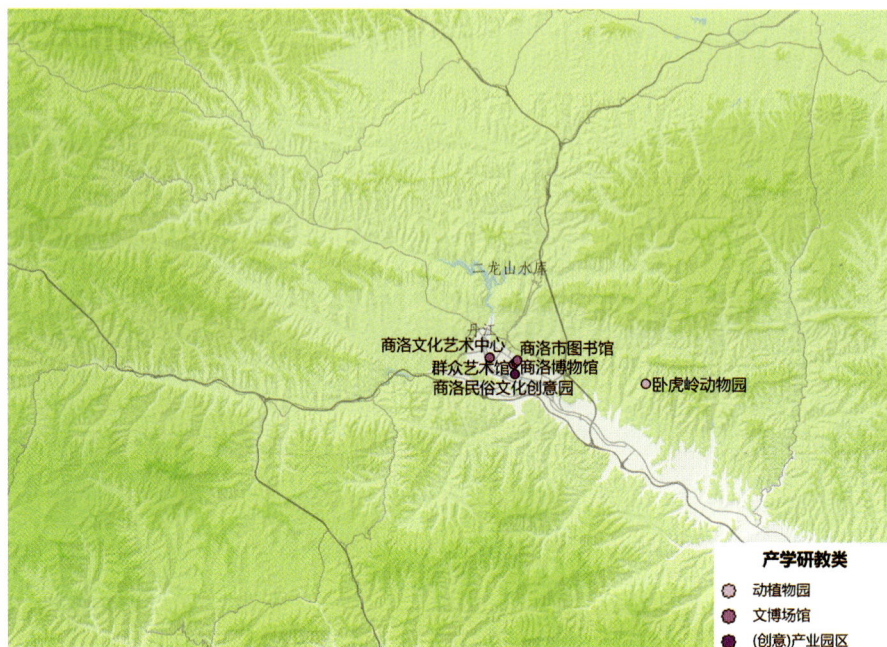

二龙山水库

丹江

商洛文化艺术中心　商洛市图书馆
群众艺术馆　商洛博物馆
商洛民俗文化创意园　　　　卧虎岭动物园

产学研教类
- 动植物园
- 文博馆
- (创意)产业园区

（c）产学研教

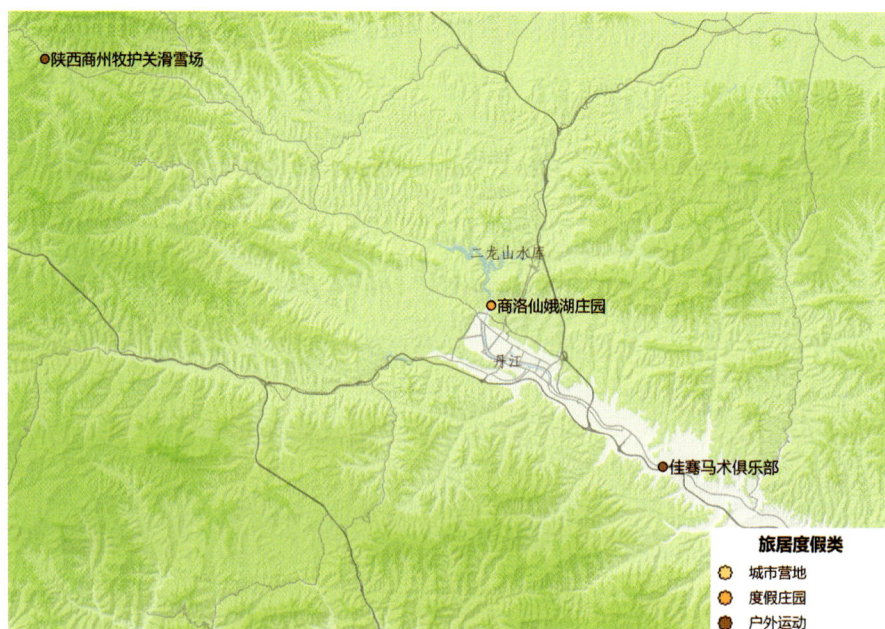

陕西商州牧护关滑雪场

二龙山水库

商洛仙娥湖庄园

丹江

佳骞马术俱乐部

旅居度假类
- 城市营地
- 度假庄园
- 户外运动

（d）旅居度假

图 2-11　商洛市城市文旅产品空间分布图

8. 铜川市

铜川市位居陕西省中心，陕北黄土高原的南缘，拥有历史上唯一遗存的"炉火千年不绝"的耀瓷基地、东方古陶生产的活化石、天然丹霞地貌等历史、生态、文化资源。

铜川市各类城市文旅产品发展较为均衡，其中以产学研教类产品特色最为鲜明。休闲观光类产品以铜川花月荟、照金红色文化创意街区、正大商业步行街为核心形成三角聚集区 [图 2-12（a）]；娱乐体验类产品以散状分布的乐园、会展中心为主，数量较少 [图 2-12（b）]；产学研教类以耀瓷文化产业园、火凤凰艺术陶瓷园、丹霞国家地质生态公园博物馆为重点发展项目，其余与药王、耀州瓷等相关的博物馆和各类动植物园等呈分散布局态势 [图 2-12（c）]；旅居度假类产品以照金国际滑雪场、溪山胜境康养基地核心集群为重点，其余小规模庄园或户外运动场所散点分布 [图 2-12（d）]。

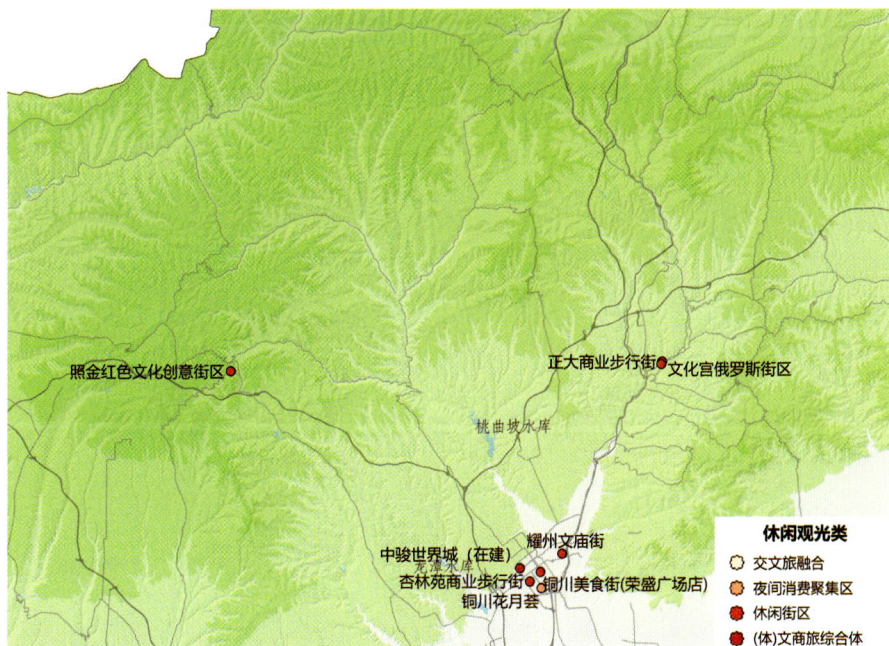

（a）休闲观光

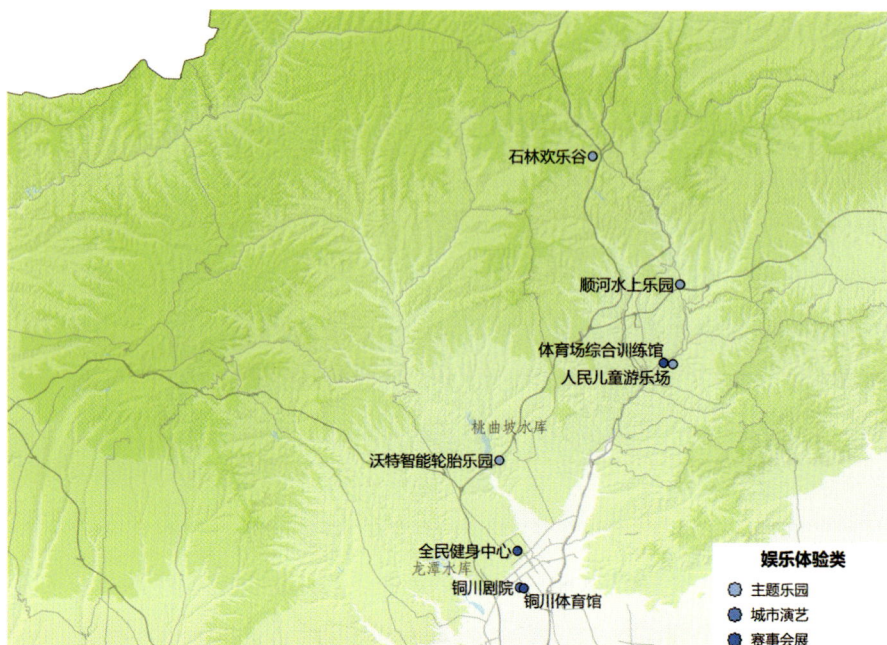

石林欢乐谷

顺河水上乐园

体育场综合训练馆
人民儿童游乐场

桃曲坡水库

沃特智能轮胎乐园

全民健身中心
龙潭水库
铜川剧院
铜川体育馆

娱乐体验类
- 主题乐园
- 城市演艺
- 赛事会展

（b）娱乐体验

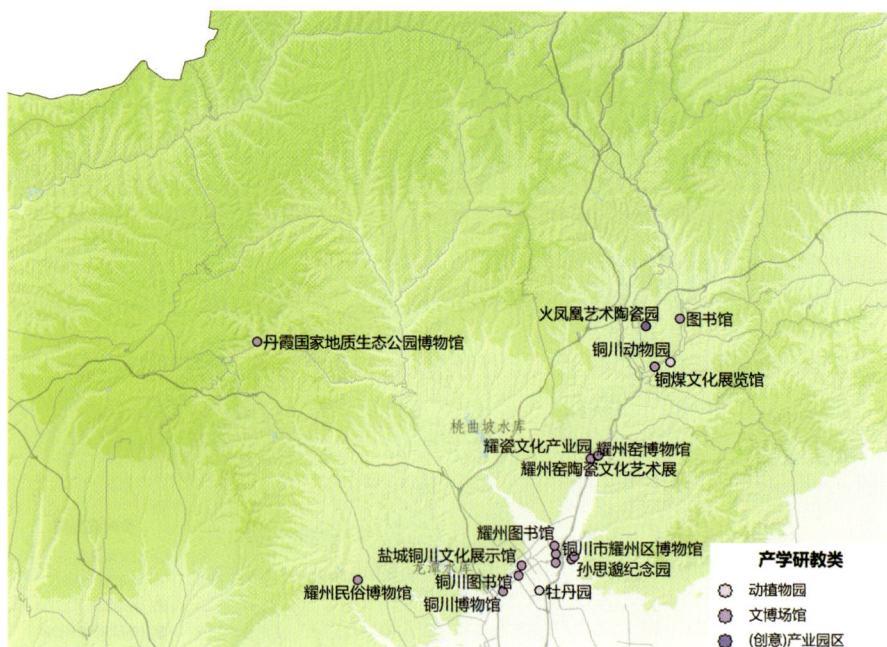

火凤凰艺术陶瓷园　图书馆

丹霞国家地质生态公园博物馆　　铜川动物园
铜煤文化展览馆

桃曲坡水库

耀瓷文化产业园　耀州窑博物馆
耀州窑陶瓷文化艺术展

耀州图书馆
铜川市耀州区博物馆
盐城铜川文化展示馆　　孙思邈纪念园
铜川图书馆　牡丹园
耀州民俗博物馆
铜川博物馆

产学研教类
- 动植物园
- 文博场馆
- （创意）产业园区

（c）产学研教

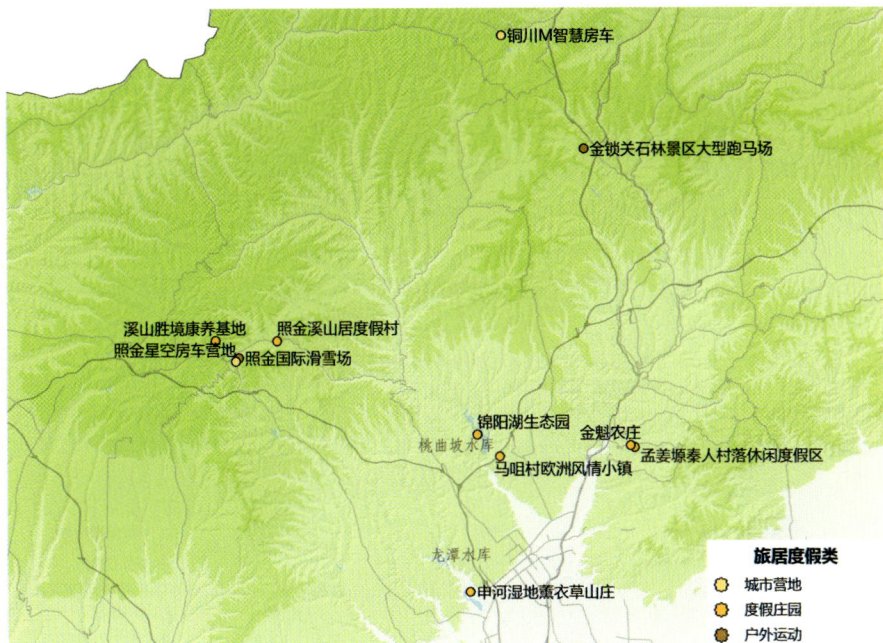

（d）旅居度假

图2-12　铜川市城市文旅产品空间分布图

9.延安市

延安市位于陕西省北部，有"塞上咽喉""军事重镇"之称，拥有丰富的红色文化资源和壮丽的自然景观资源，是中国革命圣地。

延安市各类城市文旅产品发展较为均衡，其中娱乐体验类产品较为丰富。休闲观光产品以圣地河谷·金延安、延安红街等街区为核心在中心城区集聚布局［图2-13（a）］；娱乐体验类产品依托城市文旅休闲街区同样呈现集中分布态势，其中圣地河谷·金延安的舞台剧《延安保育院》；延安1938文化街区内的红秀《延安延安》；延安红街内的沉浸式体验情景剧《再回延安》等一系列红色作品以不同方式讲述延安精神［图2-13（b）］，是延安红色旅游的标杆和城市文旅最亮丽的代表；产学研教类产品依托革命旧址、纪念馆、博物馆等集中分布［图2-13（c）］；旅居度假类产品以滑雪场、营地为主要代表，在城市周边分散布局［图2-13（d）］。

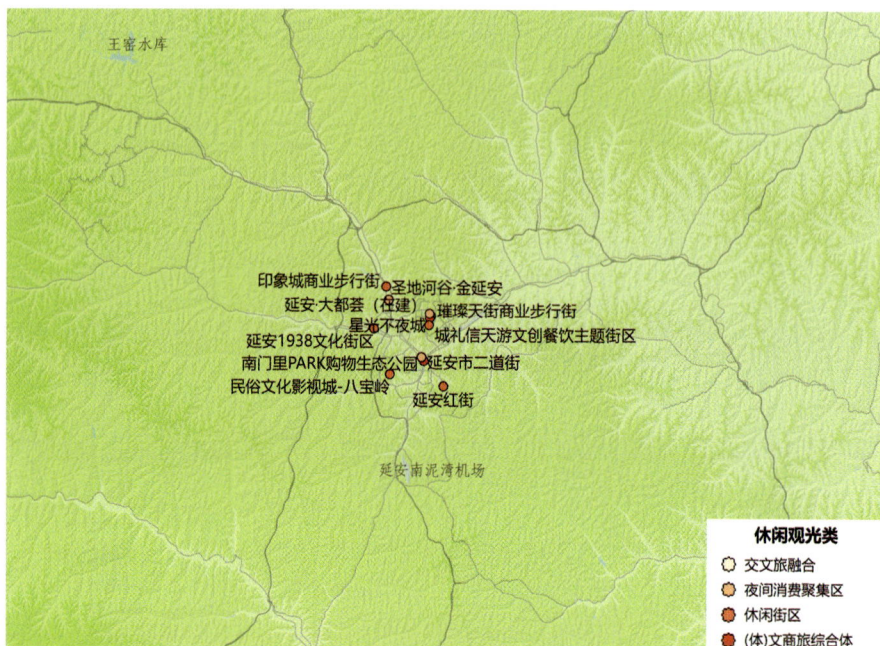

印象城商业步行街　　圣地河谷·金延安
延安·大都荟（促建）　璀璨天街商业步行街
星光不夜城　　城礼信天游文创餐饮主题街区
延安1938文化街区
南门里PARK购物生态公园　延安市二道街
民俗文化影视城-八宝岭　　延安红街

王窑水库

延安南泥湾机场

休闲观光类
○ 交文旅融合
○ 夜间消费聚集区
○ 休闲街区
● (体)文商旅综合体

（a）休闲观光

信天游大舞台

王窑水库

美源山水游乐谷
延安保育院剧场　燕园剧院
延安会议中心　延安大剧院
飞越延安
红秀延安延安
延安大学523音乐厅
延安体育馆
再回延安剧场

延安南泥湾机场

娱乐体验类
● 主题乐园
● 城市演艺
● 赛事会展

（b）娱乐体验

幻太奇海洋生态公园
盛唐坊(复盛唐苑)文化艺术街区　延安博物馆
延安5·23文化创意产业园区　延安植物园
延安枣园美术馆　延安北京知青博物馆
喜马拉雅×延安城市书房　文化艺术中心
中山图书馆
育英花园
延安海洋馆
田野动物园　延安南泥湾机场
延安红色收藏展览馆

产学研教类

- 动植物园
- 文博场馆
- (创意)产业园区

（c）产学研教

王窑水库

金延安星空营地　延安行者窑洞庄园自驾游宿营地
晚风美学营地　鲁艺一号足球场
延安国际滑雪场
秋水田园　延安红街自驾游&房车营地
黄新庄休闲度假村　红街滑雪场
冰雪世界滑雪场　延安南泥湾机场
宝塔必捷滑雪场　翠泉庄园
山水秀休闲避暑山庄
梦回田园

旅居度假类

- 城市营地
- 度假庄园
- 户外运动

（d）旅居度假

图2-13　延安市城市文旅产品空间分布图

10. 榆林市

榆林市位于陕西省最北部，地处陕甘宁蒙晋五省区交界，是国家级能源化工基地，同时也是国家历史文化名城、著名革命老区、黄土文化的发源地、久负盛名的陕北民间艺术之乡，滋养了大漠风光和陕北风情，孕育了世代相传的非物质文化遗产。

榆林市城市文旅产品以产学研教类为主，以陕北民俗或非遗文化资源为主要依托，将历史与红色旅游、影视相结合，成为各类陕北题材影视作品取景地，空间布局以城市中心区为核心［图2-14（c）］；休闲观光类以夫子庙文化旅游商业步行街和榆林老街、文昌·时光天街形成南北两个组团［图2-14（a）］；娱乐体验类以各剧院、乐园核心集聚，外围分散布局为特征［图2-14（b）］；旅居度假类产品则分散布局于城市中心城区外围［图2-14（d）］。

（a）休闲观光

梦幻游乐园

欢浪谷水上乐园

榆林榆阳机场

红石峡水库

石畔水库

榆林贝迪星辰游乐园

鸳鸯湖温泉水世界

榆林剧院

圣都乐园　榆溪坊水上秀场

榆林大剧院

榆林市体育中心
榆林国际会展中心

榆溪河

佳奥莱游乐中心

娱乐体验类
- 主题乐园
- 城市演艺
- 赛事会展

（b）娱乐体验

中能文化创意产业园

榆林榆阳机场

红石峡水库

石畔水库

沙地植物园

红石峡沙地植物园

陕北民歌博物馆

榆林汉画像石博物馆　郡博物馆
榆阳名人展览馆　陕北民俗博物馆
老爷车博物馆
榆阳千五氏博物馆

榆林科技馆

榆林朔方博物馆

榆溪河

榆林野生动物园

产学研教类
- 动植物园
- 文博场馆
- (创意)产业园区

花园沟牡丹园

（c）产学研教

（d）旅居度假

图 2-14　榆林市城市文旅产品空间分布图

（三）存在问题

1. 中小规模城市文旅发展水平有待提升

当前陕西省各地市城市文旅发展，除西安城市文旅发展到沉浸式体验的 3.0 时代，其余地市大多仍处在资源赋能 1.0 向特色标签 2.0 转变，整体以自身资源特色发展休闲观光类产品居多；存在个别地市顺应时代探索发展沉浸式体验产品的趋势，如延安市依托红色旅游大力发展红色演艺的娱乐体验类产品；宝鸡市依托自然区位发展营地度假的旅居度假类产品，其余各地市应积极探索向沉浸式体验的 3.0 时代转变，提升城市文旅发展水平。

2. 西安城市文旅品牌一枝独秀

陕西省西安市"千年古都　常来长安"城市品牌特色享誉全国，其余地市虽然拥有丰富的自然或文化资源，但其整体品牌形象和市场认知度较低，历史文化的独特性和深度挖掘不足，缺乏强有力的标志性品牌形象，难以形成具有全国影响力的城市印象；整体资源整合不够，未能形成系统化的文旅线路或产品，城市文旅联动效应未能充分发挥出来。

3.文化资源开发利用不足导致城市文旅资源开发缺乏后劲

各地市城市潜在文旅资源开发不足，如当前文博热、寺庙游、赛事游、夜间打卡等城市热门产品，都将文化场所进行创新性转化，但各地市对当地文博场馆、文物古迹仍以保护性开发、展览性观光为主，特色活动与创新展示不足，此类文化产品转化不足、文旅融合不深，未能发挥一定的旅游经济效益。

4.城市文旅产品的内涵与品质有待进一步提升优化

城市文旅产品类型丰富多样，但当前产品质量参差不齐。现有产品在旅游内涵、品质和服务等方面，存在休闲度假功能不足、体验参与感较弱、差异化和创意性不足等问题。很多旅游活动和体验仍停留在传统模式，未能与现代游客的需求和偏好相结合。

第四节

陕西城市文旅产品创新
实践案例解析

一、陕西国际体育之窗——（体）文旅商综合体

（一）项目概况

陕西国际体育之窗位于西安市高新区，占地面积65亩，由陕西旅游集团旗下陕西省体育产业集团有限公司投资37亿元打造，内部包括五星级饭店、超甲级写字楼、精品公寓、高端精品商业以及室内篮球场、室内冰场、滑雪场等运动设施和可移动式冰场、星空篮球场等创新运动场馆IP。项目定位于城市微度假运动生活体验中心，旨在以"未来空间"为主题，打造一个集体育、文化、旅游、商业于一身的综合性地标，成为推动陕西省体育事业和体育产业协调快速发展的重要窗口。自建成运营以来，已成功举办十四运会等重大体育赛事，对提升城市形象、带动区域周边经济发展、丰富市民文化体育生活、促进体育产业和文旅产业融合发展产生了显著的积极影响（图2-15）。

图 2-15　体育之窗沙盘模型

（二）项目亮点

1. "文化 + 体育 + 商业 + 旅游"深度融合

陕西国际体育之窗打破传统综合体单一功能的局限，将文化、旅游、体育和商业四大元素深度融合，以多样化功能业态丰富了不同类型消费者的文旅休闲体验，也促进了相关产业的协同发展，增强了项目的吸引力和竞争力。

2. 创新场馆与专业设施

作为全运会期间承载重要功能的体育场馆，陕西国际体育之窗以高标准、精品化、国际化为标准配备了可移动式冰场、星空篮球场等多种创新运动场馆和设施，以满足运动员体育训练和赛事活动的专业需求以及大众消费者的多元化运动体验。其中，体育之窗的双冰场板块作为西北地区唯一商业综合体内同时配备主、副冰场的国际标准真冰场，为冰雪运动爱好者提供了优质的训练和比赛环境，成为国际标准与陕西品质的代表。

3. 沉浸式场景的创新营造

陕西国际体育之窗以"未来空间"为主题，以营造未来化、沉浸式的场景体验为目标，将潮玩与运动结合，打造出跨界式新体验空间，让消费者在享受运动无限乐趣的同时，也能感受到科技与文化的魅力，不仅提升了消费者的参与度和体验感，还增强了项目的娱乐性和趣味性。

4. 数字化转型与智能化管理

陕西国际体育之窗在打造和运营过程中积极拥抱智慧科技，大力推进数字化转型和智能化管理。一方面，借助大数据、云计算等现代信息技术手段实现对项目的精细化管理和高效运营；另一方面，通过引入智能停车系统、智能导览系统等智能化设施，不断提升消费者的便捷性和舒适度。

二、圣地河谷·金延安——休闲街区

（一）项目概况

圣地河谷·金延安位于延安市宝塔区，占地面积 1.79 平方公里，由陕西旅游集团投资 51.2 亿元打造，集旅游观光、民宿集群、文化创意、民俗体验、都市商业、休闲娱乐、生态居住等多种功能业态于一身。项目以"延安记忆"为主题，通过恢复重建历史上老延安的主要建筑，再现 20 世纪 30 年代的老延安院落街区的同时，融入北宋延州府边塞小城的独特风情，打造出中国革命红色文化体验式朝圣地和中国黄土民俗文化的世界级展示窗口，是陕西乃至全国红色旅游的标杆项目，年均接待游客量达百万级别，成为国家爱国主义教育和革命传统教育的重要阵地，显著带动了当地社会经济发展和民生改善（图 2-16）。

图 2-16　圣地河谷·金延安夜景

（二）项目亮点

1. 红色文化与民俗文化的深度融合

以"延安记忆"为脉络，金延安的文化表达不拘于红色文化本身，以再现 20 世纪 30 年代的老延安街景和北宋边城风情为叙事逻辑，将延安红色精神、黄土民俗与时尚休闲业态有机结合，在唤醒人们对红色革命历史峥嵘记忆的同时，生动展示陕北民歌、说书、窑洞等丰富的陕北民俗文化，增强了街区的文化厚重感和吸引力。

2. 立体集约的城市商业布局

为在有限空间打造体验丰富、配套完善的一站式、沉浸式"延安记忆"体验街区，金延安以"立体集约城市"为营造理念，布局了涵盖大型雕塑群、民宿集群、海洋馆、溜冰场、购物中心、演艺、美食等丰富立体的文化旅游业态，不仅丰富了街区的功能，还提升了街区的整体竞争力。

3.互动式文化体验与活态化红色演艺

该项目突破了传统红色旅游静态参观的模式，创新性引进国际高端技术打造 3D 楼体灯光秀、红色电影博物馆、长征主题雕塑等，开创了红色旅游的互动参与和活态演艺以增强游客体验感和记忆点，实现了游客在互动参与中切身感受历史的沉浸体验。

4.品牌化与市场化运营

在品牌塑造和营销方面，该项目特别注重以"品牌化、亲民化、地方化、市场化"为原则，以节事活动、自媒体平台建设、搜索引擎营销、宣传片制作等多种形式扩大文旅品牌的市场认知度，推动街区管理运营效率的持续优化和知名度、影响力的不断提升。

三、大唐不夜城——夜间消费集聚区

（一）项目概况

大唐不夜城位于西安市雁塔区，占地面积 936 万平方米，总建筑面积 65 万平方米，街区南北长 2100 米，东西宽 500 米，总投资 150 亿元，主要包括仿唐建筑群、主题雕塑和文化浮雕等文化展示业态，演艺、夜游、展览展示等休闲娱乐业态和商业店铺、特色小吃等商业购物业态。项目以盛唐文化为背景、唐风元素为主线，旨在打造唐文化展示和体验的世界级文化 IP 旅游休闲街区和主客共享的美好生活空间，是国内文旅融合发展的标杆项目，其建设运营显著提升了西安的城市品位和国际知名度，2019 年吸引客流 1 亿人次，带动区域旅游总收入 400 亿元，创造了超 5 万个就业岗位，显著推动了周边区域的商业开发和产业升级，也成为陕西对外文化交流与展示的重要平台（图 2-17）。

图 2-17 大唐不夜城夜景

（二）项目亮点

1. 文旅商一体化融合模式

大唐不夜城作为国内文旅商一体化融合发展模式的先行者之一，创造性地将文化、商业、旅游三者紧密结合，在街区内汇聚大型购物广场、文化艺术展区、老字号餐饮、时尚潮流品牌以及丰富的文化展览和演艺活动等多种业态，不仅满足了游客的多元化文化体验和游览购物需求，也极大促进了街区经济的繁荣发展。

2. 创新文化 IP 的打造与运营

开街以来，大唐不夜城已打造出"不倒翁小姐姐""诗仙李白""盛唐密盒"等原创文化 IP，在持续吸引人流、扩大品牌知名度、保障商业经济活跃等取得显著成效，实现了文化品牌在社交媒体的广泛传播。同时，街区还持续开发出"遇见长安"系列定制盲盒、"不倒翁小姐姐"定制手办等特色文创产品，进一步拓展了文化 IP 的产业链和价值链。

3. 沉浸式文旅场景的创新

为强化游客对盛唐文化的体验，大唐不夜城开创性打破了"台上演、台下看"的传统观演模式，构建了"不倒翁小姐姐"表演、"李白对诗"等互动体验项目，《再回长安》《大雁塔水舞光影秀》等文旅演艺，让游客能够深度参与和体验盛唐文化，实现了从"观看"到"沉浸"的转变。

4. 持续的创新与迭代

开街以来，大唐不夜城始终保持对创新的追求和投入，坚持根据不断升级的文旅消费需求和文化科技发展趋势进行产品与服务的迭代升级，除前述创新打造文化 IP 外，街区还不断推出新的文化体验项目、演艺节目和文创产品，以保持对游客的吸引力和新鲜感。

四、汉唐文化巴士——交文旅融合产品

（一）项目概况

汉唐文化巴士由西安公交集团投资打造，采用 12 米纯电动车，车内设置座位 41 个，以汉唐文化为核心，通过车辆内外装饰、环境氛围营造、主题线路设计和专业导游讲解，打造汉唐历史文化的展示窗口，为乘客提供从鼓楼至大雁塔的便捷公交服务和沉浸感受汉唐文化魅力的独特体验，兼具文化传播和沉浸体验功能。自 2023 年 8 月 20 日正式开通以来，累计运输游客万余人，成为西安创新性展示大唐文化魅力和城市形象的窗口（图 2-18）。

图 2-18　汉唐文化巴士

（二）项目亮点

1. 文化主题深度植入

汉唐文化巴士一方面将汉唐

时期典型的朱红墙面、琉璃屋檐、青绿梁枋等文化元素创意性融入车辆外观与内饰，营造出浓厚深远的文化氛围。另一方面，车内展板也布设有关汉唐时期女子服饰、头饰等相关的文化内容介绍，车窗张贴耳熟能详的汉唐诗句，换上汉服的巴士司机等，为乘客提供全方位、沉浸式的文化体验。

2. 精准定位与定制服务

汉唐文化巴士精准捕捉汉服爱好者和外地游客等客群对于一站式、便捷化、舒适性体验西安诸多城市文旅景点的消费需求，定位于交通工具型文化体验空间，为游客设计出从鼓楼至大雁塔的定制公交服务，不仅满足了游客的多景点一站式体验的游览需求，更通过文化氛围营造、定制化导游讲解和人性化服务等提升旅游体验。

3. 多元丰富的文化互动

为丰富游客旅途中的文化体验、促进游客更加深入地了解、体验和传播汉唐文化，汉唐文化巴士每逢佳节会不定期推出临摹诗句、集结印章、祈福许愿、赠送文化纪念品等趣味性文化互动活动，持续创新中国文化魅力展示传播的形式。

五、西安曲江竞技中心——赛事会展

（一）项目概况

西安曲江竞技中心位于西安市曲江新区，建筑面积 7.7 万平方米，总投资 16.5 亿元，主要包括以"电竞"为主题的专业比赛和观赛场所等电子竞技类业态，文化演艺类业态和举办篮球、羽毛球、乒乓球等各类体育赛事和训练的体育赛事类业态。项目以"文化＋体育"为核心，开创了曲江"电竞文化体育＋泛娱乐"的全新业态模式，已成功举办全国电子竞技大赛、国际羽毛球公开赛、音乐会、展会等数百场大型活动，场馆平均上座率80%，单次重大赛事对当地经济的直接贡献达数千万元人民币，为西安城市社会经济发展和形象提升注入创新活力（图2-19）。

（二）项目亮点

1. 智慧科技强化管理效率

曲江竞技中心综合采用现代化智慧科技元素，依托可视化技术构建了"曲江竞技中心"可视化平台，通过智能设备、物联网技术等手段实现馆内6000多个物联网智能设备的智能化、实时化、便捷化和专业化管理与统筹掌控，切实保障了场馆在活动、赛事举办时的高效运营管理和决策统筹，为场馆运营管理效率的提升提供了有力的技术支持。

2. 先进设施提升观赛体验

曲江竞技中心场馆内配备了包括高清斗形屏、双环屏、端屏等十余

图2-19 曲江竞技中心

面现代化观赛屏幕以及国内顶级扩声系统和多类型舞台灯光器材，实现了活动赛事多角度、无损化、沉浸式实时转播。同时，场馆设置了剧场式的软包座椅以及母婴室、可陪护无障碍座椅等，为观众提供了舒适、便捷的观赛环境和极具震撼的视听感受。

3. 线上线下结合扩大赛事影响力

曲江竞技中心通过布局 Wi-Fi、5G 全覆盖功能实现了数万观众在场馆内高清直播和视频通话等线上实时互动，创新出线上与线下结合的观赛模式，在满足观众多样化需求的同时极大地提升了活动赛事的传播效果和影响力。

4. 多功能布局丰富场馆衍生体验

曲江竞技中心采用多层次的布局设计，在场馆内部设置了具备竞赛层、活动举办层、开放式中区看台层、VIP 包厢层和高区看台层等功能分区的四层看台，在满足不同观众的观赛需求的同时，也为赛事衍生服务、商业活动等提供了丰富的空间支持，拓展和提升了观众在场馆内的休闲体验。

六、西安电影制片厂——文化产业园区

（一）项目概况

西安电影制片厂位于西安市雁塔区，占地 20 万平方米，总投资 10 亿元。项目以电影文化为主题，旨在打造集影视拍摄、影视艺术人员培训、旅游观光、文化体验等功能业态于一身的综合性电影产业集聚区，致力成为中国西部乃至全国的电影产业高地和文化旅游目的地。更新改造后的西影厂，以开放式街区的形式拉近了电影、文化、艺术等与当地居民、游客之间的距离，促进了当地社会文化发展并带动了消费经济提振升级，已成为中国工业遗产保护和再利用的典型示范（图 2-20）。

图 2-20　西安电影制片厂

（二）项目亮点

1. 产业生态圈的构建

以电影文化为核心，西影厂对影视产业链进行了完善与深度延展，构建了涵盖影视剧本创作、影视投资生产、影视宣传发行、影视文化体验、影视版权运营以及文创衍生开发等多元业态融合共生、协同创新的电影产业生态圈，实现了影视产业的集聚创新发展，同时也为园区在文化旅游业态上的创新奠定了独特的文化基因，增强了园区的产业吸引力和竞争力。

2. 电影工业遗产的活化利用

在更新改造过程中，西影厂通过建设西影电影博物馆、胶片电影工业馆等主题性文化场馆，对园区内电影工业遗产进行了活化利用，赋予老设备、老道具和旧空间以展示电影历史和艺术的原真窗口的崭新功能，也创造了园区吸引游客参观体验的一大核心吸引物。

3. 跨界融合打造潮流品牌

基于独特的电影历史与艺术，西影厂积极探索电影放映与潮流艺术、空间策展、音乐演出等之间的跨界联动和组合发展，通过打造潮流青年艺术季、电影艺术生活季等具有号召力和时尚感的品牌文化节会，在拓展电影工业遗产传播推广渠道的同时，逐渐塑造出时尚潮流与复古工业碰撞融合的全新电影产业集聚区品牌，显著提升了园区在现代年轻群体中的知名度和影响力。

4. 电影生活化与生活电影化

以"电影生活化、生活电影化"为发展思路，西影厂将影视元素、电影 IP 和大众消费场景完美融合，打造出极具体验感、沉浸感和互动感的艺术生活秀，旨在让电影产业走进大众的日常生活、让大众真切地感知到电影文化的独特魅力。

七、老菜场市井文化创意街区——休闲街区

（一）项目概况

老菜场市井文化创意街区位于西安市碑林区，占地 5000 平方米，主要包括美食、民宿、文创、阅读、娱乐等多元业态。项目既保留了传统市井生活的菜市场摊位，又创新出极具现代潮流范和时尚感的咖啡厅、酒吧、书店等休闲消费场所和各类文化艺术活动将"市井西安"与"潮流文化"有机融合，打造出既具历史厚重感、又充满时尚活力的城市文化新空间。自改造以来，日均客流量达 1 万余人次，营业收入较改造前翻番，显著提升区域居民生活质量和社会经济发展活力的同时，也成为城市更新、提升城市形象、促进文化传承和增强社区凝聚力的优秀示范（图 2-21）。

图 2-21　老菜场市井文化创意街区

（二）项目亮点

1. 微更新与轻改造实现文化传承与创新

西安建国门老菜场在改造更新过程中，摒弃了原本大拆大建的"粗暴"手法，在保留原建筑外立面及主体建筑结构的基础上，对建筑内部和局部结构进行了"微更新"与"轻改造"，以实现对历史建筑的最大化保护的同时，又通过局部改造和升级，赋予旧空间以新的功能与活力，成为城市更新与文化传承的典范。

2. 布局创新实现业态复合协同

从创造原住居民与不同年龄层游客消费休闲和社交互动的新空间出发，老菜场街区的更新改造采用了"一街、一巷、一组团、一院落"的整体布局，保留市井生活服务业态的同时，引入餐饮、民宿、文创、阅读、娱乐等多元业态，形成集文化、旅游、创意、社交和市井生活于一身的复合型商业街区，实现了业态之间的协同补充和市民与游客的共生互动。

3. 文化活动激发空间活力

空间活力的激发是城市更新的内核，也是城市更新项目成功的关键指标。在老菜场更新改造过程中，除了对建筑空间改造和业态布局提升外，改造者更注重对音乐会、电影放映、城市市集、社区读书会等居民与游客共同参与的各类文化活动的组织举办，以实现对市民游客文化生活的丰富和社区归属感的调动。多主体的关注与主动参与也进一步成就了老菜场成为充满活力和文化氛围的城市新型公共空间。

4. 社区参与共建共享

除前述提到的老菜场更新改造过程中，注重对街区实景文化底蕴的保留和风貌还原，以及在业态布局和活动组织上对原住居民物质生活和文化精神生活的尽力满足外，在项目改造更新始终，改造者都积极邀请社区居民参与改造和运营过程。通过听取居民意见、组织社区活动等方式增强原住居民的归属感和参与度。

八、兴汉胜境——城市微度假

（一）项目概况

兴汉胜境位于汉中市汉台区兴汉新区，占地 2500 亩，由汉中文化旅游投资集团投资 100 亿元打造。项目以汉文化为主题、以自然生态的汉水之源为根，以中华民族的汉文化之源为魂，以汉朝初兴的历史辉煌为底色，打造集汉风景点群、汉风商街群、汉风博物馆群、汉风酒店群、汉风餐饮、汉风演艺等于一身的汉文化旅游景区。2019 年全年游客接待

量突破 150 万人次，创造直接收入超 2 亿元，带动直接和间接就业超
5000 人，并与多个国家和地区的文化机构建立合作关系，成为汉文化展
示和交流的重要窗口（图 2-22）。

图 2-22　兴汉胜境夜景

（二）项目亮点

1. 深度挖掘汉文化内涵

兴汉胜境以汉文化为核心，以展示、传承和活态化发扬汉文化为
己任，通过博物馆、剧场、商业街等多种形式，全方位、多维度展示汉
朝文化、汉中文化以及汉民族文化的源远精神，为项目赋予独特深厚的
文化内涵和持久吸引力。所推出的大型演艺水上真人实景演出《天汉传
奇》，通过高科技与真人真景融合创新的表演形式生动呈现出汉文化的辉
煌历史，成为游客置身其中一睹汉文化博彩魅力的最佳窗口。

2. 有机融合多元业态

以汉朝、汉中和汉民族文化活态化呈现为主线，兴汉胜境通过沉浸

式还原汉文化场景实现了汉文化景点、商业街区、酒店住宿、餐饮娱乐等多元业态的有机融合，打造出逻辑性强、沉浸感强、场景感真的一站式旅游度假体验，满足了游客不断升级的文化体验、休闲娱乐、购物消费等多元需求。

3.科技与创意的碰撞结合

兴汉胜境对文化场景的打造突破了对文化元素的静态化、单一性呈现，从为游客呈现高还原度、强震撼感的视听味嗅触"五感"沉浸式体验出发，将水上投影、激光特效、可变化扇形水幕等高科技手段综合运用到文化演艺和展览项目中。并在项目规划、建筑设计、景观打造和环境营造等方面注重文化创意与艺术美感，以独特的设计理念和艺术手法主动拥抱高新科技的加持，营造出浓厚汉文化氛围与科技创意共生共荣的独特环境。

第五节

陕西城市文旅产品谱系搭建

一、谱系重塑

（一）省域空间格局优化

1. 强化以西安为核心的辐射力，实现热度与客流外溢

强化西安与其他地市的文旅联动发展。通过全省城市文旅资源整合开发、特色主题线路设计、公共服务设施完善、全域营销与游客互送等，实现西安作为陕西"流量核心"的流量集散效应。例如，加密西安至陕西各地市的旅游高铁专列、旅游大巴等旅游公共交通线路，推进全省"一票畅游"切实落实；促进各地市与西安的联合营销推广，加快形成全省旅游营销"传帮带"的区域一体化营销格局。

2. 彰显陕北陕南关中地域特色，推出各地文旅特色品牌

加快推进陕北陕南地区依托特色资源形成地域独特文化品牌。陕北地区可依托其独特的黄土高原风貌和红色文化资源，推动以历史遗迹和非遗民俗为核心的城市文旅产品创新开发，例如榆林多彩非遗点亮美好生活，延安红色旅游走"新"又走心等；陕南可利用其丰富的自然山水和民俗文化资源，发展城市微度假和民族风情体验，例如汉中建设"旅居在汉中"城市品牌、安康富硒康养、商洛康养之都等；关中地区则可以结合其历史遗迹、古都风貌与现代化设施，打造以历史文化为主的综合丰富的城市文旅产品。

（二）地市产品类型丰富

文旅深度融合，丰富产品类型。鉴于陕西省各地市基础空间资源具备，但空间转化与产品创新不足的现状，未来应注重基于地域特色资源的多元化产品丰富和优化。具体为：商业街区、综合体等传统购物消费空间应逐步探索新消费场景，向休闲目的地转变；艺术演出、会议展览等应向亲民化、大众化转变；博物馆、体育馆、寺庙等公共文化空间应以多元活动丰富逐渐向文旅创意化融合的方向发展；旅居度假类应探索与都市新生活方式的融合和微度假环境氛围的打造。

二、城市文旅"点—线—面"纵深发展

为形成陕西全域城市文旅产品的聚合魅力，本节提出"点—线—面"的陕西城市文旅吸引力网络构建思路。其中，"点"强调深度挖掘城市空间资源与地理优势，创新增设文旅新亮点，并对既有"热门景点"实施精细化重塑与升级策略；"线"聚焦于整合分散的文旅项目点，打造主题鲜明的城市文旅线路，激活沿线资源；"面"以文旅产品点为桥梁，以特色旅游线路为纽带，融合前沿数字技术与媒体创新，精准对接新兴消费需求，挖掘释放城市旅游资源的消费潜能，打造城市文旅的核心竞争优势，开创陕西省全域旅游新模式（图2-23）。

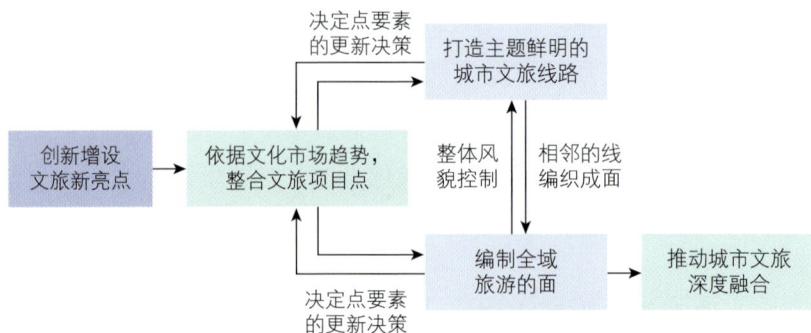

图 2-23　陕西城市文旅"点—线—面"协同发展策略

（一）"点"上突破——打造项目出彩亮点

挖掘省内各地区文旅特色资源，创新增设文旅新亮点。例如，陕北可推出如"红色记忆·圣地之旅""黄土情深·黄河颂歌""秦岭探秘·自然之旅"等与关中地区形成差异化的城市文旅产品；关中地区进一步挖掘西安城墙、秦腔、剪纸、皮影戏、陕西历史博物馆等文物遗址的文化内涵与创新发展潜力，以 XR、3D 裸眼等先进技术的加持创新开发沉浸式文旅项目，增添传统旅游项目新活力。

（二）"线"上成景——推进旅游链条延伸发展

地市层面，全面梳理全省各地特色旅游资源点并对其按照类型、规模、吸引力、交通可达性等进行分类评估，进而以创意的文化主题、合理的交通规划和线路设计串点成线，形成如"非遗匠心之旅""古城韵味漫步游""盛唐风情体验游"等城市特色主题游线路。市级层面，应加强与省内其他地市之间的文旅合作，共同打造展示"中华文明精髓""中国革命印记""中华地理奇观""中国自然瑰宝"等跨区域旅游线路。省级层面，积极谋求与周边省份的资源整合和线路联动，通过整合具有鲜明标识的文化旅游资源，共建秦岭、黄河、丝绸之路、红色圣地巡礼等文化旅游带和西北五省区、川陕楚、晋陕豫、陕甘宁等旅游协作区。

（三）"面"上开花——推动城市文旅深度融合

一是推进全省文旅资源的整合营销，构建全省"一盘棋"的营销推广体系，通过多元化营销矩阵进行陕西自然风光、民俗文化和美食特色等的立体宣传。二是加快推进"智游陕西"等全域旅游智慧管理平台建设推广，通过夯实基础设施、整合文旅资源、优化信息服务等形成系统、完整、高效的服务体系，精准把握市场需求和产品供给之间的动态变化，及时调整和优化旅游产品和服务供给，为游客提供全方位、智能化的旅游服务和更加舒适高端的旅行体验的同时，为企业提供精准触达文旅需求的开放平台，助力城市文旅深度融合。

三、分类发展引导

基于陕西城市文旅产品现状及典型案例的分析总结，本节提出各类型产品业态及发展趋势指引，以期为城市文旅产品的开发创新提供可操建议（表2-4）。

（一）休闲观光类产品

1. 业态指引

表2-4　休闲观光类产品业态指引

休闲观光类产品	品类细分	业态指引
文旅商综合体	历史文化型文旅商综合体	文博空间、文化旅游打卡点、精品文创店、文化演艺剧场、文艺/非遗工坊店、换装体验店、地方老字号、特色餐饮店铺
	潮流时尚型文旅商综合体	时尚艺术空间、品牌店、买手店、文创潮玩店、潮玩乐园、数字沉浸式体验空间、生活方式体验店、电影院、特色餐饮店铺
	现代艺术型文旅商综合体	时尚艺术空间、文艺网红打卡点、文化演艺剧场、文艺/非遗工坊店、生活方式体验店、特色餐饮店铺

续表

休闲观光类产品	品类细分	业态指引
休闲街区	民俗文化型休闲街区	民俗体验工坊、民俗文化研习社、民间互动演出活动、民俗文化展演空间、换装拍照馆、文创特产店、特色餐饮店铺、老字号、特色住宿
	文化创意型休闲街区	美学文化空间、文创文艺店、兴趣俱乐部、文艺工坊、新社交空间、网红打卡空间、休闲潮娱基地、文艺演出活动/空间、创客中心、特色餐饮店、城市特色民宿
	历史文化型休闲街区	历史文物景点、网红打卡点、换装拍照、百艺手作店、历史文化空间、文化休闲广场、特色餐饮店、特色住宿
夜间消费集聚区	—	夜间艺术/美术展/沙龙、文化演艺剧场、现代文体空间、夜间风物市集、夜间文娱活动、换装拍照店、光影秀、文化演艺、特色餐饮店铺、城市特色住宿、精品文创店、时尚购物店
交文旅融合产品	线型交文旅融合产品	特色交通工具、观光体验景点、行中趣味活动、精品文创展示区、景点讲解/宣传视频、网红打卡点
	枢纽型交文旅融合产品	旅游交通服务、特色餐饮、特产购物、精品文创店、文化展示体验区、文艺书店、咖啡馆等特色饮品店

2. 创新趋势

（1）文旅商综合体、休闲街区和夜间消费集聚区

业态配置多元融合，注重打造体验式消费业态体系。基于多元化消费需求，这三类产品的打造越来越注重复合业态的多元融合，一方面，在业态布局上更加重视多行业的跨界融合，在业态更新的过程中也更倾向于选择画廊、艺术展、书店等满足精神需求的文创类业态和咖啡馆、剧场、公共休闲空间等具有明显社交功能的业态。另一方面，特色表演、艺术展览、爆款活动等体验式业态也成为城市文旅商综合体

和休闲街区创新的重点探索方向，为游客提供多元化、沉浸式的体验选择。

空间功能开放共享，成为以情感为链接的社交场所。城市文旅商综合体、休闲街区、夜间消费集聚区作为城市主客共享的情感交流和精神社交场所，空间布局和功能定位越发向承载城市社交内容和情感连接的公共空间转变。由此，围绕消费者的情感需求设计相应产品、提供满足人们休闲娱乐等精神层面需求的产品服务成为这类产品吸引力提升和活力再生的创新方向，空间形态变得更加开放共享，功能主题更加丰富多样，业态组合更加灵活自由。

IP引领强化品牌特色，打造城市消费新地标。为从其他一众产品中脱颖而出，打造特色主题文化IP、突出鲜明的文旅消费定位成为这三类产品的共同创新趋势。开始以地域文化或形象代表为目标，一方面通过历史文化IP的特色打造，通过创立文创工作室、艺术体验店，举办传统曲艺专场演出、国潮市集、非遗文化展、艺术交流等使传统文化与传统商业实现更新与升级；另一方面则以"酷、炫、潮"为主线，打造以新颖、时尚、创意为主题，以新生活方式为文化内涵的特色体验型潮玩地标，并通过举办美食节、音乐节、艺术展、读书会等创新性主题活动引起旅游消费者的兴趣。

科技赋能数字化升级，提升沉浸式、智能化体验。一是基于大数据分析精准识别消费者个性化消费需求与习惯，为消费者提供数字化、智能化的全新消费体验。二是利用VR、AR、MR、全息投影等高科技智慧手段，融合传统文化、地方人文、文艺美学和时尚创意等元素，打造集文化、艺术、美学、时尚、创意、科技等于一体的独特场景。三是利用物联网、云计算和大数据等搭建线上综合智能管理平台，实现智慧导游导览、智慧购物、智能停车、共享服务等智慧功能。

（2）交文旅融合产品

城市观光体验功能不断凸显。交文旅融合步入3.0阶段，交通设施与文化体验、旅游观光的融合度进一步增强。旅客出行在路上，不再是单一将交通设施视为从一地到另一目的地的"转移工具"，而是将城市交通设施、交通枢纽本身视为城市观光体验产品的一种，赋予其城市游览观光、文化体验的文旅观光功能。城市交文旅产品也开始更加注重在业态布局和产品设计中植入城市历史人文、非遗文化等特色文化元素，不断强化其观光体验功能。

"新游憩空间"的功能定位更加明确。在消费核心由仅仅关注产品本身转向关注氛围与场景消费的当下，交文旅融合类产品开始从传统的旅游交通类产品向"流动的新游憩空间"转型升级，更加关注主题鲜明、体验有趣的特色场景的打造。通过主题化的场景营造、多元业态的植入与各种潮玩活动的组织创新，变身"流动的风景线"，将"乘客"变成"食客""看客"和"游客"。

产品类型更加多元丰富。在国家高度倡导、消费需求扩张、技术创新升级等多重力量的推动下，城市交文旅融合产品的业态形态不断丰富创新，出现了城市旅游风景道、城市观光巴士、城市旅游集散中心、自驾车房车露营、城市旅游专列等囊括文化体验、休闲观光、度假游憩、美食购物和交通集散等功能的创新业态。且有望在交通领域新技术、新发明的不断出现和应用的基础上得到进一步扩展。

场景业态更加网红化。在交文旅融合的 3.0 时代，旅游交通服务设施除具备交通换乘、加油加电、车辆维修等传统服务之外，开始将图书馆、美术馆等文化空间，星级饭店、主题民宿等住宿设施，地方特产展销、精品文创店等展示商店，乃至亲子乐园、房车露营、音乐节等文旅项目植入其中。使其拥有丰富多元的场景和业态，并通过颜值的提升和新媒体营销，成为远近闻名的网红打卡地。

（二）娱乐体验类产品

1. 业态指引

表 2-5　娱乐体验类产品业态指引

娱乐体验类产品	类型	品类细分	产品选择
文旅演艺	旅游演艺	实景演艺	妆造体验、特色餐饮、文创售卖
		剧场演艺	场景体验、虚拟体验、小剧场互动、剧场剧本杀、特色餐饮、文创售卖
	城市演艺	音乐类（音乐会、演唱会、音乐节）	游乐设施、文创售卖、美食小吃、明星周边
		戏剧类（话剧、音乐剧、戏曲）	戏剧论坛、戏剧酒吧、咖啡茶室、妆造体验、特色餐饮、文创售卖
		曲艺杂技（相声表演、杂技演出）	咖啡茶室、特色餐饮、文创售卖
主题乐园	游乐体验型	主题游憩型	科技体验、IP互动体验、主题乐园酒店、演艺场馆、特色餐饮、休闲水吧、衍生文创产品售卖
		水主题乐园	温泉体验、动物互动体验、主题乐园酒店、演艺场馆、特色餐饮、休闲水吧、水疗馆、衍生文创产品售卖
	观光体验型	微缩景观型	主题酒店、演艺场馆、特色餐饮休闲水吧、衍生文创产品售卖
		历史文化型	
赛事会展	赛事旅游	体育赛事	酒店民宿、餐饮、体育训练营
		电竞赛事	电竞酒店、餐饮、电竞训练营
	会展旅游	大型会展	会议、酒店、餐饮
		城市集会	餐饮小吃、文创集市、宠物集市、花鸟集市、农产品展销等

2. 创新趋势

（1）文旅演艺

演艺主题在地化。作为"在地性"表达的最好方式之一，文旅演艺类产品越来越重视对当地历史、文化资源的深入挖掘，注重根植于城市文化认同的艺术创新，以讲好地方特色故事来增强文旅演绎的持久吸引力，成为游客快速直观地了解本地文化、开启本地特色文化之旅的重要环节。

观演体验沉浸化。文旅演艺类产品的成功有赖于优质内容与创新呈现形式的共同提升，"沉浸式"体验逐渐成为当下文旅演艺创新的重要方向。通过 5G 赋能、视觉技术升级、AR 与 VR 等技术的加持不断升级文旅演艺的舞台场景与观影体验，带给观众"视、听、嗅、味、触"五感互通的沉浸式观演体验并进一步创新出"行进式演艺""参与式演艺"等创新形式，打破了演员与观众的界限，让游客以参与其中的方式获得全新的观演体验。

演艺载体多样化。随着人们对旅游过程中互动性、参与性、多元化与体验性需求的日益高涨，文旅演艺逐渐跳脱传统演艺空间与形式，突破了传统表演艺术对场地的要求，与旅游、商业、展览等空间相结合，创新出"演艺＋景区""演艺＋夜游""演艺＋非遗""演艺＋剧本杀""小剧场＋演艺新空间"等多类型空间形式和内容载体，营造城市艺术与文化氛围交融，城市文化与商业、旅游融合的新消费业态。

（2）主题乐园

主题文化多元化。在亚文化群体突起、文化共融趋势凸显、社会开放程度不断提高的背景下，主题乐园的文化主题愈来愈趋向多元化，未来感十足的科幻主题、主打亲近小动物的萌宠主题、以大型文化 IP 为支撑的影视主题、还原历史文化场景的历史主题等文化主题多样丰富，搭建出"空间—时间—要素"多维度组合的主题文化架构。

科技化互动手段。随着科学技术的加速发展、信息技术和虚拟技术的日益普及，以科技加持提升游客体验成为主题乐园类产品创新升级的主要手段之一，主要表现在科技赋能智慧型体验产品开发、科技赋能游乐体验形式创新和科技赋能乐园智慧化管理服务升级等方面，不断优化游客欢乐体验。

业态内容多样化。基于游客多元化、一站式游览需求，主题乐园类产品的创新越来越注重"食、住、行、游、购、娱"等多元要素的融合布局，为游客提供强沉浸感、高参与度、多业态体验的综合性文旅体验，并不断创新推出针对细分客群的诸如亲子娱乐内容、情侣娱乐内容、团队娱乐内容等细分业态内容，让乐园体验更加丰富和精彩。

（3）赛事会展

功能拓展带动城市发展。近年来，我国体育产业快速发展，大型体育赛事的举办数量显著增加。具有聚集性、体验性和综合性的大型体育赛事以全民参与、多元融合的方式不断丰富和创新内容供给，为举办城市的旅游业发展带来显著的促进作用。

"智慧+"赋能会展活动跨界融合。随着5G、AR、VR、沉浸互动、数字艺术绿色搭建、数字化管理工具等新技术、新设备和新服务在会展活动中的广泛应用，文化、艺术、设计和科技与会展的跨界融合趋势日益凸显，会展活动开始走出展览馆，与商贸、文旅等多元融合激发行业变革和服务升级的潜能。

（三）产学研教类产品

1. 业态指引

表 2-6　产学研教类细分产品的业态指引

产学研教类产品	品类细分	业态指引
文博场馆	博物馆	看展式社交、博物馆＋音乐雅集、博物科考、大咖陪逛展、亲子研学、民俗大观园、球幕影院、博物馆互动解密
	美术馆	艺术寻美、亲子研学、睡眠音乐会、视觉艺术活动
	图书馆	书香悦读、亲子研学、亲子手工、亲子绘本

续表

产学研教类产品	品类细分	业态指引
动植物园	动植物园（室外）	"动物奇妙夜""暗访夜精灵""探秘夜森林""动物＋宿"
	动植物园（室内）	"邮局＋剧场＋主题摄影＋寄养＋丛林市集"
（创意）产业园区	文化产业园区	艺术家工作室、咖啡馆、设计品商店、DIY 工坊、演讲空间、小型图书馆
	工业遗址公园	高架铁路游步道、大地艺术景观、攀缘植物支架、攀岩训练场、露天剧场
文化遗址公园	建筑、交通、考古类遗址遗迹公园	"博物馆＋遗址本体＋遗址公园""研学营地＋郊野公园"

2. 创新趋势

（1）文博场馆、文化遗址公园

展陈方式创新提升沉浸体验。突破传统静态展示、被动观展的展陈体验方式，文博场馆与遗址公园开始探索构建集场景模拟、服务优化与叙事讲述于一身的文化体验模式。旨在运用现代叙事手法，将历史知识与文物、遗址、遗迹等所蕴含的多元价值生动呈现在游客面前，促使游客从旁观者转变为参与者，实现从"观赏"展览到"沉浸"于展览情境中的深刻转变，在身临其境的文化氛围中获取知识。

数字引领创新场馆场景。通过现代科技与艺术的融合赋能，现代文博场馆、遗址公园以营造一种与日常生活产生鲜明对比的独特文化场景为手段，充分彰显展品的非凡特性与文化故事，引领游客步入一个探索未知、激发想象力的奇妙之旅，让每一次游览都成为一场愉悦的文化探索与享受之旅。

故事化夜游延展体验时空。夜间旅游热度的持续放大为文博场馆与遗址展示的产品创新和服务升级带来了新的启发。为满足大众游客体量不断扩大、需求不断升级的观展要求，文化场所开始探索以创意化手法营造夜间体验氛围、创新活动展览形式、构建富有温度的故事叙述和场景的夜间产品体系，为游客打造一场别开生面的夜游盛宴。

（2）动植物园

互动方式沉浸化。将复杂多变的动物生态环境巧妙融入人类参观区域，构建出一个将人类活动自然嵌入野生动物栖息地景观中的独特空间是当下动植物园创新的主要方向之一，实现游客作为动物世界中的"友好访客"深度沉浸于模拟环境之中，实现人类与自然界和谐共融的理想状态。

夜游活动丰富化。在夜间经济蓬勃发展的背景下，动植物园也开始通过延长游客的驻留时长、增强互动性等方式打造引领潮流的夜间旅游产品。如上海野生动物园的"夜探动物奇境"活动创新性地引入了"黄昏班车"与"水域探秘"等夜间游览项目，让游客以车代步、乘船悠游，既确保了游览的趣味性与舒适度，又有效减轻了夜间活动对动物栖息环境的干扰。

游览体验互动化。以动物作为核心吸引力，打造深度融合景观（动物）与消费体验的创新产品，开启人与自然间深刻且亲密的互动之旅，引导游客深入探索充满魅力的动物世界，是当下动植物园打造核心吸引力、促进消费的主要方式。例如，贾马拉野生动物度假酒店提供的诸如与熊共浴温泉、与狮子共进晚餐等非凡体验收获了大批粉丝的青睐。

（3）（创意）产业园区

业态丰富引领消费潮流。结合地方资源特色和历史传承，将工业遗产融入城市发展格局，打造工业文化产业园区、特色街区、创新创业基地、文旅消费场所，培育工业旅游、工业设计、工艺美术、文化创意等新业态、新模式，不断提高工业遗址的活化利用水平越来越成为创意产业园创新发展的共同趋势。更加注重通过工业历史文化与现代潮流文化的交织融合，以怀旧生活理念与工业创意设计元素的融入逐步构建出引领潮流消费、展示现代城市生活方式的综合性空间。

创意活动激活园区魅力。为长久保持园区活力和对外吸引力，创意产业园尤其重视将工业遗产的保护与利用融入文化节、艺术节、博览会及体育赛事等多元活动中，充分释放工业遗址的艺术魅力与活力，将昔日沉寂的工业废墟转化为繁华都市的文化乐园，彰显城市的独特魅力与特色风采。

（四）旅居度假类产品

1. 业态指引（表2-7）

表2-7　旅居度假类产品业态指引

旅居度假类产品	品类细分	业态指引
城市营地	传统露营、徒步露营、专业露营	野生露营：追求装备便携、安全、性价比高的户外露营活动
	自然教育公园营地	户外露营：相对独立封闭的房车营区、露营区、轿车营区、营舍区等 教育研学：户外运动、自然探险、生活体验、艺术教育、科普教育
	城市精致露营营地	民宿露营：高品质高服务民宿体验 综合服务：预订、餐饮、咖啡、购物、医疗、租赁、信息服务等 休闲娱乐：音乐会、烧烤、采摘、滑草、营地运动、水上娱乐等
户外运动	专业户外运动	攀岩、激流穿越
	常规户外运动	登山、滑雪
	休闲户外运动	垂钓、徒步、骑行、划船
城市微度假	疗愈型城市微度假	音疗与冥想空间、水疗中心、中西医结合的诊疗诊所、阿育吠陀瑜伽、觉知饮食
	主题型城市微度假	趣味农场＋度假、活力牧场＋度假、酒文化＋度假
康养旅居	气候环境康养	自然疗养、温泉疗养、森林疗养、生态居所等
	主题文化康养	非遗体验、禅修冥想、中医养生等
	智慧医疗康养	健康管理、康复疗养社区、心理咨询、艺术治疗、音乐疗法等

2. 创新趋势

（1）城市营地

"营地＋"模式丰富露营体验。随着年轻群体的涌入和露营行业的不断成熟，城市营地开始走向风格多样化的发展道路，沙滩、帐篷、草地、美食，露营已成为当下流行的"晒"微信朋友圈方式。城市营地开始以"营地＋"模式丰富营地内容、拓宽客源市场，围绕户外营地文化衍生出"营地＋音乐会""营地＋亲子活动""营地＋研学""营地＋拓展""营地＋团建"等多种露营场景及玩法，为不同类型的消费人群提供更加多元化的露营产品，提供优质资源与高性价比的露营解决方案。

理念创新增强消费吸引力。随着消费者对自然、环保和健康生活的关注度不断提高，越来越多的城市营地开始将注重环保可持续发展作为发展理念，积极采取措施减少对自然环境的影响，提倡低碳生活方式。这不仅符合社会的期望，也成为吸引更多有环保意识消费者的创新吸引力，引发消费者价值认同的同时强化与消费者的价值链接。

（2）户外运动

边界拓展，创新开发多元化运动体验。随着消费者需求的多样化，户外运动的边界在不断拓展，从传统的徒步、骑行延伸至攀岩、皮划艇、越野跑、攀冰、探洞等更为极限的领域。与此同时，城市户外也更加注重与当地自然资源和文化特色的深度融合，通过深入挖掘地域特色，开发出一系列具有鲜明地方色彩的户外运动项目。如让消费者在蜿蜒曲折的山路上领略壮丽的山川美景，感受大自然雄浑与壮美的山地徒步；让游客在广袤无垠的草原上驰骋，体验马背上的自由与豪迈的草原骑行；将人们带入一个神秘莫测的世界，挑战自我和探索生命无限可能的沙漠探险等，吸引着越来越多户外爱好者前往体验。

深度交流，强化社交与互动元素。相较于传统的户外运动形式，新兴的城市户外运动领域，诸如飞盘运动、腰旗橄榄球、陆地冲浪、路亚垂钓及城市骑行等，展现出了更低的参与门槛、适中的体能要求以及更高的娱乐性。这些活动因其性别包容性与男女均衡参与的基础特性，赋予了更高的社交互动价值，成为促进人际交流的新平台。此外，因其易于捕捉精彩瞬间、便于社交媒体分享的特点，在网络平台上迅速走红，形成了"时尚潮流"与"高展示性"的传播氛围，强化了消费者之间、消费者与户外活动之间的情感链接。

（3）城市微度假、康养旅居

"有形""无形"环境的全面营造。首先，是物质环境的营造，现代城市微度假、康养旅居类产品更加趋向于维护并彰显地域独有的建筑风貌，通过优选自然原生材料来确保屋顶构造、砖砌墙体及外观装饰均深刻体现着地方特色，同时巧妙融合现代设计理念，实现传统与现代的和谐共生。其次，越来越多的城市微度假类产品开始积极倡导"健康生活方式"的理念，不仅聚焦于身体健康的维护，更强调心灵与自然的和谐统一，通过一系列精心策划的活动与服务，引导游客体验并融入这种积极向上的生活哲学之中。

"精而特"项目的创新打造。在追求品质精细与卓越的同时注重独特性和差异化是度假、康养类项目打造时所关注的重中之重。其中，"精"体现在精准定位目标客群，分析客群的需求偏好，为项目设计提供依据，同时考虑到土地资源的节约和生态友好性，强调主题概念与景观创意，打造具有吸引力的微度假目的地；"特"强调项目的独特性和辨识度，通过深入挖掘地域文化、创新产品形态、强化互动体验等方式，使项目在众多旅游产品中脱颖而出，形成独特的品牌形象和市场竞争力。

第六节

城市文旅产品创新策略与路径

一、创新策略

（一）增强文化资源链接力

充分发挥旅游在推动中华优秀传统文化创造性转化、创新性发展、激活与传递文化自信方面的引流作用，依托强大的旅游市场优势和旅游营销攻势，为文化项目创意开发、文化旅游目的地建设等导入客流、信息流和资金流。中华民族优秀的传统文化、悠久的历史文化和丰富的民俗文化则为旅游项目注入了灵魂和可持续发展的生命力。深入挖掘提炼城市文化资源的精神内核与时代价值，一方面将文化资源转化为可观、可感、可玩的文旅项目，让游客在旅游交互中获得文化体验。另一方面让文化资源成为文旅项目开发的核心引领、差异化发展的关键支撑和创新迭代的关键路径。

（二）无界融合构筑城市文艺共享生态圈

文旅与各行业、各圈层之间的跨界融合、联动发展得到消费者热捧，越来越多新潮元素融入文旅，用跨界融合的方式快速嫁接，形成众多文旅新业态，打破文旅产业边界，拓展文旅产业空间，不断推出特色化的文旅新产品与服务，重构旅游新生态。基于不同圈层文化所体现的消费诉求，以消费者需求为出发点，与研学、音乐、二次元、艺术、电竞、剧本杀、魔术、汉服、自驾、潮玩等年轻人喜爱的新业态、新元素和新玩法深度融合，塑造差异化、个性化、新潮化的文旅内容，培育品牌传播热点，呈现出文旅产业在拥抱年轻消费群体后所释放的巨大潜力空间。

（三）多元赋能增强空间场景力

随着国民审美水平的提升和颜值经济的崛起，人们对美的感知逐渐扩展至文旅空间中，蔓延至文旅街区、文创园区、城市公园、文博场馆等多元文旅空间场景中，大众对于高品质的美学场景和艺术空间给予了更多关注，全国各地也开始积极探索"美学＋文旅"的空间营造新模式。场景营造是城市文旅资源存量更新与创新的有效工具。未来将以体验感、故事性、游戏性、艺术感等元素创新融入光影沉浸、场景沉浸、虚拟沉浸、故事沉浸等体验类型，应更加关注城市旅游者的感官体验、感知体验、情感体验、情景互动等多方面内容，为行业打开新的发展空间。

（四）情绪价值激发体验与传播

城市文旅空间依托城市原有空间进行更新，既要见"物"，更要见"人"。而基于人本尺度的"情绪"是空间感知的直接结果，并起到调节空间行为的重要作用。从五感出发，寄情于物，从细微体验出发，通过空间来表达感知，创造情感共鸣，可以看出消费者对于文旅空间的需求，正在指向"功能的满足"与"情绪的承载"。放大空间情绪价值乃至精神价值，激发消费者主动空间行为，主动去体验和传播空间感知，成为推动城市文化旅游创新发展和文旅消费新场景创新营造的新动力。

（五）运营前置增强品牌生命力

国内旅游在过去很长一段时间内，文旅项目都抱着"解决投资为目的、先上马再运营"的思路，导致有投资无运营、有实体无内容、有形象无内涵的华而不实的项目产生。在经历众多惨痛教训之后，文旅开发从运营后置或只是承担后期运维功能的 EPCO 模式，转向以运营结果数据需求前置来指导项目策划定位、业态内容规划、建设与施工的 OEPC 模式，"运营前置"逐步被纳入文旅项目研判中最重要的一环。通过运营前置确保项目落地，实现效益最大化，不断产生新的内容，维持市场的热度，打造爆款项目。

（六）轻资产实现"低成本"撬动"高转化"

"轻"资产模式已成为现今文旅时代发展的重要趋势，这一模式强调以轻投资、轻运营为主，更注重场地的灵活多变性和低投入的经营模式。"轻投"和"重盈"作为文旅项目的关键命题，逐渐成为文旅品牌发力的新赛道和文旅行业持续发展的基本共识。所谓"轻投"，即将各项建造成本压缩至最低，在保证舒适生活、完善服务外，提高资金利用率转化率，用最低成本，实现最高产出，基于市场需求偏好、依托本地优势资源、融入本土特色文化，打造最具价值的文旅项目。

二、创新路径

（一）文化创新赋能，提升产品内涵

一是塑造文化品牌形象。充分挖掘城市本地历史文化、非遗文化、民俗风情，推动传统文化的传承创新，打造具有地方文脉特质和时代

特色的文化创意品牌。二是营造文艺美学氛围。以在地文化、现代美学、科技创意等融入城市文旅产品的景观设计和空间营造中，创新文化表达方式，打造"因艺而动，向美而行"的城市文旅新产品。三是深化文旅融合创新发展。依托本地历史文化资源和特色民风民俗，将文化元素融入文旅产品的景观、场景、活动、营销和体验中，深化产品的文化内涵。

（二）业态提升优化，创造沉浸式独特体验

一是开拓文旅新业态。以城市文旅消费多元化的消费趋势为导向，丰富"食、住、行、游、购、娱"等主题业态，创新文化、娱乐、餐饮、演艺、文教培训、酒肆茶坊、潮玩游戏等体验式业态类型。二是推进现代科技、艺术和文化创意的植入水平。积极引入艺术、创意、科技等各种元素，打造具有独特魅力和吸引力的差异化消费场景，创造沉浸式的文旅消费体验。

（三）产业跨界融合，创新高品质文旅产品

一是创新探索"文旅+"和"+文旅"的产业融合发展模式。深入挖掘文旅产业与健康、科技、体育等其他相关产业的融合潜力，不断延伸文旅产业链，激发新动力、创造新价值、催生新业态、形成竞争新优势。二是持续推进文旅产品渐进式迭代创新。以游客消费需求趋势为导向，以文化、创意、科技等发展新要素为动力，持续推进产品迭代更新。三是加强创新科技应用，推进科技赋能产业融合。充分借助现代化科技创新的发展势头，推进5G文化旅游场景化创新发展和多产业的融合发展，创造内容丰富的极致体验新场景、新空间。

（四）优化公共设施配套，提升文旅服务能力

一是优化文旅服务设施配套。从游客消费体验的视角出发，强化

文旅公共服务配套，完善产品功能业态，满足游客一站式文旅体验需求。二是以高端化、品质化、多元化、特色化等为标准不断深化文旅产品供给体系的创新与完善，以精益求精的理念持续提升接待服务水平和产品供给质量，营造完善便利的消费体验环境。三是借助互联互通、高效智能的现代化科技手段，强化创新要素对运营管理、游客服务的提升作用。

（五）创新营销模式，扩展对外影响力

一是创新产品形象营销与展示渠道。在公共传统媒体营销的基础上，更要积极迎合自媒体时代流量传播规律和消费者获取信息的偏好，创新"线上＋线下""官方＋自媒体"的多元化营销渠道。二是创新营销推广形式。结合城市特色文化和品牌文化主题，不断创新推出具有话题性、文化性、趣味性的文化主题节庆或活动，通过"软活动"创造"大声量"，带来"大流量"，实现"转化量"。

（六）创新生活方式，构建主客共享新空间

一是推动文旅富民惠民，提高城市居民幸福感。延伸拓展文旅产品的城市公共文化服务功能，积极承担城市功能供给和群众文化普及活动，以创造城市美好生活为目标理念推进实施旅游惠民措施，让城市居民享受到真切实惠，激发群众文旅消费力、增强居民生活幸福感。二是融合城市与旅游功能，创新主客共享消费新空间。以美好生活新方式引领城市文旅产品的文化体验、休闲游憩、教育益智等休闲和旅游双重功能强化完善，不断创新推出居民乐于参与、游客沉浸其中的多元消费新业态、新产品。

（七）优化开发模式，实现产品可持续性

一是积极谋求产品开发与国家政策方针导向的匹配度，以确保产品

的可持续性，并有利于产品开发取得政策的专项支持。二是创新投资开发模式。摒弃传统文旅产业开发"大拆大建""好大喜功"式的粗放式投资开发模式，在科学研判市场规模和需求变化趋势、存量资源或业态产品现状、投资主体财务情况等的基础上，科学规划开发内容与投资分期，实现"集约共享""滚动开发"和"投收互哺"的投资模式。

三、"创新力"评价体系

基于城市文旅产品的创新路径总结，结合城市文旅的政策指引、市场投资目标、客群需求特征和城市文旅产品自身的属性特征，研究构建出包含文化吸引力、业态融合更新力、休闲风潮引领力、公共服务保障力、营销影响力、市民共享力和产品成长力 7 个一级指标和 24 个二级指标的"城市文旅产品创新力"评价体系（表 2-8）：

表 2-8 "城市文旅产品创新力"评价体系

一级指标	二级指标	三级指标
A 文化 吸引力	A1 在地特色文化挖掘深度	A11 专家学者对产品在地特色文化内涵的评价水平 A12 本地居民对产品在地特色文化内涵的评价水平 A13 游客对产品在地特色文化内涵的评价水平
	A2 在地特色文化和旅游的融合程度	A21 融入本地特色文化的数量 A22 在地特色文化和旅游融合成文旅创新业态的数量 A23 游客对产品文化体验性的评价水平
	A3 文艺美学氛围或场景的营造水平	A31 具有文艺或美学氛围的空间或场景数量 A32 游客对产品文艺感和美感的评价水平
	A4 特色文化品牌形象的塑造水平	A41 品牌形象对地方特色文化的应用水平 A42 品牌形象的独特程度 A43 游客对特色文化品牌形象的感知喜爱度

一级指标	二级指标	三级指标
B 业态融合 更新力	B1 业态丰富度	B11 业态的种类和数量
	B2 业态对城市原有资源的创新水平	B21 业态对城市原有资源的利用程度 B22 游客对利用原有资源所创新出的业态的评价水平
	B3 业态应用现代科技的水平	B31 业态所应用的现代科技的数量 B32 游客对业态科技体验感的评价水平
	B4 业态融合现代艺术或文化创意的水平	B41 业态融合的现代艺术或文化创意的数量 B42 游客对业态艺术感与创意性的评价水平
	B5 与市场需求的匹配度	B51 网络关注度 B52 游客好评率
C 休闲风潮 引领力	C1 产品知名度与影响力	C11 产品在各线上平台评分情况（与同类型产品对比是否具有优势） C12 产品辐射带动作用 C13 产品游客量规模 C14 产品客源市场范围（以周边省市为主或以全国及海外游客为主）
	C2 产品休闲旅游新"潮"向	C21 游客重游率 C22 游客平均游玩时长 C23 游客休闲娱乐花费成本 C24 游客"Z世代"客群占比 C25 产品是否形成网红打卡点 C26 产品是否形成 IP 具有一定粉丝吸引力
	C3 产品休闲体验价值评价	C31 产品悦耳悦目满足游客审美需求 C32 产品悦心悦意满足游客情绪需求 C33 产品悦志悦神满足游客精神需求
D 公共服务 保障力	D1 产品配套设施供给水平	D11 产品配套设施完善度（餐饮、住宿、娱乐等） D12 产品外部交通便捷性（是否临近公交站、地铁站） D13 产品内部停车场容量（是否满足停车需求大小） D14 产品整体环境设施品质（是否拥有较为整洁美观的环境景观）

一级指标	二级指标	三级指标
D 公共服务 保障力	D2 产品服务接待水平	D21 服务人员的素质水平 D22 服务人员的工作态度 D23 服务人员的工作效率（对游客需求的响应时间）
	D3 产品智慧化水平	D31 产品是否拥有智慧化服务平台（智能导览、票务系统、智慧停车等） D32 产品智慧化投资占总投资的比例 D33 游客对产品智慧化服务平台的使用率 D34 游客对产品智慧化服务平台的评价度 D35 智慧化对产品运营管理绩效水平提升度
	D4 产品对于城市公共服务的兼容度	D41 产品满足城市居民不同生活需求数量（商业、休闲、就业需求等） D42 城市居民对产品的访问度（出行次数）
E 营销 影响力	E1 产品宣传的内容水平	E11 产品宣传内容的传播度（点击率、转发率） E12 产品宣传内容主题突出度 E13 产品宣传内容丰富度
	E2 产品宣传的渠道多元化、精准化水平	E21 宣传渠道的数量 E22 宣传渠道与游客偏好匹配程度
	E3 产品宣传形式的多元化、特色化与精准化水平	E31 宣传形式的数量 E32 宣传形式体现特色的水平 E33 宣传形式与游客偏好匹配程度
F 市民 共享力	F1 市民文旅就业率	F11 产品可提供就业岗位数
	F2 市民满意度	F21 产品对市民文化生活的普惠度 F22 产品可提供的配套服务的均等度 F23 产品可提供的娱乐体验的丰富度
G 产品 成长力	G1 投资收益率	G11 产品投资收益率高低
	G2 产品与国家政策方针倡导方向的匹配度	G21 产品功能与政策的匹配度
	G3 产品升级与运营模式的可持续性	G31 盈利模式的多元化水平 G32 环境可持续保障度 G33 政策可持续支持度

第三章 陕西乡村旅游助推乡村振兴发展实践

第一节

乡村旅游助推乡村振兴发展背景

党的十九大提出乡村振兴战略，开启了新时代农业农村现代化的新征程。党的二十大报告提出，加快建设农业强国，扎实推动乡村产业、人才、文化、生态、组织振兴。文化和旅游部等六部门联合印发《关于推动文化产业赋能乡村振兴的意见》，提出以文化产业赋能乡村人文资源和自然资源保护利用，促进一、二、三产业融合发展，激发优秀传统乡土文化活力。2021 年 6 月，文化和旅游部印发《"十四五"文化和旅游发展规划》指出，要在美丽乡村建设中充分预留文化和旅游空间。2023 年，中共中央、国务院公布《关于做好 2023 年全面推进乡村振兴重点工作的意见》提出，做好 2023 年全面推进乡村振兴重点工作。2024 年，中共中央、国务院公开发布《关于学习运用"千村示范、万村整治"工程经验有力有效推进乡村全面振兴的意见》。在一系列政策的指引下，乡村旅游迈入融合发展的快车道，文化和旅游之花遍地绽放，成为乡村新的经济增长点。乡村旅游作为一种与农业融合、与农村共生、与农民相依的旅游形式，通过农文旅深度融合将乡村的生产生活场景转化为乡村振兴的新质资源，形成新质生产力，推动乡村旅游产品优化和消费升级，成为实现乡村振兴重要的引擎。

　　文化和旅游部数据显示，2019 年全国乡村旅游共接待游客人数 30.9 亿人次，占当年国内旅游总人数的 50% 以上，乡村旅游已然成为新时期国内旅游消费的"主阵地"。《2023—2024 年中国乡村旅游发展现状及旅游用户分析报告》显示，在消费升级带动下的城市微旅游市场迅速崛起等因素的驱动下，近两年 62.0% 的游客去乡村旅游 3~4 天，乡村旅游成为家庭、亲朋休闲度假和增强感情的新方式；47.7% 的游客选择自驾去城市近郊、省内乡村游玩。随着消费升级及个性化需求的增加，我国乡村旅游已从观光式旅游走上度假式深度体验游，其产品逐渐向多样化、融合化和个性化方向发展。特种兵式旅游、寺庙游、村 BA 村超、围炉煮茶、反向旅游，成为乡村旅游新的看点。情绪消费正在重塑乡村旅游新方式，乡村夜经济、沉浸式体验等新兴业态开启了乡村旅游新玩法，未来乡村旅游的高质量发展需要唤醒人与乡土的情感链接、重拾乡村记忆、凝结文化价值、重视场景体验、创新开发模式、形成创新产品从而满足新时期游客需求。

　　近年来，陕西省积极探索农文旅融合新路径，推动民宿资源与乡村特色文化相结合，构建民宿酒店集群。大力实施乡村休闲旅游精品工程，培育"休闲农业 +"多业态，推出春夏秋冬四季乡村休闲旅游行精品线路。深度挖掘和有效盘活乡土文化资源，成功打造了"袁家村——民俗旅游带动产业发展""汤峪村——以温泉沐浴文化产业带动城乡统筹发展""留坝县——民宿赋能乡村振兴""朱家湾村——'生态 + 文化'旅游并行"等多种乡村旅游发展典型模式，大力推广引领乡村旅游特色化发展。2022—2023 年，陕西省公布第一批、第二批共 113 个乡村振兴典型案例，从乡村旅游带动、文化产业赋能、非遗保护传承、公共文化助力多个类别发掘和总结全省各地推进乡村振兴的典型做法，为陕西省全面推进乡村振兴、谱写高质量发展新篇章的样板。2023 年，陕西乡村旅游产业实现营收 700 亿元。

　　然而，基于旅游市场的新需求、乡村旅游及乡村振兴的国家政策要求以及新质生产力的要求，乡村旅游亟待创新发展。本篇章着重分析陕西乡村旅游发展的历程、资源现状、特点，研究新时期的乡村旅游市场需求及政策导向，总结研究陕西省乡村旅游助推乡村振兴的典型发展模式，并在产品创新、文化传承、品牌营销、场景营造、人才培养、组织创新等方面探索乡村旅游助推乡村产业振兴路径，总结具有可推广可借鉴的发展思路，提供陕西乃至全国的乡村可落地操作的经验。

第二节

国内乡村旅游发展现状

一、政策解读

在乡村振兴战略背景下，乡村旅游政策进一步强调高质量发展。一系列新政策的核心内容在于深化乡村旅游内涵，通过"一、二、三产业融合""文化赋能""数字化转型"等措施，推动乡村旅游可持续发展。政策强调绿色发展、智慧化管理和文化生态融合，注重通过多领域的深度融合提升乡村旅游的整体竞争力和市场吸引力。乡村旅游逐渐成为推动乡村振兴和农业农村现代化的重要力量，在促进农村经济、社会、文化可持续发展的过程中发挥着不可替代的作用（表3-1）。

表3-1　2020年至今国家促进乡村旅游发展主要政策

发布时间	文件名称	发布机构	核心内容
2020年	《全国乡村产业发展规划（2020—2025年）》	农业农村部	以一、二、三产业融合发展为路径，通过建设"一村一品"示范村镇和提升现代农业产业园，大力发展乡村产业，为农业农村现代化和乡村全面振兴奠定坚实基础

续表

发布时间	文件名称	发布机构	核心内容
2021 年	《"十四五"全国农业绿色发展规划》	农业农村部、国家发展改革委、科技部、自然资源部、生态环境部、国家林草局	要求加强农业资源保护利用，提升可持续发展能力；加强农业面源污染防治，提升产地环境保护水平；加强农业生态环保修复，提升生态涵养功能；打造绿色低碳农业产业链，提升农业质量效益和竞争力；健全绿色技术创新体系，强化农业绿色发展科技支撑；健全体制机制，增强农业绿色发展动能
2022 年	《关于促进乡村民宿高质量发展的指导意见》	文化和旅游部、公安部、自然资源部、生态环境部、国家卫生健康委、应急部、市场监督管理总局、国家金融监督管理总局、国家文物局、国家乡村振兴局	提出到 2025 年，初步形成布局合理、规模适度、内涵丰富、特色鲜明、服务优质的乡村民宿发展格局，需求牵引供给、供给创造需求的平衡态势更为明显，更好地满足多层次、个性化、品质化的大众旅游消费需求，乡村民宿产品和服务质量、发展效益、带动作用全面提升，成为旅游业高质量发展和助力全面推进乡村振兴的标志性产品
2022 年	《数字乡村发展行动计划（2022—2025 年）》	中央网信办、农业农村部	推进乡村旅游智慧化发展，打造一批设施完备、功能多样、智慧便捷的休闲观光园区、乡村民宿、森林人家和康养基地，线上推荐一批乡村旅游精品景点线路。推进创意农业、认养农业、健康养生等基于互联网的新业态发展，探索共享农场、云农场等网络经营新模式
2022 年	《户外运动产业发展规划（2022—2025 年）》	体育总局、国家发展改革委、工业和信息化部、自然资源部、住建部、文化和旅游部、国家林草局、国铁集团	推动户外运动与现代农业深度融合，巩固拓展体育扶贫成果同乡村振兴有效衔接，大力发展生态户外运动、绿色户外运动、低碳户外运动。推进户外运动消费场景与乡村旅游、休闲农业等融合，转化绿水青山生态价值

续表

发布时间	文件名称	发布机构	核心内容
2022 年	《关于推动文化产业赋能乡村振兴的意见》	文化和旅游部、教育部、自然资源部、农业农村部、国家乡村振兴局、国家开发银行	通过文旅融合赋能，提出推动相关文化业态与乡村旅游深度融合，促进文化消费与旅游消费有机结合，培育文旅融合新业态新模式。在具体举措上，提出实施乡村旅游艺术提升行动，培育乡村非物质文化遗产旅游体验基地，依托"中国民间文化艺术之乡"发展民间文化艺术研学游、体验游，支持有条件的中国重要农业文化遗产地建设农耕文化体验场所，全面推进"创意下乡"等
2022 年	《关于推动露营旅游休闲健康有序发展的指导意见》	文化和旅游部、中央文明办、国家发展改革委、工业和信息化部、公安部、自然资源部、生态环境部、住建部、农业农村部、应急部、市场监督管理总局、体育总局、国家林草局、国家乡村振兴局	鼓励有条件的旅游景区、旅游度假区、乡村旅游点、环城游憩带、郊野公园、体育公园等，在符合相关规定的前提下，划出露营休闲功能区，提供露营服务。鼓励城市公园利用空闲地、草坪区或林下空间划定非住宿帐篷区域，供群众休闲活动使用
2023 年	《国内旅游提升计划（2023—2025 年）》	文化和旅游部	打造优质旅游目的地，开展文化产业赋能乡村振兴试点，推动提升乡村旅游运营水平。推出一批全国乡村旅游重点村镇、乡村旅游集聚区、国际乡村旅游目的地
2024 年	《关于推进旅游公共服务高质量发展的指导意见》	文化和旅游部、国家发展改革委、财政部、自然资源部、住建部、交通运输部、农业农村部、应急部、国家消防救援局	加强乡村旅游重点村镇、美丽休闲乡村等旅游交通基础设施建设。制定实施城市旅游公共服务、乡村旅游公共服务标准，引导全国重点旅游城市、全国乡村旅游重点村镇贯彻落实标准要求，充分发挥其引领和带动作用，为推进旅游公共服务高质量发展提供实践示范和制度建设经验

二、市场概况

经历三年疫情影响之后，中国乡村旅游市场在 2023 年重新回归高速增长。根据 Fastdata 极数发布的《中国乡村旅游发展白皮书 2024》，2023 年全国乡村旅游接待游客人数超过 32 亿人次，乡村旅游市场规模增长至 9079 亿元，复苏势头强劲。春节、端午、五一、中秋和国庆五大节假日期间乡村旅游总量同比增长 162%，比 2019 年也实现了近 1 倍的提升。前瞻产业研究院数据显示，预计 2025 年中国休闲农业和乡村旅游营业收入将突破 1.2 万亿元，2020—2025 年的年复合增长率为 14.87%。

图 3-1　2012-2022 年中国乡村旅游收入统计图

三、发展趋势

（一）价值共鸣，客流捕获

疫情之后人们更加珍惜生命，渴望回归自然与自由，激发了人们的乡愁情感，从而推动乡村旅游的发展。乡村旅游的独特价值在于保留乡土味、乡情味和乡愁味，留住乡村记忆。未来，乡村旅游将向微度假模式演进，为更年轻的消费者创造多元化的消费场景。另外，场景价值有赖于文化场景的营造。例如，"村超""村 BA"以及"乡村 +IP 赛事"等活动成为凝聚力量、传递乡土情怀的平台。同样，乡村"大席"与"乡村 + 美食"结合，展现了乡村味道与乡情。此外，乡村宿集通过融合美学、文化与休闲功能，从多个维度重新塑造历史文化和人文景观，并与乡村经济紧密联系。建筑场景则兼顾传统建造体系与现代舒适居住，为游客和村民提供数字场景贯穿乡村场景，将互联网、人工智能与 5G 技术有机结合，"数智化"成为发展方向。文化场景作为乡村存在与延续的精神核心，体现了村民长期形成的共同认知与社会意识。最后，公共价值的提升能够满足游客和村民的主客共享。生态场景强调人与自然的和谐共生，突出"生态化"特征。乡村旅游服务的构建需要完善的交通设施，包括村庄内部道路、停车场、服务驿站和风景道等，还需提升乡村接待设施、环卫设施、信息服务设施。

（二）因地制宜，模式搭建

整村景区式开发是一种创新模式，兼具保护与发展，通过整合村落的历史文化资源与现代旅游需求，实现了古村落的整体保护与可持续发展。首先，通过"新村换古村""新房换古宅""腾笼换鸟"等策略，既解决了村落的核心产权问题，保护了古村落的完整性和文化氛围，又改善了村民的生活条件，引入了新的产业和经济模式。其次，乡村民宿及营地微度假模式已成为现代乡村旅游发展的核心支点，不仅吸引游客，更提升了整体旅游营收。相比传统的住宿服务，现代乡村民宿通过整合丰富的乡村生活与文化元素，逐步演变为游客体验乡村生活的窗口与平台。最后，针灸式开发模式尤其适用于资金有限，但文化和生态资源丰富的乡村地区。该模式精准契合村落肌理与地形特征，在保护传统风貌的同时，促进了传统文化的复兴与生态环境的整治。

（三）文化赋能，品牌增值

乡村文化 IP 的运用已成为提升农产品价值的重要手段。通过挖掘地方独特的历史文化、民俗传统与自然景观，将其融入品牌建设、包装设计和市场推广中，形成具有鲜明地域特色的文化 IP，使农产品在同质化竞争中脱颖而出，增强消费者的文化认同感和品牌认可度。保护和传承乡村非遗资源对实现乡村振兴至关重要。例如，四川成都崇州市道明镇竹艺村，依托其"农耕、非遗竹编及民俗"等本土文化基底，拓展川西林盘传统文化，打造道明非遗竹编产业品牌。通过以"竹"为核心的融制作、加工、展销、教学及体验等为一体流程的产业运作模式，为产业提升赋能，实现传统非遗华丽转身，让游客对竹编文化重新产生新的文化认同感，促使竹编价值最大化。安康的富硒茶文化通过现代包装和市场推广，打造出独具特色的品牌；榆林的乡村皮影戏则通过游客参与体验的方式，增强了非遗文化的互动性和吸引力。乡村非遗旅游正朝着非遗 + 文创、非遗 + 研学、非遗 + 演艺、非遗 + 民宿、非遗 + 科技等多元化融合模式发展，促生了乡村经济的多样化。

（四）场景营造，氛围提升

村落空间不仅承载着村民的共同生活记忆，还是实现乡村振兴的重要载体。在规划设计中，通常以山水林田的整体格局为基础，合理布局公共空间，如戏台、红色历史建筑、广场等标志性场所，街巷则延续了传统风貌。村口、街道、井边、树下等日常生活社交的开放空间，通过与街巷灵活结合，虚实相济，成为村民集会、活动、交流和作物晾晒的重要场所。这种空间结构的优化，不仅满足了现代游客的多样化需求，还保留了乡村的原始风貌和文化特色，推动了乡村旅游与经济的协调发展。新技术新科技也在不断为乡村建设的空间场景营造赋能，绿色建材、节能保温材料和装配式工艺材料的运用、本土材料和废弃建材的利用，数字建造设计等都为乡村建设提供了更多可能。例如，四川竹艺村的建设，整体以本土毛竹、粗石等材料体现原生态场景，数字化设计的竹里建筑创新了乡村建设模式，其变换的光影将建筑与周围树林、青山、田野融为一体。

（五）运营前置，创新营销

运营前置要求将营销和运营融入项目的每一个环节，从初期的市场调研、品牌定位，到产品设计、游客体验，再到后期的市场推广和渠道管理，形成一个完整的闭环。例如，袁家村在开发之初，就已经明确了"关中风情"这一品牌定位，并围绕这一核心开展了一系列的旅游产品开发和市场推广。通过在早期阶段就注重品牌的打造和市场布局，袁家村得以在短时间内从一个普通村落转型为一个知名的乡村旅游目的地，2023 年接待游客量达到 800 万人次。建设乡村旅游智慧平台，构建乡村大数据中心和乡村旅游服务平台，包括村务管理、旅游运营管理、文创产品线上展销、住宿餐饮预订、宣传展示推广等板块，实现对多个智慧乡村业态应用。例如，飞猪联合阿里公益推出"益起寻美数字攻略"落地佛坪，成为陕西首个县域乡村旅游"数字攻略"，整合了县域的特色农文旅资源、游玩打卡攻略、旅游商品和定制化互动小游戏等功能成为一站式的文旅服务平台。

第三节

陕西乡村旅游发展现状

一、现状概况

陕西省地处中国内陆腹地，黄河中游。截至 2023 年 6 月，陕西省下辖 10 个地级市，31 个市辖区、7 个县级市、69 个县、16301 个行政村。全省土地面积 20.56 万平方公里，常住人口 3952.9 万人，其中乡村人口 1377 万，占常住人口 34.84%。陕西省现有耕地面积 29343.4 平方公里，农业资源丰富多样，特色产业优势突出，农业科技力量雄厚，是现代农业科技和对外开放的优势区、新时代西部大开发的桥头堡和"一带一路"的重要节点。

陕西省地形南北狭长，纵跨北亚热带、暖温带、中温带三个气候区，地貌类型极为丰富，分为黄土高原区、关中平原区、秦巴山区三大自然地理区域。这些不同的地貌特征不仅塑造了陕西独特的自然景观，而且对乡村聚落的分布和农业活动的开展产生了深远的影响。陕西省以农村居民和农业生产为核心，孕育了丰富多彩的民俗文化、民间艺术、传统村落建筑以及非物质文化遗产等，这些都为当地乡村旅游的发展提供了得天独厚的自然环境和社会文化基础。

二、发展历程

（一）起步阶段（1982—2006 年）

1982 年中共中央发布一号文件，推动了中国农村的改革发展，陕西地区积极响应中央号召，开始重视农业农村建设工作。这一时期，陕西省的乡村旅游开始萌芽，在政府主导和政策支持下，以简单的农家乐形式出现。农民利用自家的庭院和空闲房屋，为游客提供基本的食宿服务，多集中在一些风景名胜区周边或城市近郊区，游客主要为城市居民，他们渴望体验乡村的自然风光和田园生活，由此形成了一批以长安区上王村、宝鸡岐山北郭村为代表的旅游村。游客可以在农户家中体验农耕生活，品尝地道的农家菜，感受乡村的宁静与和谐。随着国家对乡村旅游的重视程度提高，陕西省也加大了对乡村旅游的投入，逐步改善交通、住宿和卫生等基础设施，提升了乡村旅游的整体服务水平。

（二）探索阶段（2007—2015 年）

2007 年开始，袁家村通过发展乡村旅游，探索出了一条乡村振兴的新路子，逐渐成为全省乃至全国最受欢迎的乡村旅游目的地，陕西省的乡村旅游步入了探索与创新的全新阶段。这一时期，城乡居民生活水平的不断提高和旅游消费观念的转变，使人们对乡村旅游的需求日益增长，乡村旅游不再仅仅局限于简单的农家乐模式，而是开始向多元化、精品化方向转型，逐步形成青木川、马嵬驿、留坝、大荔县等融合类、综合体类的全产业链乡村旅游产品。政府和相关机构开始重视乡村旅游的发展，出台了一系列扶持政策和规划，基础设施得到了明显改善，服务质量也有所提升，游客不再仅仅满足于简单的食宿，而是更加注重旅游的体验和品质。同时，陕西省政府进一步加大了对乡村旅游的支持力度，通过制定一系列标准和规范，引导乡村旅游企业提升服务质量，推动了乡村旅游的规范化、品牌化和市场化发展。

（三）发展阶段（2016年至今）

2016年，陕西省推出乡村旅游十百千品牌，极大地提升了陕西乡村旅游的影响力。2018年以后，随着乡村振兴战略的实施，乡村旅游得到了更多的政策支持和资金投入，陕西省乡村旅游的发展步伐进一步加快，呈现出多元化、特色化、高端化的新趋势。在这一阶段，陕西乡村旅游不再仅仅追求数量的扩张，而是更加注重品质的提升与品牌的塑造，乡村旅游产品开始向深度体验和主题化方向发展，微度假成为乡村旅游的主流。涌现出一批以休闲度假、精品民宿、康复疗养、创作基地等为代表的新型乡村旅游产品，如长安唐村、朱家湾村、营盘村等代表。

三、政策解读

随着乡村振兴战略的深入推进，陕西省在乡村旅游领域不断发力，政策支持和引导力度持续加大。2018—2020年，陕西省政府相继出台了一系列政策文件，聚焦于"休闲农业"发展及农家乐（民宿）的规范工作，提出实施休闲农业和乡村旅游精品工程、打造乡村旅游品牌、改善基础设施和旅游环境、助力乡村振兴实现脱贫等重点任务。进入"十四五"时期，受疫情影响，在国内经济大循环的背景下，文旅市场表现出新的热点趋势，与乡村旅游的融合不断深入。陕西继续深化乡村旅游供给侧结构性改革，推动乡村旅游多样化发展，陕西省文化和旅游厅联合各部门发布了《陕西省打造万亿级文化旅游产业实施意见（2021—2025年）》《关于加快文旅产业发展的若干措施》等政策文件，积极探索"农文旅"融合发展新模式，推动和引导乡村旅游+度假、文创、非遗、研学、康养、体育、民宿、节庆等融合发展，构建具有地方特色的乡村旅游产业体系（表3-2）。

表 3-2　2018—2024 年陕西省促进乡村旅游发展主要政策

时间	文件名称	发布机构	核心内容
2018 年	《关于实施乡村振兴战略的实施意见》	中共陕西省委、陕西省人民政府	实施休闲农业和乡村旅游精品工程，打造一批田园观光类、民俗风情类、农业体验类、民宿度假类等特色鲜明的旅游名村和主题。陕西省地处中国内陆腹地，黄河中游。截至 2023 年 6 月，陕西省下辖 10 个地级市、31 个市辖区、7 个县级市、69 个县、16301 个行政村。全省土地面积 20.56 万平方公里，常住人口 3952.9 万人，其中乡村人口 1377 万，占常住人口 34.84%。陕西省现有耕地面积 29343.4 平方公里，农业资源丰富多样，特色产业优势突出，农业科技力量雄厚，是现代农业科技和对外开放的优势区、新时代西部大开发的桥头堡和"一带一路"的重要节点
2018 年	《关于发展乡村旅游促进乡村振兴的实施意见》	陕西省旅游发展委员会	明确了全省乡村旅游六大板块重点工作，包括转变乡村旅游发展方式、推动乡村旅游特色化发展、提高乡村旅游供给质量、推动乡村旅游品质化发展、改善基础设施和旅游环境、实施乡村旅游扶贫工程
2018 年	《关于开展休闲农业和乡村旅游升级行动的实施意见》	陕西省农业农村厅	到 2020 年，全省休闲农业和乡村旅游产业规模将进一步扩大，年接待人数超过 1.5 亿人次，营业收入超过 150 亿元，从业农民收入较快增长，形成布局合理、类型多样、功能完善的产业格局
2018 年	《关于规范秦岭地区农家乐（民宿）发展的指导意见》	陕西省旅游发展委员会	提出了陕西省秦岭地区农家乐（民宿）发展的总体要求、基本原则和重点任务，推动秦岭生态环境保护与乡村旅游的和谐发展
2019 年	《关于促进乡村产业振兴的实施意见》	陕西省人民政府	实施休闲农业和乡村旅游精品工程，创建一批全国休闲农业示范县、中国美丽休闲乡村，建设一批农村特色产业小镇和乡村旅游重点村，打造一批休闲农业观光园区、乡村民宿、森林人家和康养基地，推动乡村休闲旅游业快速发展

续表

时间	文件名称	发布机构	核心内容
2021年	《陕西省"十四五"文化和旅游发展规划》	陕西省文化和旅游厅、陕西省发展和改革委员会	深化农文旅融合助推乡村振兴。推出一批乡村旅游重点村和精品线路。完善乡村旅游服务标准体系；规范发展乡村民宿。探索乡村旅游＋度假、文创、非遗、研学、康养、节庆等多种发展模式。建设100个乡村旅游示范村、30个旅游名镇
2022年	《陕西省打造万亿级文化旅游产业实施意见》	中共陕西省委宣传部、陕西省文化和旅游厅	创建10个省级文化旅游名县、40个全域旅游示范区、100个乡村旅游示范村。发展特色民宿、农家乐、休闲农庄等乡村旅游集群。培育一批文化旅游产业助力乡村振兴示范点
2022年	《关于开展推荐"十四五"期间乡村体育旅游示范村工作的通知》	陕西省体育局、陕西省文化和旅游厅、陕西省农业农村厅、陕西省乡村振兴局	在陕西省范围内积极探索建设适当规模的乡村体育旅游综合体，培育乡村文化、民风民俗、体育休闲、赛事旅游、原生态体验的聚集区，支持设立体育文化旅游乡村振兴典型，发展壮大"体育＋""旅游＋"特色产业
2023年	《关于加快文旅产业发展若干措施》	陕西省人民政府办公厅	迭代升级乡村旅游标准。培育打造特色旅游民宿集群。鼓励丰富景观农业、农耕体验、休闲渔业、户外运动等业态。到2026年省级旅游特色名镇总数不低于200个、省级乡村旅游示范村总数不低于350个
2024年	《关于学习运用"千村示范、万村整治"工程经验有力有效推进乡村全面振兴的实施意见》	中共陕西省委、陕西省人民政府	加快构建农文旅融合的现代乡村产业体系；开展文化产业赋能乡村振兴试点工作。创新举办特色鲜明、乡土气息浓厚的赛事活动。创建一批乡村旅游、休闲农业、森林旅游示范单位，打造乡村四季旅游精品线路。推动乡村民宿规范发展

四、市场情况

（一）游客接待量与旅游收入稳步增长

陕西省乡村旅游市场表现出显著的稳定性与吸引力，游客接待人数和旅游收入均呈现持续增长的态势。尽管疫情对旅游业造成冲击，乡村旅游由于独特的自然环境和相对较低的游客密度吸引了不少游客。2021年乡村旅游接待人数 2.26 亿人次，占当年全省旅游接待人数的 57.82%，实现旅游收入 718.27 亿元，占当年全省旅游收入的 20.92%。2022 年，游客接待人数进一步增加至 2.33 亿人次，乡村旅游收入则达到 1077.91 亿元。到 2023 年，乡村旅游接待人数大幅增长至 2.88 亿人次，占全省旅游接待总人数的 40.23%，同比增长 23.61%，旅游收入也提升至 1492.11 亿元，同比增长 38.43%。这些数据充分表明，陕西省乡村旅游市场在疫情后的强劲复苏力和市场占有力以及其在疫情后的广阔发展前景和经济增长潜力（图 3-2，图 3-3）。

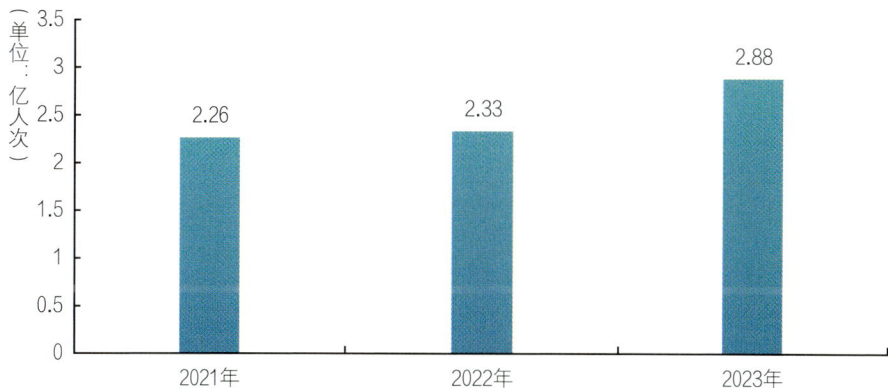

图 3-2　2021-2023 年陕西省乡村接待人数统计图

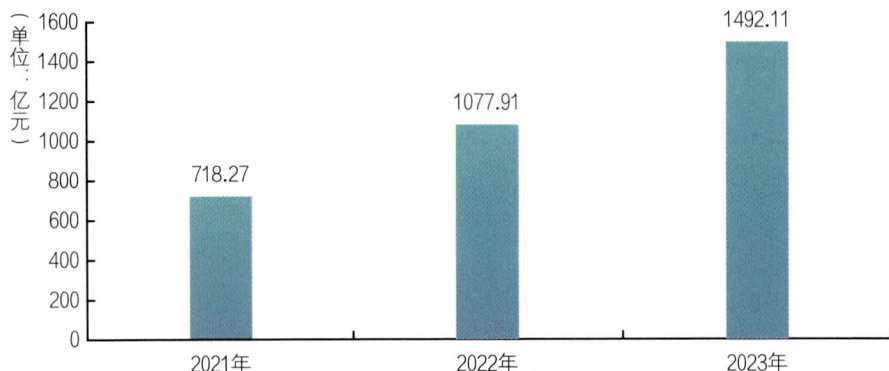

图 3-3　2021-2023 年陕西省乡村旅游收入统计图

（二）人均消费提升凸显市场活力与消费行为变化

2020 年至 2021 年，受疫情影响，陕西乡村旅游游客人均消费水平较低，2021 年人均消费仅 318.10 元。2022 年，游客人均消费水平增加至 461.71 元，这反映出游客在住宿、餐饮及乡村特色体验项目上的消费不断增长。2023 年，游客人均消费水平出现明显的回升趋势，达到 518.04 元。随着乡村旅游产品的不断丰富和服务质量的提升，游客消费水平将继续增长，进一步推动乡村旅游市场的发展（图 3-4）。

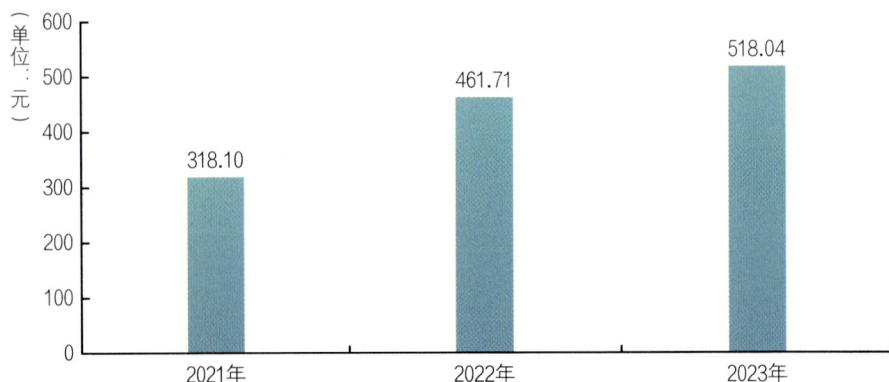

图 3-4　2021-2023 年陕西省乡村旅游人均消费统计图

（三）乡村旅游向深度体验游转变

基于市场观察与分析，陕西乡村旅游市场呈现以下动向：从游客来源看，来自省外的游客占比逐年上升。从出游天数来看，游客的整体出游意愿普遍增强，反映在单次乡村旅游行程的平均停留天数较往年有显著延长。在消费结构方面，餐饮、住宿和购物仍是主要的消费项目，然而，相比于餐饮与购物支出，住宿支出和文化体验活动相关的消费则呈现逐年增长趋势。这表明，游客在乡村旅游时不仅享受当地的特色美食，更关注于住宿、文化感知等深度体验。

（四）自然风光、民俗文化、美食体验成为主要出游动因

近年来，陕西乡村旅游吸引了大量游客，主要旅游目的为游览独特的山水风光、感受当地民俗文化和品尝地方美食。携程数据显示，300 公里都市圈乡村美食最为热门，陕西、云南、四川、河南、贵州成为最受欢迎的 TOP5 乡村美食游目的地。随着城市化进程加快、生活压力增加，越来越多的游客希望通过乡村旅游放松身心、亲近自然，这使得依托自然山水景观的乡村旅游点在疫情后实现了显著增长。陕西省丰富的文化底蕴、民俗风情和红色旅游资源也为游客提供了多样化的文化体验，进一步增强了乡村旅游的吸引力。

五、发展特点

（一）数量特征

截至 2023 年 12 月，陕西省已成功创建全国乡村旅游重点镇 6 个（表3-5）、全国乡村旅游重点村 46 个（表 3-6），省级乡村旅游示范村 264

个，省级旅游特色名镇 165 个、中国美丽休闲乡村 64 个、国家传统村落 179 个，4 个案例入选文化和旅游部"全国乡村旅游扶贫示范案例"，《陕西旅游集团："山花工程后备箱行动"打造旅游扶贫"陕旅样本"》《汉中市佛坪县：以全域旅游发展为引领，创新秦巴山区旅游增收致富新模式》等 8 个案例入选世界旅游联盟"旅游助力乡村振兴"案例（表 3-7），柞水县朱家湾村荣获联合国世界旅游组织"最佳旅游乡村"，向世界展示陕西乡村旅游赋能乡村振兴成功经验和模式。

1. 全国乡村旅游重点镇（陕西省）

表 3-3　第 1—4 批全国乡村旅游重点镇（陕西省）

序号	名称	批次
1	安康市石泉县后柳镇	第一批
2	商洛市商南县金丝峡镇	第一批
3	咸阳市礼泉县烟霞镇	第一批
4	汉中市留坝县火烧店镇堰坎村	第四批
5	商洛市柞水县营盘镇朱家湾村	第四批
6	延安市宝塔区万花山镇	第四批

2. 全国乡村旅游重点村（陕西省）

表 3-4　第 1—4 批全国乡村旅游重点村（陕西省）

序号	名称	核心功能	旅游产品/特色	批次
1	咸阳市礼泉县烟霞镇袁家村	关中民俗体验	关中民俗文化、特色餐饮、农副产品销售	第一批
2	商洛市商南县金丝峡镇太子坪村	生态度假	特色养殖冷水鱼、丹江漂流、特色农庄	第一批

序号	名称	核心功能	旅游产品/特色	批次
3	商洛市柞水县营盘镇朱家湾村	生态度假	高端民宿、生态度假、特色农庄	第一批
4	榆林市佳县坑镇赤牛坬村	陕北民俗体验	黄土高原乡愁文化、民俗博物馆、生态实景演出	第一批
5	铜川市耀州区石柱镇马咀村	特色农业	特色农业采摘、摄影婚庆产业、亲子旅游基地	第一批
6	渭南市白水县杜康镇和家卓村	特色农业	花卉种植与销售	第一批
7	汉中市留坝县火烧店镇堰坎村	特色农业	特色种养业、农耕文化展示、餐饮民宿	第一批
8	安康市石泉县饶峰镇胜利村	休闲农业	田园观光、农家休闲、生态体验、健康养生	第一批
9	宝鸡市太白县黄柏塬镇黄柏塬村	生态观光	秦岭生态景观	第一批
10	韩城市西庄镇党家村	古村落观光	古民居建筑群游览、家训文化	第一批
11	安康市岚皋县四季镇天坪村	休闲度假	"巴山样子·杨家院子"农家乐品牌	第一批
12	西安市长安区王曲街道南堡寨村	民俗文化体验	唐文化、长安桂花球米、城隍祈福文化	第二批
13	宝鸡市眉县汤峪镇汤峪村	温泉度假	温泉酒店及度假村、关中农家生活体验	第二批
14	延安市延川县文安驿镇梁家河村	红色文化体验	知青文化、党建研学、窑洞民宿	第二批
15	咸阳市泾阳县安吴镇龙源村	休闲农业	龙泉公社、特色农产品种植	第二批
16	安康市石泉县后柳镇中坝村	非遗文化体验	陕南民间非遗工艺打造的72家不同业态手工作坊	第二批

续表

序号	名称	核心功能	旅游产品/特色	批次
17	商洛市丹凤县棣花镇棣花社区	古镇体验	商於古道文化、贾平凹文学艺术、养老+农事+康养	第二批
18	铜川市印台区金锁关镇何家坊村	休闲度假	金锁关石林景区、金锁关石林民俗文化街	第二批
19	渭南市潼关县太要镇秦王寨社区	古遗迹观光	生态玫瑰园、秦王古寨、马趵神泉等文化遗迹	第二批
20	渭南市临渭区桥南镇天刘村	生态度假	天留山森林公园、特色乡村旅游、航天测控装备博物馆	第二批
21	咸阳市旬邑县张洪镇西头村	特色农业	苹果种植、民宿度假、亲子娱乐	第二批
22	汉中市佛坪县长角坝镇沙窝村	红色文化体验	茱萸园、红军旧址	第二批
23	汉中市汉台区河东店镇花果村	休闲农业	桃花和油菜花观光园、采摘园、农家乐	第二批
24	安康市宁陕县筒车湾镇七里村	生态度假	生态观光民宿、高品质农家乐、高端民宿	第二批
25	铜川市宜君县哭泉镇淌泥河村	休闲农业	孟姜女文化、旱作梯田农业景观	第二批
26	宝鸡市凤县红花铺镇永生村	养生度假	岭南长寿街、长桥水街、刘家河福文化观光示范园	第二批
27	渭南市华阴市孟塬镇司家村	非遗文化体验	司家秋千会、庙会文化	第二批
28	汉中市勉县勉阳街道天荡山社区	休闲农业	农家乐、林果产业	第二批
29	商洛市洛南县四皓街道南沟社区	艺术乡村	中国·洛南音乐小镇、万亩万寿菊花海、艺术家公社	第二批
30	杨凌示范区杨陵区五泉镇王上村	休闲农业	隋文化主题公园、精品民宿、猕猴桃产业	第二批

续表

序号	名称	核心功能	旅游产品／特色	批次
31	渭南市华阴市华山镇仙峪口村	休闲度假	农家乐、民宿客栈、生态景观	第二批
32	榆林市绥德县满堂川镇郭家沟村	古村落观光	陕北窑洞建筑群、美术写生及影视拍摄基地	第二批
33	韩城市板桥镇王村	休闲农业	千年核桃树、影视基地	第二批
34	商洛市柞水县小岭镇金米村	特色农业	木耳深加工、农副产品销售	第二批
35	西安市鄠邑区石井街道蔡家坡村	艺术乡村	葡萄采摘观光、关中忙罢艺术节、艺术家工作室	第三批
36	宝鸡市金台区金河镇周家庄村	红色文化体验	知青文化体验、原生态种植养殖、传统民俗作坊	第三批
37	渭南市合阳县黑池镇南社社区	非遗文化体验	南社秋千体验	第三批
38	汉中市南郑区汉山街道汉山村	特色农业	农业种植采摘、农业创客孵化中心（农产品伴手礼销售）	第三批
39	商洛市山阳县法官镇法官庙村	特色农业	梯田有机茶园、"莲藕＋小龙虾"生态套养基地	第三批
40	延安市宝塔区万花山镇佛道坪村	休闲度假	农家乐、窑洞民居、农业种植	第三批
41	榆林市榆阳区古塔镇赵家峁村	休闲度假	王震将军故居、知青窑洞、主题休闲度假区	第四批
42	汉中市留坝县留侯镇营盘村	生态度假	精品民宿和农家乐、中药材种植、足球／滑雪基地	第四批
43	西安市蓝田县汤峪镇塘子村	休闲度假	温泉度假、酒店会务、生态旅游	第四批
44	安康市旬阳市仁河口镇水泉坪村	休闲农业	千亩油菜花海、十里稻花飘香	第四批

序号	名称	核心功能	旅游产品/特色	批次
45	铜川市王益区黄堡镇孟姜塬村	特色农业	秦人村落、姜女爱情文化、鲜桃特色产业	第四批
46	宝鸡市凤县双石铺镇兴隆场村	特色农业	休闲采摘观光、林麝养殖基地、户外露营地	第四批

3. 世界旅游联盟"旅游助力乡村振兴"陕西案例

表 3-5　世界旅游联盟"旅游助力乡村振兴"陕西案例

序号	案例名称	创新做法
1	陕西留坝：探索乡村旅游开发扶贫新路子	把全县作为一个大景区，用全域旅游的理念规划，确立"四养一林一旅游"产业扶贫思路，探索建立"景区景点带动，乡村旅游拉动，旅游商品推动"三大扶贫模式
2	中坝作坊小镇："作坊小镇项目"实现旅游减贫	"立足非遗，文旅融合，共促共建"的发展思路，精心打造非遗IP，建设"72行"传统行业为核心的农耕文化体验项目
3	袁家村：关中印象体验地国家4A级旅游景区助力乡村振兴	以关中民俗文化为主题，创立旅游品牌，通过三产带二产促一产，打造业态丰富、产业兴旺、村景一体的关中印象体验地
4	兴隆场村：三个强化、接续发展，聚力打造宜居宜游的山水田园休闲旅游度假村	强化高目标引领、基础设施建设、旅游品质提升，通过发展田园风光、农事体验、科普教育等旅游品牌促进乡村产业和文化旅游融合发展
5	陕西旅游集团："山花工程后备箱行动"打造旅游扶贫"陕旅样本"	以车队自驾游的形式带领游客感受乡村文化，通过采摘、品鉴、购买原产地产品，使产品从农户地里直达游客手中，助力贫困地区农产品打通销售"最后一公里"

续表

序号	案例名称	创新做法
6	南堡寨村：长安唐村项目的探索与实践	基于对"空心村"的改造和利用，通过实施美丽乡村改造、基础设施建设、生态环境修复、农业产业升级、一二三产融合、传统文化复兴等系统工程带动南堡寨村及附近连片区域村镇综合治理与产业发展
7	白马滩镇：研学旅游激活乡村经济	以"康养度假　科普研学"为主线，坚持"研学兴村、科技兴农"，探索"研学＋民宿""研学＋乡村旅游""研学＋露营"等新兴研学旅游发展模式
8	汉中市佛坪县：以全域旅游发展为引领，创新秦巴山区旅游增收致富新模式	锚定国家全域旅游示范区创建目标，坚持"生态立县、林药兴县、旅游强县"发展战略，借助"山茱萸＋大熊猫"等资源优势，大力推进民宿集群式发展

（二）资源评价

陕西省是旅游资源大省，在全国旅游格局中占据重要地位。依托陕西省丰厚的历史文化资源、壮美的自然景观、富有特色又极具生命力的人文资源，陕西乡村旅游具有得天独厚的发展优势。本章根据陕西省乡村旅游资源属性和特征，以陕西省现有的46个全国乡村旅游重点村为例（图3-5），结合乡村建筑、人文、民俗、产业、自然等资源单体差异，借鉴胡粉宁等《陕西省乡村旅游资源分类体系与评价》研究结果，将陕西乡村旅游资源分为民俗文化类、休闲度假类、传统村落类、自然景观类、特色聚落类、红色旅游类、产业科技类和休闲农业类，共8种类型（图3-6）。

内蒙古自治区

榆林市
⊙
🔴 赵家峁村

🔴 赤牛坬村

🔴 郭家沟村

宁夏回族自治区

山西省

🔴 梁家河村

延安市
佛道坪村 🔴 ⊙ ☆万花山镇

甘肃省

党家村
淌泥河村 和家卓村 🔴
何家坊村 🔴 🔴 王村
西头村 🔴 🔴 马咀村 🔴 孟姜塬村 🔴 南社社区
🔴 铜川市 ⊙
龙源村 🔴 仿车村 🔴
周家庄村 🔴 袁家村 🔴 渭南市 ⊙ 🔴 司家村
宝鸡市 ⊙ ☆烟霞镇 🔴 秦王寨社区
永生村 🔴 王上村 🔴 咸阳市 ⊙ 西安市 ⊙ 🔴 天留村
兴隆场村 🔴 汤峪村 🔴 南堡寨村 🔴 塘子村 🔴 南沟社区 🔴
黄柏塬村 🔴 蔡家坡村 🔴 朱家湾村 🔴 商洛市 ⊙ 棣花社区 🔴
营盘村 🔴 沙窝村 🔴 ☆营盘镇
天星亮村 🔴 ☆火烧店镇 七里村 🔴 金米村 🔴 金丝峡镇 ☆ 太子坪村 🔴
天荡山社区 🔴 花果村 🔴 胜利村 🔴 水泉坪村 🔴
汉中市 ⊙
汉山村 🔴 ☆后柳镇

河南省

安康市 ⊙ 🔴 中坝村 湖北省

四川省 🔴 天坪村

重庆市

图 例

☆ 全国乡村旅游重点镇

🔴 全国乡村旅游重点村

图 3-5 陕西乡村旅游重点村镇分布图

图 3-6　陕西乡村旅游各类型资源分布图

1. 乡村人文资源类型多样，地域特色鲜明

陕西历史悠久，文化资源底蕴丰厚，乡土文化受多因素影响，整体特征表现为多元交融与兼容并蓄的特色，呈现出鲜明的地域差异性。如关中平原的传统民居和农耕文化、陕北高原的黄土风情和红色文化、陕南的巴蜀文化与山水田园等。陕西省乡村人文资源以民俗文化、传统村落、特色聚落和红色旅游类型为主，不仅包括古建筑、革命旧址、民族村寨等历史遗存，还包括对农耕文化、游牧文化、民俗节庆、手工艺、民间艺术、民俗活动等农业文化遗产的保护和利用，承载着浓厚的地方特色和民俗风情，为陕西的乡村旅游和文化建设提供了坚实的基础条件。

2. 乡村自然资源基底丰厚，发展乡村度假优势显著

陕西自然景观资源十分丰富，秦岭山脉横贯陕西中部，形成了独特的山地景观和优良的生态环境。以休闲度假、自然景观类型资源为主，乡村地区依托山水田园、森林草原、湖泊河流等多种类型资源基底，大力发展民宿度假、徒步、登山、滑雪、温泉等休闲项目，通过乡村人文与生态环境的协调发展，打造独具特色的乡村旅游产品。该类型资源分布集中，品质较高，有一定的开发基础，具备发展生态度假的独特优势。

3. 农业资源依赖性较强，产品开发潜力大

陕西省地处中国西北部，地理位置独特，气候类型多样，种质资源极为丰富，农业产业优势突出，产业科技类和休闲农业类资源单体数占到资源总数的39.1%。该类型资源通常具有鲜明特色的种植养殖产业作为经济支撑，或者以特色农业资源、田园景观、地域文化为基础，结合休闲娱乐业态，提供观光农田、农家乐、果园采摘、民俗文化体验馆等各种农业体验活动。随着消费者对健康、绿色、体验式旅游需求的日益增长，这些丰富的农业资源蕴藏着巨大的产品创新潜力，休闲农业旅游将迎来新的发展机遇。

4. 资源分布不均衡，呈中密南多北少

从乡村旅游资源产品的分布看，呈现出明显的区域特征，主要集中在关中地区以及陕南地区，而陕北地区的分布相对较少。关中地区作为陕西省乡村旅游资源的重要聚集地，八百里平原的地理优势和深厚的文化底蕴共同塑造了关中乡村旅游的繁密品优的特色，其拥有国家级乡村旅游重点村超过 20 个，省级乡村旅游示范村 100 余个。陕南地区以秦巴山脉为依托，在空间上呈现出一定的聚集性，尤其是在一些风景名胜区周边，形成了以生态观光、休闲度假为主的乡村旅游聚集区。陕北地区以黄土高原地貌为背景，受自然条件限制，非农业产业占比较重，近年来依托丰富的红色旅游资源和农耕与游牧文化交融的特质，乡村经济结构也在逐步优化。根据有关机构调查，陕北地区虽然旅游吸引物少，但质量高、收益水平高，2023 年受益农户人均旅游收入为 19748.76 元，高于全省乡村旅游平均水平。

六、陕西乡村旅游存在的问题

（一）乡村旅游项目建设策划水平不高，精品缺乏

从陕西省乡村旅游的总体发展来看，除少数知名景点，大多数乡村旅游项目仍停留在浅层开发阶段，主要功能集中于采摘体验、观景赏花、餐饮住宿和非遗手工坊等基础活动。受制于政策、资金不足等因素影响乡村旅游项目缺乏合理规划和开发运营，在挖掘乡土文化内涵和提升体验价值方面缺乏深度开发。民宿度假、研学培训、文化演艺、艺术创造、营地体验、运动康养和数字科技等高品质新消费业态的供给严重不足。

（二）同质化现象严重，核心特色未凸显

以关中地区为例，由于地理位置、风俗习惯和建筑风格相似，许多村落的乡村旅游项目存在简单复制的现象。袁家村模式的成功引发了大

规模"造街"模仿，进一步加剧了区域内关中民俗文化旅游的同质化竞争。创新和本地化设计意识的缺乏，导致乡村旅游项目缺乏独特性和吸引力，核心主题不明确，难以形成独特的品牌形象。

（三）基础设施不全、公共服务设施缺失

一些乡村在开发过程中缺乏生产、生活、生态、交通及公共服务设施的系统布局规划，导致旅游配套设施严重不足。道路、停车、标识、卫生、厕所、通信和医疗等基础设施存在明显缺口，住宿、餐饮和购物等服务设施质量较低，无法满足游客的基本需求。此外，安全防护、消防和监控设施的缺乏以及无障碍通道和母婴室等特殊人群设施的不足，限制了游客体验，难以为国内游客提供舒适、安全的旅游环境。

（四）从业人员素质相对较低，缺乏高端复合型人才

随着城镇化进程的加快，大量农村中青年劳动力进入城市，乡村"空心村"现象日益严重。陕西乡村旅游从业人员主要为中年村民，普遍缺乏专业技能和现代管理理念、接受新事物的能力较弱、市场意识和服务水平亟待提升。此外，缺乏有效的激励政策和待遇保障来吸引外来高素质人才，导致"引不进，留不住"的问题日益严重，成为制约乡村旅游发展的"瓶颈"。

（五）宣传营销投入少，品牌形象不突出

陕西省乡村旅游在宣传推广方面缺乏系统化和专业化的策略。尽管一些乡村旅游项目拥有丰富的自然和文化资源，但由于宣传力度不足、方式单一，旅游品牌的知名度和影响力有限，缺乏精准的市场推广策略，使游客无法充分了解乡村旅游的特色和优势。此外，缺乏数字化营销手段的应用，未能充分利用新媒体平台和网络渠道进行有效宣传，从而错失了吸引更多游客的机会。

第四节

陕西乡村旅游助推乡村振兴实践案例解析

一、袁家村——民俗文化依托型

（一）概况

袁家村位于礼泉县东北部唐太宗李世民昭陵所在的九嵕山下，距西安市区约 50 公里，村集体土地面积达 0.42 平方公里。袁家村以深厚的关中民俗文化和历史遗迹为旅游资源，独特的文化元素包括皮影戏、年画、剪纸、织布等传统民俗以及手工挂面、土蜂蜜等地方特产，成功打造了"关中民俗第一村"的旅游品牌。依托"农家乐"发展模式，袁家村整合当地民俗文化资源，形成了涵盖餐饮、住宿、购物的完整乡村旅游产业链。村民通过合作社模式积极参与，促进了乡村旅游的发展，实现了共同富裕（图 3-7）。

图 3-7　袁家村鸟瞰

（二）振兴实践

　　袁家村的发展蜕变分为三个阶段。初露锋芒（2007—2010 年）：此时袁家村正处于"品牌初创期"，以民俗文化为主打产品，"关中民俗第一村"的品牌定位正是源自当地土生土长的传统关中民俗，比如皮影戏、年画、剪纸、织布等；崛起之路（2011—2016 年）：袁家村进入"餐饮＋旅游"规模爆发期，与以往以企业为主体的发展模式不同的是，这里的主体变成了"村民"和"商户"，此举能够最大限度地调动村民主体的力量，让村民切实享受到文旅产业发展的红利；扩展疆域（2017 年至今）：2017 年，袁家村提出来"进城、出省"的"走出去"战略，从而迈向输出"袁家村模式"的跨地方性生产阶段，真正实现了从卖产品向卖品牌的过渡。

1. 从田间到餐桌的全产业链乡村振兴之路

袁家村通过将第一产业（农业）、第二产业（手工艺和食品加工）和第三产业（旅游服务）紧密结合，创造了一个多层次的经济结构。村民不仅从事传统农业生产，还参与食品加工和特色手工艺品制作，并直接服务于日益增长的游客需求。这种融合发展模式有效提升了村庄的经济效益，使得村民能够从多个产业链中获益，实现了收入的多元化。

2. 共建共享，村民自治实现乡村繁荣

袁家村注重村民自治，鼓励村民参与村庄的规划和管理。袁家村创新性地采用了"合作社＋全村众筹＋分红"的模式，把村民和本地商户作为核心参与者。村党支部和村干部积极发动村民成立合作社，开展众筹投资，村民不仅是乡村旅游的参与者，更是经营者和受益者。这种模式最大限度地调动了村民的积极性，形成良好的社区参与氛围。通过将民俗文化、餐饮体验和乡村休闲深度融合，袁家村建立了一个富有活力和可持续发展的乡村旅游产业体系。

3. 开创新实践，构建乡村生活共同体

袁家村通过发展乡村旅游，成功构建了一个将村民与游客融为一体的乡村生活共同体。游客在此不仅能体验传统农耕活动，如耕种、采摘、手工制作等，还能参与传统节庆和民俗表演，感受浓厚的地方文化氛围。民宿和农家乐的普及使游客得以深度融入村庄生活，与村民一起生活、互动，增进了城乡之间的理解和交流。这种共同体的构建，不仅带来了经济收益，还增强了村民的文化自信和社会凝聚力，为乡村振兴提供了创新和可持续发展的模式。

4. 从传统村落到超级 IP，开启跨区域发展的新篇章

随着乡村旅游品牌的不断成熟，袁家村提出了"进城、出省"的战略，进入了品牌输出与跨区域扩展的新阶段。袁家村开始在其他城市和省份复制其成功的乡村旅游模式，建立起一系列以袁家村品牌为核心的旅游项目。通过这一战略，袁家村实现了从卖单一的民俗产品向卖品牌和文化体验的转型升级。品牌输出不仅扩大了袁家村的市场影响力，还带动了其他地区的乡村旅游发展，形成了连锁效应。同时，袁家村保持了文化的原真性，通过持续引入现代化的管理和创意元素，使传统文化焕发新的生命力。这一阶段，袁家村从一个地方性的旅游目的地转型为具有全国影响力的乡村振兴样板，为全国其他乡村提供了一个可借鉴、可复制的创新模式。

（三）实践成效

袁家村的旅游业迅速发展，游客接待量每年达 600 万人次以上，旅游综合收入超过 10 亿元。村庄吸引了 1000 多名创客，并为周边 3000 多人提供了就业机会，带动了周边 2 万多名农民增收，村民人均纯收入 15 万元以上。袁家村通过将历史文化与民俗文化实体化，建成了旅游特色小镇，先后被评为中国十大美丽乡村、中国十佳小康村、国家特色景观旅游名村、中国乡村旅游创客示范基地，成功塑造了具有地方特色的文化品牌，成为陕西省农文旅融合的乡村旅游范本，成功实现了乡村的经济振兴与共同富裕。

二、蔡家坡村——艺术聚落建设型

（一）概况

蔡家坡村位于秦岭北麓陕西省西安市鄠邑区，海拔约 500 米，距离鄠邑区城区约 10 公里，距西安市区约 40 公里，交通便利，该村由蔡家坡、新兴村、马家河、曲峪河、潭峪河五个自然村合并而成，拥有 1016 户 3627 人。以独特的艺术氛围和深厚的文化底蕴为特色，蔡家坡村通过艺术创作与文化旅游的结合，致力于推动乡村振兴，打造国际化艺术村落。村内自然环境优美，吸引了大量艺术家定居创作，并定期举办"关中忙罢艺术节"，这些活动将蔡家坡村定位为"艺术乡村"。依托优美的自然环境和丰富的文化资源，蔡家坡村形成了以艺术创作、文化交流、艺术节活动为核心的独特社区，发展了艺术品销售、文化创意产品、艺术培训等配套产业，构建了完整的产业链。在保护生态和传承传统文化的同时，蔡家坡村鼓励村民参与艺术相关创业，如经营民宿和手工艺品制作，实现了多元化经营和共同富裕。

（二）振兴实践

1. 农业艺术与旅游共舞：打造多元化文化体验品牌

蔡家坡村依托其优美的自然环境和深厚的文化背景，吸引了大量艺术家前来定居和创作，逐步形成了独特的艺术社区。村内通过改造传统民居，建立艺术家工作室、画廊和艺术创作基地，推动艺术创作与旅游相结合，形成了以艺术体验、文化交流为核心的旅游品牌（图3-8）。此外，蔡家坡村还积极发展与艺术相关的配套产业，如艺术品销售、文化创意产品等，形成了覆盖艺术创作、展示、销售的完整产业链，实现了艺术与经济的双重发展。

图3-8　蔡家坡村艺术家工作室

2. 引领艺术人才回归：激活乡村创造力

蔡家坡村在艺术乡村建设的过程中，通过打造独特的艺术氛围，吸引了大量艺术家、设计师、工艺师等艺术人才前来定居和创作。通过政策支持和产业引导，吸引了一批在外地工作的本土人才返乡创业。建立艺术家协会、合作社等组织机构，形成了人才共享与合作机制。在创作、展览、销售等环节相互合作，实现了资源和经验的共享。打造了"关中忙罢艺术节"、"最美八号公路"、石井蔡家坡、土锤咖啡、乡村会客厅等一系列具有鄠邑特色的文化品牌，将艺术与观光农业相融合，把艺术创作在田野地头、社区、农舍，塑造了农文旅融合发展的典型，为乡村振兴注入了新的文化内涵（图3-9）。

3.文化与生态相得益彰：践行可持续发展

蔡家坡村在发展艺术乡村的过程中，始终注重生态环境的保护和文化遗产的传承。通过实施严格的环境保护措施和文化保护政策，村庄的自然环境得到了良好的维护，传统文化得以传承和创新。村内定期举办各种艺术节、文化活动，既丰富了村民的文化生活，又吸引了更多游客前来体验和参与，进一步推动了文化和旅游的融合发展。

图3-9　关中忙罢艺术节

4. 社区共建共享：共创繁荣的艺术乡村

蔡家坡村的成功离不开政府的支持和社区居民的积极参与。鄠邑区政府通过政策引导和资金支持，推动蔡家坡村的艺术乡村建设。同时，村内成立了艺术家协会和村民合作社，统筹管理资源，共同创新"艺术 + 农业 + 旅游"的乡村旅游模式，实现了资源的共享与收益的分配。社区居民通过参与艺术创作、经营民宿、开展艺术品销售等活动，增加了收入，也增强了社区的凝聚力。

5. 艺术赋能乡村：走向共同富裕

蔡家坡村在艺术乡村建设过程中，始终坚持"艺术带动、村民共富"的理念。通过引导村民参与艺术相关产业，村民的收入得到了显著提高。还带动了民宿餐饮、有机农产品、文创衍生品等产业融合发展，开辟了文艺赋能乡村振兴的新路子，取得了较好的经济效益。同时，艺术乡村的发展也带动了村庄基础设施的提升和公共服务的改善，村庄的整体生活质量显著提高。

（三）实践成效

蔡家坡村通过发展艺术创作与文化旅游，政府、社区居民与艺术家通过协同合作，打破了传统农业的单一经济模式，形成了以艺术创作和旅游业为主的多元化产业格局。通过政策支持引进大量艺术人才，建立了艺术家工作室和培训基地，形成了艺术人才的集聚效应，并成功塑造了独具特色的乡村艺术文化品牌，村民的文化参与度和艺术素养显著提升，实现了村庄、村民和艺术家共同发展的良好局面。蔡家坡村通过将艺术与文化旅游相结合，成功打造了一个具有艺术特色的乡村旅游示范村。据统计，蔡家坡村已吸引了 200 余名艺术家和青年人才驻村创业创作，2023 年共接待游客人数 51.6 万人次，年旅游综合收入超过 1400 万元。先后获得"全国乡村旅游重点村""全国'村晚'示范展示点""全国乡村旅游精品线路""全国基层公共文化服务高质量发展典型案例""全国文化和旅游赋能乡村振兴优秀案例"等 9 项国家级荣誉。2023 年、2024 年连续两年登上央视"村晚",成为区域内文化与生态共生的典范,为乡村振兴提供了新的路径和动力。

三、明星村——产业发展带动型

(一)概况

明星村位于陕西省安康市石泉县池河镇,地处汉江上游的浅山丘陵地带,距离石泉县城约 30 公里,总面积约 2.5 平方公里。该村由原来的明星村、大阳村和草庙村合并而成,共有 1075 户家庭,总人口 3488 人。明星村充分依托传统的蚕桑种植和优越的生态环境,重点发展以蚕桑文化为核心的乡村旅游。为此,村庄打造了"醉美桑海"景区,推出了研学旅游、篝火夜市和乡村酒吧等多种文化旅游体验项目。这些举措不仅促进了传统蚕桑种植业的产业升级,还带动了高效的经济桑园、桑品种博览园、果桑采摘园等特色园区的建设。明星村还积极开发富硒蚕桑宴、桑叶茶、桑葚干等特色产品,将传统的蚕桑产业与现代旅游业有机结合,形成了一套独特且高效的产业结构,推动了地方经济的全面发展。

(二)振兴实践

1. 蚕旅融合发展,实现产业转型升级

明星村凭借其大面积的桑园基地,推进高效经济桑园和果桑采摘园的建设,进一步开发富硒蚕桑宴等富有地方特色的产品。同时,村庄通过引入乡村旅游,将蚕桑产业与多元化旅游业态相结合,实现了"桑园变景点、旧宅变民宿、农民变股东"的产业转型与升级。通过这一系列举措,村庄不仅提升了经济效益,还增加了村民的参与感和幸福感。

2.集体控股与村民入股，推动乡村旅游产业集群化发展

为确保资源的有效利用和收益的公平分配，明星村成立了由集体经济控股、村民入股的旅游公司。该公司统一规划和管理全村的产业发展，实行"集中连片、规模发展"的策略，最大限度地整合村内资源。通过合作社和村集体经济组织的统一运营，村庄确保了发展的一致性和持续性，有效调动了村民参与产业发展的积极性，进一步推动了旅游产业的集群化发展。

3.多元增收模式，助力村民收入显著提升

明星村通过土地流转、房屋改造、提供就业岗位和合作社分红等多种渠道，为村民创造了多样化的收入来源。这些措施显著提高了村民的收入水平。2023 年，明星村的人均纯收入达到 2.2 万元，村集体经济收益超过 50 万元。村民不仅实现了居家创业和本地就业，还通过参与合作社分享了产业发展的红利，从而进一步提升了经济和生活质量。

（三）实践成效

通过积极发展蚕桑种植业和乡村旅游业，明星村成功地实现了从传统农业村向现代化旅游示范村的转型，形成了以蚕桑产业为基础、旅游业为支柱的多元化经济结构。全村年产业总产值达到 2 亿元，显著提升了经济效益。村庄充分利用了鎏金铜蚕发掘地等独特的文化资源，将蚕桑文化融入旅游体验之中，不断提升其文化吸引力。通过举办各类文化活动和节庆活动，村庄成功打造了强有力的文化品牌。同时，村集体股份经济合作社的有效运作，整合了村内资源，促进了资源的集约利用和社区管理模式的优化，推动了组织振兴。村民收入的显著增加、基础设施和公共服务的全面改善，使得村庄面貌焕然一新，不仅提升了村民的生活质量，还带动了周边村落的发展，推动了整个区域的经济增长和社会知名度。明星村的成功经验为其他乡村提供了宝贵的示范作用，被授予"全国美丽休闲示范村"和"全国乡村治理示范村"等荣誉称号，成为陕西省乡村振兴的典范。

四、朱家湾村——乡村休闲度假型

（一）概况

朱家湾村位于陕西省商洛市柞水县营盘镇，地处秦岭南麓，距镇政府约6公里，距柞水县城约23公里。全村占地126平方公里，是商洛市地域面积最大的村庄，人口约1700人。村庄四周群山环抱，景色秀美，是乾佑河的主要发源地，并紧邻著名的牛背梁国家森林公园，生态环境优良。村庄保留了丰富的传统民俗文化、独特的建筑风格和农耕文化资源。依托这些优势，朱家湾村以民宿产业为核心，结合生态旅游和文化体验，吸引了大量游客，形成了普通民宿与高端民宿并存的乡村旅游格局。村庄还开发了生态旅游项目和"终南山寨"等文化旅游项目，将当地的民俗、手工艺和特色美食有机融入旅游体验，构建了一个涵盖生态旅游、文化体验、农业和手工艺的多元化产业链，显著提升了村民的经济收入（图3-10）。

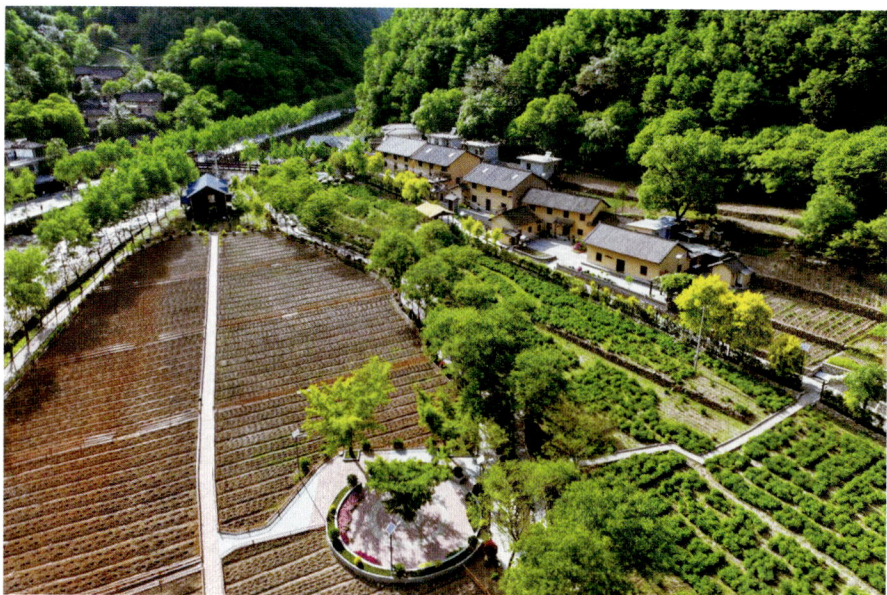

图3-10 朱家湾村

（二）振兴实践

1. 科学规划与统一管理，推动生态文化旅游融合发展

朱家湾村始终以科学规划为基础，确保乡村旅游的发展与生态保护相协调。村委会牵头制定了详尽的旅游发展规划，明确将"生态旅游"和"文化体验"作为核心发展方向，强调对自然景观和文化资源的保护与合理利用。为此，村庄采取了统一的管理机制，负责集中招商、统筹建设和规范管理，推动民宿产业的标准化与规模化发展。通过这些措施，村庄显著提升了整体服务质量和市场竞争力，成功打造了具有地方特色的旅游品牌。

2. 以民宿为核心，构建多元化生态文化旅游产业链

民宿产业是朱家湾村乡村旅游的核心，目前村内拥有80多家民宿，包括村民自营的普通民宿和外来投资者经营的高端民宿。通过统一规划与管理，朱家湾村确保了基础设施的完善、服务标准的统一和价格体系的合理性。此外，村庄充分利用本地的生态与文化资源，开发了以自然景观为基础的生态旅游项目以及具有浓厚地方特色的"终南山寨"等文化旅游项目，从而形成了以民宿为核心的多元化产业结构。为了增强旅游体验，村庄还发展了配套的农业和手工艺品产业，进一步完善了多元化的产业链，提升了村庄的整体吸引力。

3. 人才引进与统一管理，推动乡村旅游可持续发展

为了确保乡村旅游的可持续发展，朱家湾村积极引进外来人才，同时通过组织技能培训和鼓励青年返乡创业，形成了本地人才与外来人才优势互补的局面。村委会还主导建立了统一的管理体系与运营模式，成立了多个合作社，负责村内资源的整合管理和市场推广。这种集中管理模式不仅促进了各产业间的协同发展，还确保了资源的合理利用和收益的公平分配。村庄注重透明化管理，通过定期召开村民会议，确保村民了解并参与村庄的各项决策，提升了村民的积极性和参与感。

（三）实践成效

通过发展乡村旅游特别是民宿产业，朱家湾村显著提高了整体经济水平。2023年，全村人均可支配收入达到31495元，村集体经济收入达65.7万元，位居柞水县前列。村庄在发展的过程中，始终注重生态保护和文化传承，成功地保护了独特的自然环境和传统文化，获得了"世界最佳旅游乡村"和"中国最美休闲乡村"等荣誉称号。乡村旅游的发展不仅显著改善了村民的生活条件，还增强了社区的社会凝聚力。每年吸引游客人数超过150万人次，实现综合收入超过10.5亿元，使朱家湾村成为乡村振兴的典范。此外，通过统一的运营和管理，朱家湾村逐步建立起"氧吧"品牌形象，树立了良好的市场口碑，品牌效应日益显现。朱家湾村为其他乡村旅游提供了可资借鉴的宝贵经验，展现了如何通过科学规划、产业融合和人才引进等手段，推动了乡村经济的可持续发展。

五、蒋家坪村——生态景观依托型

（一）概况

蒋家坪村位于安康市平利县老县镇西南部，地处秦巴山区腹地。距镇政府7公里，距平利县城39公里。规划范围约5平方公里。村内山清水秀，云雾缭绕，有"高山、绿色、富硒、零污染"的自然地理特点。拥有千亩凤凰山茶园、千年道教平安宫、千年奇树老鹰茶等景点。茶叶是蒋家坪村的主导产业。这里曾经是贫困村，2014年，全村贫困发生率高达45%。借助脱贫攻坚政策机遇，先后创建市级茶业现代示范园区1个（凤凰茶山），发展山茶园1.83平方公里，培育茶饮企业3家、专业合作社4家，建标准化茶叶加工厂2家。

（二）振兴实践

1.茶旅融合，助推产业振兴

蒋家坪村以"人不负青山，青山定不负人"生态建设理论为核心，转化"青山理论"为 IP 引擎，融合陕南徽派民居建筑风貌，发展生态茶旅产业，形成"茶+"研学、培训、餐饮、住宿、演艺等融合发展模式。以茶文化为主线，展现古茶村脱贫攻坚的发展历程，以乡土风情、文化自信带动文创、茶业种植、茶叶加工、茶文化旅游三产融合的茶产业链条，以茶旅融合为核心，构建茶文化消费体验场景，打造集红色研学、茶文化体验型消费场景、乡村休闲度假于一身的茶旅融合示范村，从而带动老县镇乃至平利县茶旅产业发展，实现乡村振兴。

2.青山理论赋能，文化 IP 打造

村庄的景区化发展以文化为魂，蒋家坪村蕴含着古朴村落文化，以凤凰山茶园及千年古茶树所代表的悠久茶文化，青山理论和习近平生态文明思想以及秦楚风、江南韵的地理风俗文化，通过民居建筑改造、村庄场景营造、茶山茶园景观提升，形成"茶香蒋家坪，青山大课堂"的主题形象，依托"人不负青山，青山定不负人"生态文明理念和蒋家坪因茶致富实践经验，构建"青山大课堂"核心 IP，打造青山理论实践基地（图 3-11、图 3-12）。

图 3-11 民居改造建成实景图

图 3-12 民居改造设计效果图

3.提升乡村风貌，引领生态振兴

村庄的景区化体现在景区的主题景观打造上，蒋家坪村整体

山环水绕，黄洋河穿村而过，首先保护好生态基底，如山水、茶园、林地、田园等优良的生态环境是青山理论的重要践行。在此基础上，保护好核心茶园的视线景观，确保茶山景观原真性，从而为凤凰茶山红色之旅形成良好的视觉背景。核心区内村落提升为徽派风格，而掩映在田园山林间的传统民居则提升外围环境，形成田园院落，保留陕南石板房等建筑特色，一方面展现村落的发展史，另一方面也为景区后期的度假功能预留空间。

4. 村庄景区化，完善配套设施

村庄景区化的又一基础条件则是配套设施建设，配套设施是评定标准细则中的高分值项目，其中四大硬件——游客中心、旅游标识系统、生态停车场、旅游厕所作为创建国家 A 级旅游景区的重点内容。游客服务中心及入口牌坊是景区入口处标识性建筑景观，色彩上提取当地民居的黑白灰的主色调，牌坊采用传统徽派元素，灰瓦白墙，一主两副门洞形式可方便人车通行，游客中心建筑与门楼牌坊形成对比，在采用徽派元素的基础上，使用弧线造型屋顶，融传统与现代元素为一体，从而与牌坊形成对比统一的和谐。传统建筑文化与现代文明在这里得以融合（图 3-13、图 3-14）。

图 3-13　入口建成实景图

图 3-14　入口设计效果图

5. 景村一体化发展，带动村民共建共享

蒋家坪村在国家 A 级旅游景区的打造中，设计单位、乡镇政府、旅游公司不断增强与村民的互动，通过村民参与开发和运营、乡村环境提升及基础设施优化，形成产业共建、

产权共有、发展共享的乡村治理模式，实现村庄景区化发展。在具体的改造提升中赋权于民，尊重村民的主体地位，保护村民的利益，通过多方共建、以人为本的共建共享发展理念，做强做大蒋家坪景区文化旅游品牌。此外，旅游企业还铭记企业身份，积极承担社会责任，在化解政府、旅游公司与村民利益矛盾的同时，积极提供、扩大就业岗位，实现了村民对共同富裕美好生活的追求。

（三）实践成效

蒋家坪的茶旅融合之路不断迈上新台阶，蒋家坪着力弘扬茶文化、讲好茶故事、打造茶品牌，从 2019 年到 2023 年连续五年作为国际茶日的国家分会场和陕西主会场，展示安康富硒茶、安康秦汉古茶的独特魅力，并通过网络向全世界共敬一杯安康好茶；2023 年全国夏季"村晚"示范展演暨平利县"清凉一夏"文旅活动展现村民新风貌，促进乡村文化振兴。目前已是国家 3A 级旅游景区的蒋家坪村，2023 年游客量达到了百万人次。

六、木头峪村——传统村落改造型

（一）概况

木头峪村位于秦晋峡谷西岸，陕西省榆林市，佳县城南 20 公里处。全村占地约 77.3 平方公里，是佳县第一个纳入乡村旅游试点的村子，背依大山、唇吞黄河、古建众多、风貌独特、文化底蕴深厚，数百亩枣林环绕其间。随着乡村旅游的兴盛，木头峪村依托别具一格的传统村落底蕴，积极开发建设，在保护古民居的基础上，融入旅游业态，延续传统村落风貌，同时发展黄河风光游、田园采摘游、四季活动游等旅游休闲产业，将"农

图 3-15　木头峪村

文旅"产业充分融合，形成一个集文化游览、农业观光、采摘体验和民宿休闲于一身的传统村落旅游景区，实现了古村的景区化改造升级（图 3-15）。

（二）振兴实践

1. 保护传承显特色，激活古村新活力

木头峪古村落建筑风貌独特、文化底蕴深厚，通过保留老祠堂、古戏楼、鱼山古庙等建筑的原有特色，修缮张春光院、厘金局旧址等十处古建筑以及村中现有 50 余户留存的门匾，实现了文化的保护传承。同时，结合丰富的人文遗址、宗祠文化、非遗文化，打造了秀才模子馆、仲连复生馆、木头峪议事厅、木头峪起义馆、家风家训馆、村史馆等景点，还先后加入了满足游客需求的体验项目、服务设施和特色产品，在保护文化的基础上为古村的发展增添了新的活力。

2. 文旅融合促发展，构建产业新动能

木头峪村依托"晋陕峡谷第一村"的区位优势以及独特的沿黄景观资源，大力开展"农文旅"融合实践，先后推出了沙滩＋亲子乐园、古镇杂

技秀、舞龙舞狮、黄河游船、篝火晚会、星空帐篷露营、浪漫烟花秀等旅游体验项目，同时还打造了星空民宿、枣林民宿、听涛民宿等多元的特色民宿，极大地丰富了旅游产品业态，促进了文旅产业的快速发展。

3.民俗活动添动力，丰富文化新生活

木头峪村充分尊重当地历史文化传统和广大村民自主意愿，组织村民开展陕北大秧歌、转九曲、抬花轿等传统民俗活动以及陕北说书、民间杂技、舞龙舞狮、烟花秀等文娱演出。借助景区电子宣传屏为村民放映热门电影，挖掘木头峪苗、张、曹三大家族家风文化，建设家风家教馆，推动建成黄河文化研学基地，多形式多角度讲好家风家教故事，持续丰富了当地村民的精神文化生活。

（三）实践成效

文化是旅游的灵魂，旅游是文化的载体，两者相辅相成、融合发展，是推进传统村落振兴的有效途径。2023年木头峪累计接待游客人数50余万人次，综合收入达1240余万元，创造就业岗位120余个，吸引返乡大学生12名，带动发展个体商户15家，村集体经济收益达50万元，销售各类农特产品100余万元，实现了"乡村振兴为农民而兴，乡村建设为农民而建"。

七、梁家河村——红色资源依托型

（一）概况

梁家河村位于陕西省延安市延川县文安驿镇，地处文安驿镇东南5公里处，总人口1200余人，距延川县12.5公里，距延安市54公里，规划范围约2.6平方公里。村内生态环境优良，文化底蕴深厚，拥有延安知青文化、驿站文化等文化资源，开发有知青窑洞、村史馆、知青井、民间艺术馆等旅游景点。恢复打造了村史馆、沼气池、铁业社等 13 处学习考察点，集中流转 95 户 106 孔闲置窑洞发展民宿，带动 7 户村民办起了农家乐，19 户开起了小卖部，实现了乡村旅游业的跨越式发展。

（二）振兴实践

1. 产业振兴：功能规划，注入活力

梁家河村以知青文化、乡村风土人情为旅游吸引物的旅游发展模式。充分展示及再现了当年知青下乡的生活，让游客从衣食住行、时令风俗、工艺游艺活动竞技等多方面体验知青文化、乡土文化和民俗文化。通过"旅游+"的模式从重点产业和热点领域全面开启梁家河的乡村旅游。将知青文化的精神内涵通过干部培训基地和青少年励志学习教育基地的建设进行传承和弘扬。

2. 文化振兴：延续文化，赋予空间

梁家河村树立以知青文化为核心的梁家河品牌，大力弘扬以爱国主义为核心的民族精神和梁家河精神，以山、水、村为载体，通过文安驿知青窑洞群、村史馆、知青墙、沼气池等沉浸式场景再现知青文化。通过改造古城墙，再现马王庙、车马店以及马厩等场景演绎驿站文化，生动再现古驿站繁忙的胜景，将游客带入往昔的驿站场景之内。通过窑洞外立面及内装改造，融合陕北民俗的剪纸、窗花以及传统劳作工具、生活器具的摆放再现日常生活场景，营造陕北农家的生活氛围、陕北特色民俗的地域文化魅力。引导游客在旅游中体验、体悟、体会乡愁和梁家河的精神内涵（图 3-16、图 3-17）。

3. 生态振兴：生态治理，改善环境

梁家河村地处黄土高原地区，具有典型的水土流失和生态脆弱特征。在退耕还林的政策指引下一定程度改善了地区的生态环境，也通过河岸加固的措施进一步对山下耕地进行了保护。增植山体植被，建设截洪沟，加大水土保持力度，建设绿色生态屏障。由于梁家河村自身承载能力有限，在旅游发展过程中与文安驿镇联动发展，村内游览，镇内留宿，采取定

量放入游客的方法，控制游客总量，保持梁家河村整体的环境优良，最终使得梁家河村旅游业可持续发展。

（三）实践成效

2015年，梁家河村成立了乡村文化旅游公司，建起知青生活体验园、生态农业观光采摘园、传统耕作实践园，恢复了知青旧居、沼气池、铁业社、代销店、知青井，通过大力发展高标准苹果示范园、打好乡村旅游牌、推进淤地坝旱作农业示范种植、办起新

图 3-16　文安驿步行街入口效果图

图 3-17　知青墙实景图

"四社"、注册创建"延尝食优"等品牌，让村民吃上了"生态饭"和"旅游饭"，更多年轻党员返乡创业就业，基层党组织的活力、战斗力不断增强。2023年，梁家河村集体经济收入1483.84万元，村民人均可支配收入21312元，梁家河乡村文化旅游发展有限公司收入达到998万元。

八、西头村——休闲农业依托型

（一）概况

西头村地处陕西省咸阳市旬邑县张洪镇西南部，共有6个村民小组

2669 人，距西安市 140 公里，距旬邑县城 25 公里，距张洪镇约 4 公里，位于大西安两小时经济圈内。规划范围约 0.6 平方公里，村庄以苹果种植及乡村休闲旅游为产业核心，累计改造老化果园 0.19 平方公里，打造各类"示范园"0.19 平方公里，持续放大苹果产业经济优势；以保存较好的古村庄和厚重的农耕文化为载体，利用老旧桩基地改建成占地约 0.03 平方公里的云尚·乡舍精品酒店、欢乐牧场和村史馆，还配套建设景观涝池、老戏楼、旅游环线公路和游客接待中心，实现了从贫困村到涵盖田园观光、农耕采摘体验、动物养殖体验、古村体验、农家乐民宿体验的乡村旅游跨越式发展。

（二）振兴实践

1. 重拾乡村记忆，挖掘文化价值

西头村的价值提取，基于它贯穿古今的发展脉络。以"渭北百年乡村风貌的时代变迁"为主题，挖掘传统院落、新村新居、渭北民俗、农耕生活等内容，通过"老村、老屋、老物、老景、老乡"与"新村、新居、新生、新景、新业"的集中展现，复原西头村百年发展历程，塑造"百年西头·画里农庄"的乡村旅游品牌，构建有感情、有温度、有生活场景的民俗文化村落生态共同体。

2. 根植人文情怀，重视场景体验

西头村老村整体建筑年代久，主要为窑洞三合院、窑洞四合院以及传统的关中四合院结构，由西向东呈现出年代分布。窑洞院落呈自发组织形态与坡地相结合、封闭式院落与窑洞形成内聚性的围合空间（图 3-18）。

围绕"渭北百年乡村"主题，项目选取乡舍酒店、欢乐牧场北区及欢乐牧场为改造对象，构建以时间为轴的文化场景序列。

乡舍酒店在原始建筑的基础上，保留了大梁、辅梁、柱子、夯土墙等，从建筑修复、室内装修、功能优化、景观搭配等细节入手，恢复关中传统四合院风貌，赋予了老屋新的生命力。在主题表现上，引入了

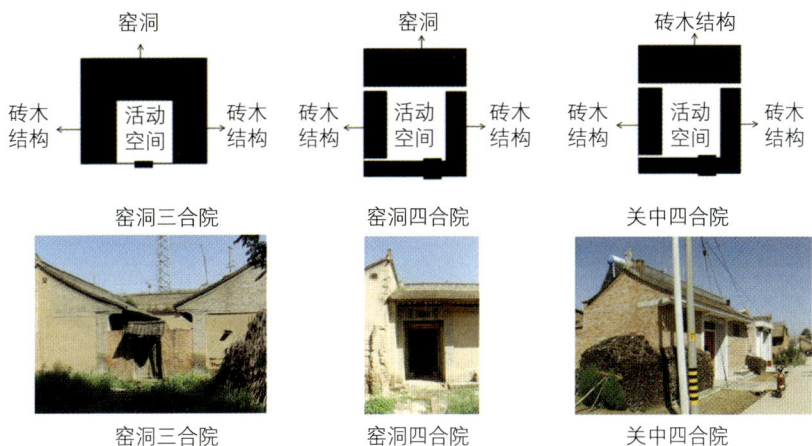

图 3-18　西头村旧居建筑风貌

四季生活概念，打造了"春生居""夏长居""秋收居""冬藏居"四大主题院落，让住客看见四季，感受乡村老屋时光，更好地融入当地生活（图 3-19）。

图 3-19　西头乡舍酒店

欢乐牧场北区对破损窑洞及院落进行修复提升，构建独立式窑洞院落有机组合的空间格局。运用关中本土农耕工具、剪纸、农作物等元素进行墙面景观和交互场景塑造，形成展现渭北原乡文化与现代生活方式的空间载体，再现关中人民生活场景，触发情感共鸣。

欢乐牧场利用窑洞院落和台塬地，构建地上、地下以及窑洞屋面一体的立体化景观农场。以多维、立体、互动的方式，重构空间次序，通过多层次、多功能的开放式活动空间，改变游客游览、参观的传统路径，使情绪动线随场地延伸，丰富视觉观感和体验感（图3-20）。

3.运营结果导向，明确消费需求

西头村的规划设计以运营为主导。作为陕西省旅游乡村扶贫项目，项目从市场趋势和用户需求出发，锁定时下流行的自然研学和亲子微度假游客，建立投建营全局思维，对西头村闲置资产的空间利用和业态的植入提出了总体的运营思路。确定了以民宿度假为主体，以萌宠乐园、文化展馆、精品餐饮、农业研学、民俗休闲等多种业态补充的发展路径，搭建欢乐 YOUNG 文化村一站式运营平台。

图 3-20　欢乐牧场

（三）实践成效

西头村紧扣旅游扶贫愿景，先后建成了云尚·乡舍精品酒店、欢乐牧场、村史馆游客接待中心，并打造景观涝池、老戏楼等设施，年接待游客人数 10 万人次以上，通过引导村民利用土地入股分红或参与养殖、经营、服务等方式实现了脱贫致富。2020 年西头村成功入选第二批全国乡村旅游重点村，2023 年被评为中国美丽休闲乡村、农家乐特色村。

第五节

陕西乡村旅游助推乡村振兴
创新发展路径

一、产业振兴：基于资源禀赋的产业升级路径

产业振兴是乡村振兴的基础与核心，是实现乡村人才、文化、生态和组织全面振兴的关键。乡村旅游的产业关联度高，其产业带动作用有助于促进乡村产业兴旺，可以通过"旅游＋"的方式将生态及文化资源变为独特的旅游资源，满足游客亲子研学、历史文化沉浸、休闲体验、康养医养等多方面需求。对于具备发展乡村旅游的村庄，通过结合市场需求，创新旅游产品，形成独特的旅游体验和消费场景，从而促进三产融合，最终实现产业升级和农民增收。

（一）乡村旅游＋度假

以民宿为核心的乡村度假成为城市居民重要的休闲度假方式，成为短距离休闲度假的重要选择，契合高品质、多元化、回归自然的消费趋势，包括主题民宿酒店、度假综合体、户外营地等主要业态产品。

1. 民宿集群

围绕生活习俗、艺术文化、古村落建筑等乡村文化资源，保持乡土性和原真性，通过住宿场景美学化、体验活动多元化、服务质量定制化来实现住宿体验升级。通过美学设计增强民居建筑、乡村景观的文化属性，构建乡村生活新景观和新场所，凸显乡土性和区域文化性。位于紫阳县青中村的隐居乡里·花婆婆民宿院落沿袭小城民俗建制，建筑外立面承袭了传统陕南元素，墙面保留原始粗糙的夯土肌理，屋顶石材选择与当地契合的板岩，因地制宜地打造绣球花院、静谧桃院、樱花满院三大主题院落，内饰以现代简约为主，成为住进云端的莫奈花园。聚焦"传统非遗"和"花样玩法"，整合生活、艺术、文创等内容，通过"民宿+"的形式开发体验性产品，结合四季节庆提供户外运动、农耕体验、手工制作、逛市集等丰富的娱乐活动，提升游客文化体验。留坝县秦岭宿集联合当地政府及多家民宿开展秦岭乡集活动，通过展示传统文化、民间艺术地方风物、土地餐桌、手作温度等内容，渲染现代生活方式之美。

2. 乡村度假酒店

度假乡居模式凭借优良的村落生态、大量的闲置农宅、传统的建筑风貌，可将其整体度假化改造成为高品质的乡村旅游度假区，是当下乡村度假游开发的热点。旬邑县西头村立足村情，加快产业转型升级，民俗文化和旅游相融合发展乡村旅游，成为省级旅游示范村；西头乡舍酒店对原有闲置农宅统一收租，将关中四合院古朴元素融入改造的建筑、窑洞及新建建筑中，营造回家般的归属感，并植入渭北民宿文化展示、餐厅酒吧接待、水疗休闲娱乐等多种业态服务，由陕西云尚精品酒店管理公司进行日常管理和运营，成为旬邑乡村旅游度假品牌。

（二）乡村旅游+研学

依托自然景观资源、红色旅游资源、传统村落等发展文化研学游。

围绕提升劳动素养和文化综合素养，加强乡土乡情、爱国主义情怀教育，构建以传统文化、民族文化、农耕文化为主的研学课程体系，完善乡村研学旅行服务标准等相关机制，加强研学导师培育和认证的工作等，做好做精乡村研学旅游。

1. 农事体验类

依托休闲农业资源，以农耕文化体验为导向，将生态农业与休闲观光相结合，依托农庄、田园综合体等载体，打造体验式的农耕活动场景。开发参观游览、知识讲解、劳动体验等类型的研学产品，让游客在农事活动中完成农业知识科普教育。白鹿原影视城将劳动研学作为创新劳动教育形式的重要载体，通过在农耕体验场进行翻土、挖坑、种植等劳作，在影视拍摄基地动手制作关中扯面，在黑娃剧场了解学习纺线机操作等系列活动，让游客体悟耕读传承、沉浸式体验关中农事。

2. 自然教育类

依托自然景观资源，以提升综合素养和户外拓展为主，将课堂知识与自然实物融合，通过自然观察、野外探险、互动游戏、手工制作等活动，打造具备真实感、体验感的自然教育课堂。留坝秦岭乡村天文台凭借得天独厚的观星条件及观测设备，邀请众多自然导师和泛户外爱好者共同开展观星自然营活动。包括户外星空观测、自然科学手工、溪流探钓等课程，点亮乡村"夜空经济"。

3. 红色旅游

以红色资源为引领、绿色生态环境为依托，古色历史文化资源补充发展乡村特色文化产业和旅游业，创新体验形式，让红色文化"活"起来。通过探究红色人物、红色事件、红色遗物提炼红色精神，打造红色主题演艺、红色主题线路场景、红色教育馆等核心红色文化研学体验项目，配合以拓展农业多种功能、发掘乡村多元价值为方向，拓展训练营、忆苦思甜农家饭、红色主题民宿等辅助项目的红色研学模式。如佛坪沙窝村以长征故事为主线，以红军旧址为中心，打造重走红路、参观红军旧址、观赏红色演出、体验沙窝红街四大亮点项目，再现红军生活场景和革命场景，让游客在体验、互动、感悟中传承红色文化。

4. 乡村文化数字化

积极推动优秀乡村文化数字化建设，加强对曲艺戏剧、音乐舞蹈、民间文学、传统村落等文化资源进行数字化采集存储，借助 VR 虚拟现实技术进行内容展示，并举办线上观展活动，借助数字技术留住乡愁。例如，北京传统村落爨底下村通过数字化实现"永生"，通过无人机倾斜摄影、三维激光扫描等方式，对整体风貌、建筑细部等信息进行全方位采集，建立村落"数字化档案"实现村落文化数字化保护。

5. 数字化体验

丰富文化消费新场景，以场景体验触发文化消费，借助新媒体、数字影像、装置艺术融入建筑景观的场景设计中，并引入数字艺术、动漫游戏、网络直播等产业形态，建设数字展览馆、沉浸式数字文化空间、全景数字光影演艺等体验项目，推动传统文化消费空间向体验化、创新化、虚拟化等空间延展。游客可通过手机或 AR 眼镜在现场进行"元宇宙"时空穿越，构建现实世界与数字世界的艺术桥梁。

（三）乡村旅游 + 康养

依托生态景观及文化资源发展康养旅居游。依托乡村康养资源，面向银发老年群体、中青年亚健康群体、大众群体等不同人群，推动乡村康养旅游与乡村休闲、新型业态相融合，进行休闲农业、养生度假、医疗服务等业态开发。

1. 生态康养

以乡村田园景观为环境基础，围绕回归自然、修身养性、康体疗养等主要功能，打造生态体验、温泉养生、森林养生、湖泊养生、田园养生等业态，增加体验式项目，形成宜游、宜居、宜养的开放式生态养生模式。例如，位于蓝田县汤峪镇塘子街村汤峪碧水湾温泉山庄，其温泉历史悠久，历史上是皇家沐浴之地，围绕"家庭星级酒店"概念，打造养生泡汤、休闲度假、特色美食等业态，成为西北最大的露天泡汤温泉浴场，是一个康养旅居佳地。

2.文化康养

依托乡村悠久的历史文化、民俗文化及宗教文化资源，打造浸润传统文化、颐养身心的康养产品，开展逛庙会、看皮影、听秦腔、品茶香、探访名人遗迹等中国式养生活动。例如，周至县骆峪镇以傥骆古道及骆氏宗亲文化为核心资源，引入休闲运动和康养产业，打造生态古驿道和有机猕猴桃国际养生小镇，推出品牌有机蔬菜和农特产品，构建乡村田园康养产业品牌。

3.医药康养

挖掘乡村中药特色底蕴，以健康养生理念及康复理疗体验为核心，与各大中医药院校合作并引入前沿中医理念与技术，开发建设康培体检、中医理疗、药膳药浴、养生健身等系列康养项目，打造乡村康养旅居品牌。比如，铜川市耀州区孙塬镇是省级中医药健康旅游示范基地，依托药王山药王文化资源，开发森林、湿地等度假康养线路，推出药膳、针灸、理疗等康养产品，研发药王养生酒、养生茶等保健产品，成为集观光游览、康体保健、休闲度假于一身的药王康养旅游度假区。

（四）乡村旅游＋休闲

以乡村民俗聚落生活场景为主题意向，依托民俗生产生活、饮食文化、风土民俗等活动来打造民俗休闲旅游产品。

1.餐饮主题化

以乡村深厚的饮食文化为核心，进一步挖掘美食文化内涵，突出地道的本地风味与特色，将美食与风俗文化、生活方式相结合，丰富乡村美食旅游的内涵与参与性，吸引游客打卡宝藏乡村美食。通过美食菜品特色化、餐饮环境场景化、服务质量标准化来实现乡村美食品质发展：

如白水的"三转席"、汉阴的"蘑菇宴"、眉县的"张载席"、镇坪的"长寿宴",并注重餐前仪式、表演互动、现场烹制等就餐过程的沉浸化体验。袁家村通过建筑样式、内部装饰、器物摆放等方式,将自然空间与餐饮空间相结合,打造乡村咖啡馆、庭院下午茶、田园餐厅、美食博物馆等乡村美食新场景,营造多样化的乡土风情餐饮环境。建立乡村餐饮服务质量评价体系,包括餐厅氛围、菜品标准、服务质量等内容,引领乡村餐饮服务管理提档升级。

2.购物主题化

打造小而精致的空间特色,唤醒大众对于传统乡土美学的感知,激发内心深处精神世界的认同感。提炼创新乡村文化元素,依托工艺产品、文化体验、服饰衣着、语言戏曲等元素开发主题系列商品,将市井文化与潮流艺术相融合,采用现代化设计语言对传统乡村集市、手工坊等场所进行空间升级,满足游客个性化需求并增进文化认知。长安唐村通过跨界、创意、融合的运营理念,打造出"诗唐雅集"农文创品牌,并开发花欲燃黄酒、桂花球米、花朝月夕唐风礼盒、柳青明信片等一系列极具特色的农创、文创、乡创商品;兴平马嵬驿民俗文化村围绕唐文化,通过还原唐朝的集市文化和百姓生活场景,打造唐文化复古一条街乡村集市。

二、文化振兴:乡土文化的传承与创新路径

(一)物质文化空间脉络传承

以重构文化空间,唤醒集体记忆为核心,对文化遗产的物质空间进行保护及更新利用,延续并拓展原有使用功能,融合文艺活动、社交和教育等多种功能,打造包括精神文化空间、宗教信仰空间、生活休闲空

间等在内的乡村公共文化新空间，成为乡土文化环境与乡土文化场景的载体。

1. 精神文化空间

一是对以门楼牌坊为代表的具有表彰纪念性构筑物，通过修整周边场地、划分功能空间、塑造景观轴线等方式，强化节点空间的主体构筑物，更好地展示传统文化记忆并展现建筑之美。二是将红色文化元素进行提炼与再利用，打造诸如乡村红色餐厅、红色陈列馆等融入红色文化的乡村公共空间，培育乡村红色精神，加强村民对红色文化的认识和学习。三是建设彰显乡风乡韵的村史馆，征集历史文化典籍资料、生活用品及农具实物等老物件作为展示物，传承乡村历史，留住乡愁记忆。西安大寨子村村史馆将在地化和艺术化结合，围绕历史人文、地域风俗、新时代美丽乡村等主题，通过手绘照片、老物件、影像资料等赋予场馆在地化记忆，再现大寨子村工业、商业发展及村民娱乐生活，连接着村民的乡土记忆和新时代乡村生活。

2. 宗教信仰空间

统筹村庄庙堂等宗教建筑及其周边环境，通过增加景观构筑物及绿化等方式，串联其他重要的公共性节点，加强空间整体性，打造弘扬主流价值和优秀民俗文化的传承地，成为村民的传统礼仪活动、公民素质教育的重要场所。

3. 生活休闲空间

对健身活动广场、闲置院落等旧有空间进行场景重构，整体保留传统的建设风格与布局，改造成为图书驿站、美术馆、市集、村民活动中心等空间，满足村民精神文化需求，同时加强乡村的公共基础设施建设。富平县三河村通过场所精神与乡土环境的再认识、传统空间与现代乡村生活的再定义、乡村地域材料的建构表达与当代呈现建成了村民活动中心，集乡情村史陈列室、村民信息服务站、乡村产业展示平台等多种功能于一身，成为陕西人乡愁的精神家园。

（二）非遗促进文化新传承

提高对非遗资源的保护与利用水平，充分挖掘本地的民间习俗、传统戏剧舞蹈、传统技艺等独特的非遗资源，融合特色观光、演艺互动、休闲体验等现代手段，构建非遗业态创新、产品创新、体验创新的全价值链，提升非遗附加值。

1. 非遗展览及传习

乡村非遗与沉浸式文旅业态融合的实践，在保护传承工作中取得了显著成效。一是借助数字化等现代科技，对古老的非遗文化进行数据还原及虚拟漫游全过程展示，再现数字化对文化和艺术保护的成果。二是将非遗与传习体验相结合，通过参与实践、互动交流、现场竞技等方式吸引研学客群及大众客群体验传统技艺。灞桥区的白鹿仓大集涵盖非遗博物馆、皮影剧场、非遗体验馆等项目，以"文化商业＋旅游消费＋体验研学"的差异化运营模式，开展华县皮影木版年画、茯茶制作等非遗体验项目，成为全国首个活态沉浸式非遗传承研学街区。

2. 非遗文创

文创让非遗"时尚再生"，将乡村非遗与时尚产品有机结合的文创产品，可扩大手工艺的社会影响力和知名度，推动相关产业转型升级。通过对非遗资源进行创意性和应用性的设计，开发具有文化性、实用性、创意性的非遗文创商品，并在非遗工坊、非遗博物馆、线上平台等场所进行售卖，打造高辨识度的乡村非遗文创品牌。比较有代表性的如渭南市的艾虎、皮影果盘等四款非遗文创产品，已入选"中国好礼·陕西好礼"年度推荐产品名单，可让更多人在文化创意中领略渭南深厚的文化底蕴，提升文化影响力。

3. 非遗活动展演

基于乡村生产生活的非遗节庆活动，是集体记忆和文化认同的重要场域，也是保护和活态传承的重要路径。可邀请非遗传承人、文艺爱好者、文化志愿者以民俗歌舞表演、山水实景演出等形式对乡村非遗文化进行再开发，突出乡村文艺新体验。利用春节、中秋节、藏历新年、彝族年等传统节庆举办非遗民俗活动，成为非遗节庆打卡地，并推出民俗文化节庆品牌。如骆峪镇乡村戏曲大舞台将秦腔文化与乡村振兴、农文旅产业融合发展相结合，不断丰富周至秦腔的内核与外延，特邀文化学者、戏剧专家、秦腔院团等开展戏剧演出，叫响周至"戏窝子"品牌形象。

（三）文化品牌的塑造

以旅游消费者为中心、以乡村文化为基础、以城市为应用场景进行文创产品的开发，成为引领消费、塑造消费潮流、创造消费话题和需求的乡村文创产品，满足城市游客对于乡村生活的美好向往。

1. 乡创 IP

集合乡村生态、历史文化、特色产业等各类资源打造出不同类型的IP 形象，通过对住宿餐饮、休闲娱乐、研学等方面进行全面赋能，带来巨大的"出圈"流量，也为游客提供沉浸式的乡村旅游体验。汉中市佛坪县素有"大熊猫故乡"之称，未来以"熊猫 IP"为农文旅发展品牌，设计系列瑜伽熊猫 IP 文创产品，打造熊猫戏水节，推出熊猫戏水短剧、熊猫跳舞快闪等主题活动，通过发展特色美食研学及康养产业，从而打造熊猫主题生态休闲度假旅游区。

2. 农特产品文创

基于乡村独特的地方风物及农产品，将乡村文创与在地优势产业相结合，通过创意包装和设计，文案对接现代人的精神和消费理念，培育成品牌农业和品牌农产品，推进传统农业的文创转型，提升产业价值。位于陕西省安康市岚皋县的裂裟梯田凭借着无污染的古法耕种，种植出天然的富硒大米，通过品牌故事和包装形式，打造出具有国家认证的梯田硒米品牌。又如，经过黄河宿集重新包装的黄河滩枣、番薯干、红酒等特产持续畅销，带动农民收入实现较快增长。

3. 乡村潮玩文创

以年轻人视角和玩法将村落与现代潮流生活方式相结合，提炼乡村的文化价值，开发输出符合大众旅游商品市场消费需求的文创产品。打造独具创意性、文化性、市场性，可与游戏、食品、生活工艺品等品牌进行联名，打造联名盲盒、潮玩限定礼盒，拓宽人们对于乡村生活的想象边界。例如，乡村爱情盲盒将土味、乡村人物形象与时下最潮流、时尚的盲盒相结合，制造出极大的视觉冲击力和新鲜感，而且最大限度发挥 IP 人物角色的粉丝效应。

（四）节庆活动满足主客共享精神需求

通过对乡村文化、民俗风情等资源优化融合，推出别出心裁、丰富多彩的乡村节庆活动，扩大乡村旅游的知名度和美誉度，成为区域标志符号，能够有效弥补乡村旅游淡季需求的不足，实现人民群众在实践参与中提升获得感和幸福感。

1. 节事活动

将乡情乡愁、村味农趣相融合，将乡村传统节日进行内容创新提升，辅以相关的美食节、戏剧节等，形成大节套小节，内容丰富的文化节庆活动。鄠邑区蔡家坡村已连续举办五届"关中忙罢艺术节"，活动借助农业文明传统民间节庆，将乡土变为艺术空间，将田野化为展演现场。还有终南戏剧节、终南生态艺术项目、社区艺术项目等多个板块，将传统乡村的生活方式、价值认同、规范秩序，与现代城市文明的创新文化、生活美学相结合，并入选国家级文旅赋能乡村振兴优秀案例。

2. 体育赛事

依托乡村公共文化场所，以"体育＋特色村落"的形式，开展"村超"、"村 BA"、乡村越野跑等村民与游客共欢的乡土赛事，提升村民物质生活与精神面貌，赋予乡土文化新生命力。营盘村通过"体育＋"模式，围绕足球赛事、青训等大型体育活动建设了汉中市最大的体旅研训基地，先后承接球队、俱乐部集训，并承办青少年田径锦标赛、足球比赛、航模比赛等赛事活动，乡村体育旅游为区域经济发展凝聚人气、增强活力发挥了独特作用。

三、生态振兴：景观治理与艺术空间的发展路径

生态文明建设与乡村旅游本质上是相向而行的，通过"生产＋生活＋生态"立体化开发乡村空间生态资源，既能够以生态化为主题深化乡村旅游产品，又能够助力建设生态宜居的美丽乡村。通过发展生态友好型产业，如生态观光农业、乡愁艺术空间、特色民居改造等，不仅可以为乡村旅游注入新动力，还能够实现经济与生态的双重收益。

（一）生态景观治理

乡村生态景观治理在乡村旅游发展中起着至关重要的作用。通过对乡村自然环境的科学规划与优化管理，不仅提升了乡村的整体美感，还吸引了更多游客体验田园风光与乡村生活。具体而言，乡村生态景观治理包括对自然生态系统的保护与恢复以及生态质量的提升。生态景观治理通过改善生态环境，提升视觉吸引力，构建完整的山水林田草体系为发展乡村旅游构建生态基地。依托田园风光与乡土文化，形成特有乡村自然景观与生态环境，为游客带来独特的田园生活与民俗文化，获得丰富的旅游体验。通过对历史建筑、传统手工艺和民俗活动的保护与宣传，为游客带来深入乡村的文化底蕴体验。

（二）艺术空间营造

乡村艺术空间的营造旨在通过艺术造型提升乡村的整体氛围和居民的生活质量。基于当地自然环境、历史文化与民俗风情，创作出与乡村

环境相融合的艺术景观。在艺术空间营造过程中，首先，通过观察与利用乡村周边的山川河流等自然景观，创作出与自然环境和谐共存的艺术装置。这样的装置不仅融入了自然景观，还能提升人们对自然美的感知，增强乡村的艺术氛围。例如，在田野中布置雕塑或互动性装置艺术，不仅能吸引游客，而且为居民提供了充满创意与美感的生活空间。其次，营造乡村艺术空间需要深挖当地的历史文化与民俗风情。这不仅赋予艺术空间独特性，还让游客与居民更好地感受乡村的魅力。通过利用当地材料与技艺创作艺术作品，使其具有鲜明的地域特征，并通过文化活动展示乡村的民俗风情，增强文化吸引力。蔡家坡村的艺术空间建设便是一个成功案例。以秦岭为背景，蔡家坡村将文化艺术融入旅游产业，创造出一个集自然景观与艺术表达于一身的乡村艺术空间，吸引了大量游客，促进了当地经济发展。

（三）乡村建筑风貌传承

乡村建筑风貌的传承在乡村发展中至关重要。这不仅是对传统建筑的保护与修复，也是对乡村历史文化的延续。在新建建筑中融入传统元素，可以在显示现代感的同时，保留乡村的独特地域特色，增强村民的文化认同感与归属感。保护建筑风格是乡建风貌传承的核心。传统建筑如民居、祠堂和庙宇，不仅是物质遗产，也是文化内涵的载体。通过修复和合理利用，这些建筑可以焕发新生，成为乡村文化的重要标志，同时推动乡村经济发展。此外，自然环境与田园风光也是风貌传承的重要部分。保护乡村的山水田野，不仅能提升生态环境，还为乡村旅游提供独特资源，吸引更多游客。风貌传承还需注重乡村社区建设，通过改善基础设施和提升公共服务来提高居民的生活质量。佳县木头峪村通过保护陕北传统民居，结合黄河文化与家文化主题，成功实现了保护与开发的统一，为乡村振兴提供了借鉴。

四、组织振兴：乡村基层治理新路径

（一）坚持和发展基层党组织对乡村文化产业的领导

通过基层党组织的领导发展文化产业，利用文化产业发展增强农民的文化自信。基层党组织可以引导农民深刻认识乡村文化产业的价值，调动乡村的全部社会力量支持和参与文化产业发展。将农民参与乡村文化产业发展的意愿转变为参与文化产业发展的行动。将文化产业发展与乡村振兴、新型城镇化紧密结合起来，巩固脱贫攻坚的发展成果。将文化产业发展与农村基层党组织的发展紧密结合起来，推动乡村文化产业由粗放管理转变为专业化、精细化管理；建立制度对基层党组织的文化活动开展情况进行考核，推动基层党员干部观念更新，提升农村基层党员干部管理、服务于文化产业的素质和能力。

（二）健全和完善农村集体经济组织

农村集体产权制度改革推进顺利，农村集体经济组织同步建立，完善治理机制、健全组织章程，在村党组织领导下依法代表成员行使集体资产所有权，履行集体资产管理运营职能，促进乡村振兴。培育农村产业联盟，推动农业产业的升级和转型，促进农文旅融合，实现乡村经济的多元化发展。

（三）鼓励和支持乡村自治组织

以县域为单位，引导和支持供销社、合作社、行业协会等集体经济组织和社会化服务组织的带动作用，形成共建共治共享的文化产业发展自治协调机制，激发乡村内生动力。通过发展农民专业合作社，提高农民的组织化程度，促进乡村经济的发展。同时，合作社可以成为农民和技术对接的桥梁，推动农业技术的普及和应用。发挥村民自治的作用，推动乡村民主政治建设。通过村民自治，完善乡村治理体系，加强乡村社会的管理，维护乡村的社会稳定。

五、人才振兴：乡村建设的引才育才创新路径

（一）建立多元化引才机制

鼓励"文化志愿者"投身乡村建设。推广"乡村工匠"计划。制定相关政策，吸引有志于乡村文化和旅游发展的人才参与陕西乡村建设。这些"文化志愿者"在文化传播、社区建设和旅游产业发展中能够发挥重要作用。通过与高校合作，选拔"乡创特派员""农村职业经理人"等角色，将科技、信息和市场资源引入乡村旅游项目，增强乡村的创新能力和经济活力。这一策略不仅有助于提升乡村旅游的品质，还能促进当地居民的参与感和归属感。

（二）强化人才培养平台建设

结合陕西乡村旅游发展的实际需求，设置与旅游相关的职业课程，培养新型职业农民和旅游服务技能型人才。通过推动农业科技、数字技术的培训与应用，提升从业人员的科技素养和现代化操作能力，确保他们能为游客提供优质的旅游体验。这些系统化的职业培训不仅能提高乡村旅游的服务质量，还能增加农民收入，推动乡村经济的可持续发展。

（三）优化人才激励机制和保障体系

提供有竞争力的薪酬待遇和良好的职业发展前景，设立专项资金支持在乡村旅游和文化建设中表现突出的优秀人才。通过解决住房、子女教育等实际问题，为乡村人才提供生活和工作的便利条件，营造吸引和留住人才的良好环境，确保人才在乡村旅游发展中能够安心工作、长期服务。

第四章 陕西工业旅游创新发展实践

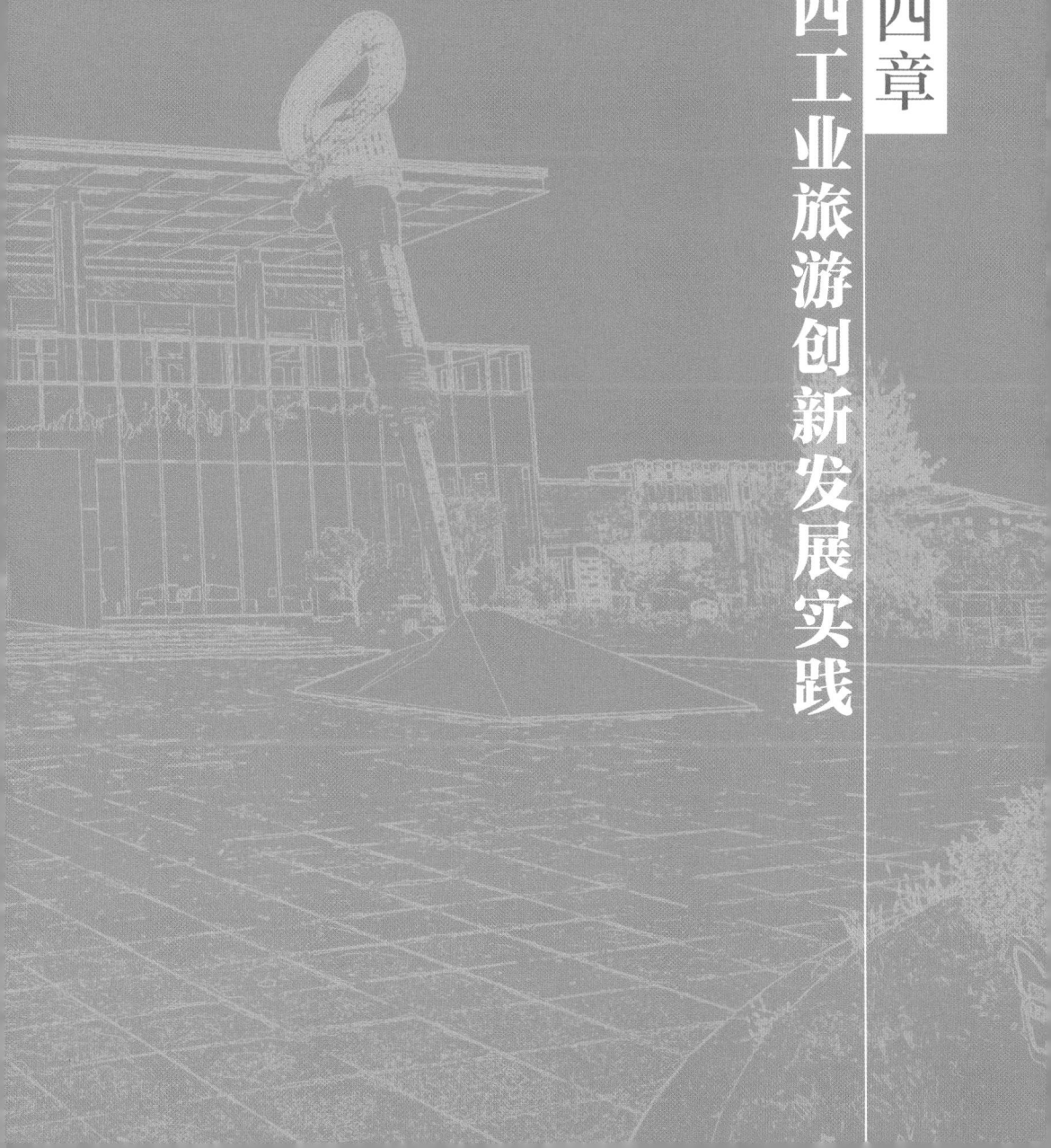

第一节

工业旅游发展背景

随着社会产业结构转变与大众旅游的不断发展，旅游消费需求多元化和个性化趋势日益明显。工业旅游作为一种新型旅游概念和旅游产品的延伸，不仅是一种旅游的创新，更是一种跨界的产物，其发展也越发受到国家高度重视。党的二十大报告提出"推进文化和旅游深度融合发展"。《"十四五"旅游业发展规划》提出，鼓励依托工业生产场所、生产工艺和工业遗产开展工业旅游，建设一批国家工业旅游示范基地。《国家工业遗产管理办法》明确支持利用国家工业遗产资源，开发具有生产流程体验、历史人文与科普教育、特色产品推广等功能的工业旅游项目。工业和信息化部等八部门联合发布《推进工业文化发展实施方案（2021—2025年）》，提出要推动工业旅游创新发展，并明确通过5年努力，打造一批具有工业文化特色的旅游示范基地和精品线路，建立一批工业文化教育实践基地，传承弘扬工业精神。2022年11月，文化和旅游部推出北京市751园区等53个国家工业旅游示范基地。2023年4月，"旅游中国　美好生活"2023工业旅游暨大运河工业遗产峰会在常州举行。会议提到，在加强先进制造硬实力的同时，更好地发挥工业文化软实力的作用。要大力发展工业文化，传承工业精神，营造良好的发展环境。有关政策为工业旅游发展指明方向，昭示着工业旅游的光明前景。

近年来，工业旅游以其独特魅力吸引着越来越多的游客。如前往新中国第一台航空发动机、第一台电力机车诞生地探秘，去体验昔日首钢炼钢高炉与今日滑雪大跳台的华丽转身，再到奶业制造基地发现"从一棵草到一杯奶"的神奇转化。在"工业风"的背后，或斑驳或现代的工业园区，见证了新中国工业的不断成长壮大，蕴含着艰苦奋斗的拼搏进取精神。妥善利用具有历史、文化价值的工业园区，打造特色文创空间，不仅是向公众展现工业的硬核壮美，更是开展爱国主义教育、拓展文旅休闲消费新场景的良好契机。

如果说文化是旅游的灵魂，那么具有深厚历史与人文积淀的工业园区，则是独特的记忆载体和旅游资源。陕西是工业大省，工业旅游资源种类丰富，发展潜力巨大。发展工业旅游是展示陕西工业新成就、塑造工业新形象、实现工业文明传承和文旅产业创新发展、推进工业与文旅产业协同融合和高质量发展的重要途径。当前，陕西正着力打造先进制造、现代能源、文化旅游、战略性新兴产业等万亿元级产业集群，先后制定出台了《陕西省"十四五"文化和旅游发展规划》《陕西省打造万亿级文化旅游产业实施意见（2021—2025年）》《陕西省打造重点文化旅游产业链三年行动方案（2023—2025年）》《陕西省贯彻〈推进工业文化发展实施方案（2021—2025年）〉行动计划》《陕西省工业遗产管理办法（试行）》等一系列政策法规。2024年3月，陕西省工业和信息化厅、省文化和旅游厅、省国资委、省文物局、陕西旅游集团共同联合发布《推动陕西工业旅游倡议书》，为陕西工业旅游的创新发展营造了良好的发展环境。

基于对陕西工业旅游创新趋势的研究，本篇章通过对工业旅游创新发展的现状、特点、趋势等的分析，形成对工业和旅游产业发展更加科学的发展指引。此外，通过深入总结不同类型工业旅游发展经验，从工业旅游开发、规划、设计、运营的多角度提出不同工业旅游项目主题发掘、开发重点、项目配套、体验形式、品牌营销等开发指引，探索总结具有可推广复制的开发模式，促进工业旅游市场持续增长。从而为推进工业旅游项目落地实施提供较高的参考和借鉴意义，以及具有可落地、可操作的实践经验。

第二节

国内工业旅游发展现状

一、概念与意义

（一）工业旅游概念

工业旅游是以保护和开发工业遗产为核心，同时展示现代化工业的生产和作业景观，并能为游客创造生产体验的专项旅游。工业旅游是工业和旅游业相互融合、相互渗透的必然产物，是市场需求推动下自发形成的旅游产品。其作用有二：一方面，工业基于产业转型升级的需要，为旅游业的发展带来巨大机遇；另一方面，旅游新业态的发展促进了与其他行业的深度融合。

（二）工业旅游意义

1. 传承弘扬工业精神

我国工业发展的历程中形成了以工匠精神、劳模精神等为代表的优秀工业文化传统，这些优秀的工业文化和精神蕴含在工业遗产、工业博物馆里。发展工业旅游，可以将具有历史价值的工业遗产进行保护和利用，让更多人了解中国工业发展的历史和现状，感受中国厚重的工业文化和工业精神。同时，增加对传统工匠技艺和精神的了解，推动科技创新和工匠精神的传承，将中华民族的工匠技艺世代相传。

2. 丰富旅游产品供给

工业旅游可以将现行生产资源或已废旧闲置资源转换为旅游资源，通过资源挖掘、翻新设计、业态植入等形式，实现价值转化，形成丰富多元的旅游产品。随着科技和产业融合的发展，研学、文化、非遗、商业、科技等元素融入现有工业项目的趋势越来越明显，完善多元化的工业旅游产品不断推出，拓展了旅游类别，进一步丰富了旅游业态载体，更好地满足了不同人群的文旅消费需求，推动工业旅游成为文旅市场的新增长点。

3. 推动企业转型升级

工业旅游是现代企业进行形象宣传、品牌提升、促进销售、提高效益的新手段和新平台。企业可以通过工业旅游项目展示自己的技术和产品，提升品牌形象和市场影响力。同时，开展工业旅游对于企业来说等于低成本做广告，通过工业旅游可以了解游客需求，掌握最新的市场动态和信息。从企业管理的角度来看，将企业形象、生产操作、企业产品、企业文化展示给公众，等于为企业引入了良好的外部监督机制，有利于形成进一步加强企业管理的动力。

4. 带动产业经济发展

一方面，打造特色文旅活动，可以吸引更多游客参观学习，增加当地旅游收入和就业机会，同时带动交通、住宿、餐饮等相关产业的发展。另一方面，依托自身工业资源禀赋发展工业旅游，通过旅游开发在历史文化、工艺体验、产业延伸、食宿配合等方面做足功夫，完美实现二三产业融合，更好地延伸了产业链，带动地方特色产业火起来的同时，提升了当地的形象和知名度。

二、发展沿革

（一）历史沿革

我国工业旅游发展对比国外老牌工业国家整体起步较晚，初期工业旅游意识不强，基本以政府主导为主，近些年发展较快，进入快速发展期。从发展历史沿革上看基本可以分为 4 个阶段。

第一阶段：被动参观阶段。20 世纪 90 年代以前，主要为早期政务接待，政府性质的接待参观和同行业间的相互学习参观，具备工业旅游的雏形，但缺乏与旅游服务相联系的意识。

第二阶段，企业自发组织阶段。20 世纪 90 年代末，我国企业面临改制改革，在企业改革探索中，不少企业利用自身优势，进行产业延伸，知名大企业开始自主开发工业旅游。

第三阶段，政府规范化管理阶段。2001 年到 2015 年，原国家旅游局在 2001 年发布了《关于加快发展工业旅游和农业观光旅游的通知》，把推进工业旅游、农业旅游列为工作要点，旅游主管部门推广、引导和规范工业旅游发展。其间，命名 345 家单位为全国工业旅游示范点。

第四阶段，快速发展阶段。2016 年至今，整体旅游市场需求旺盛，工业旅游意识提升，服务规范，工业旅游发展正式进入发展的快车道。截至 2025 年 5 月，推出了 10 个国家工业遗产旅游基地，公布了 22 家国家工业旅游创新单位，工业和信息化部公示了六批国家工业遗产名单共 200 家，推出了 135 家国家工业旅游示范基地。

（二）工业遗产分布情况

工业遗产的分布从一个侧面代表了整体工业发展，同样一定程度上代表了工业旅游发展的潜力，与中国工业化发展进程密切相关。从地域上来看，工业遗产主要分布于东北、华北、西南等地区，随着区域发展功能的调整，遗留了大量的工业遗产。同时，沿着主要的交通线、沿运河、沿海的一些区域也是工业遗产集中分布区域。从工业旅游已开发市场发展来看，我国华东地区工业旅游发展较快，其次是华北、中南部地区，全国整体呈现出明显的阶梯形分布状态。各个区域也根据其自身发展的特点，形成了不同特色的工业旅游区，主要包括东北三省工业旅游区、环渤海工业旅游区、黄河中游工业旅游区、东部沿海工业旅游区、长江中游工业旅游区。从分布区位看，主要包括以下 3 类。

城市型工业遗产：多为城市早期工业化的产物，位于城市交通便利地带的铁路、码头及仓储用地。

城市边缘区工业遗产：多为污染相对较大的大型工厂、污水处理厂等。主要位于城市外部，多数是有独立的生产区域与居住区之间有一定的间隔距离。

郊野独立体系工业遗产：多是由三线建设时期留下的老工业区，或是由于受到自然资源限制的工业废弃地。位于远离城市的郊野地带，形成独立的工业生产和生活的区域。

（三）发展模式

从工业旅游发展模式来看基本可以分为 6 种形式，主要包括工业遗产模式、工业博物馆模式、现代企业参观模式、公共游憩空间模式、传统工业文化开发模式、旅游综合开发模式。

工业遗产模式：把原有部分工业遗产形态保护保存下来，进行再利用，改造为相关用途场所。

工业博物馆模式：以工业为主题的专题性博物馆，以博物馆的方式，通过展示企业的技术、产品、工艺等满足游客的旅游欲望。

现代企业参观模式：以现代化科学技术和先进的生产工艺为旅游产品进行营销，有组织地参观、访问现代工业、科技、手工业、服务业等。

公共游憩空间模式：将工业空间与公共空间结合，将典型的工业参观与自然景观以及人文景观融合到一起，形成以工业景观为背景的景观公园，游客置于其中观光、休闲。

传统工业文化开发模式：以企业浓郁的传统文化和悠久的发展历史为旅游产品，使游客更加深入了解企业，最终达到成为企业忠实消费者的目的。

旅游综合开发模式：以工业产业为基础，向旅游产业延伸，打造旅游产品，形成产业集群。

三、政策解读

（一）工业文化保护

近年来，工业和信息化部、国家发展改革委牵头出台多项关于工业遗产保护、工业文化发展的政策措施，强调了工业遗产资源的活化利用，不仅体现了对历史文化遗产的重视，也为工业文化在新时代背景下的创新发展奠定了坚实基础（表4-1）：

表4-1　工业文化保护相关政策一览表

时间	政策文件名称	发布机构	核心内容
2015 年	《关于进一步促进产业集群发展的指导意见》	工业和信息化部	（1）支持建设产业集群展览展示平台、电子商务平台等公共营销渠道，推动线上电子商务与线下专业市场融合发展 （2）支持开展区域品牌宣传推广，鼓励有条件的产业集群发展工业旅游和产业旅游，引导企业参与宣传区域品牌，共同扩大区域品牌和企业品牌的社会影响

续表

时间	政策文件名称	发布机构	核心内容
2016 年	《关于推进工业文化发展的指导意见》	工业和信息化部、财政部	（1）发展工业文化产业，推动工业遗产保护和利用。开展调查摸底，建立工业遗产名录和分级保护机制，保护一批工业遗产，抢救濒危工业文化资源（2）引导社会资本进入工业遗产保护领域，合理开发利用工业遗存，鼓励有条件的地区利用老旧厂房、设备等依法建设工业博物馆
2017 年	《关于促进食品工业健康发展的指导意见》	国家发展改革委、工业和信息化部	培育发展新业态、新模式，推动食品工业与教育文化、健康养生深度融合，鼓励发展食品工业旅游、制造工艺体验、产品设计创意等新业态
2019 年	《关于推动先进制造业和现代服务业深度融合发展的实施意见》	国家发展改革委等 15 部门	培育融合发展新业态新模式，发展工业文化旅游。支持有条件的工业遗产和企业、园区、基地等，挖掘历史文化底蕴，开发集生产展示、观光体验、教育科普等于一身的旅游产品，厚植工业文化，弘扬工匠精神
2021 年	《推进工业文化发展实施方案（2021—2025 年）》	工业和信息化部、国家发展改革委等八部门	弘扬工业文化价值内涵，促进工业文化与产业融合发展，推动工业旅游创新发展，开展工业文化教育实践，提高工业遗产保护利用水平，完善工业博物馆体系
2023 年	《国家工业遗产管理办法》	工业和信息化部	鼓励利用国家工业遗产资源，建设工业文化产业园区、特色街区、创新创业基地、影视基地、城市综合体、开放空间、文化和旅游消费场所等，培育工业设计、工艺美术、工业创意等业态

（二）工业旅游发展

工业旅游作为我国旅游业的重要组成部分，近年来得到了国家的高度重视和政策的大力支持。为了进一步推动工业旅游高质量发展，我国不断完善和优化相关政策体系，致力于将工业旅游打造成为展示我国工业文明、促进地区经济发展、丰富人民群众精神文化生活的新兴产业。2019 年 7 月，工业和信息化部工业文化发展中心创新工作机制，牵头发起成立全国工业旅游联盟，有效推动了工业旅游发展。（表 4-2）

表 4-2　工业旅游发展相关政策一览表

时间	政策文件名称	发布机构	核心内容
2016 年	《全国工业旅游发展纲要（2016—2025 年）》	原国家旅游局	到 2020 年，在全国创建 10 个工业旅游城市（以传统老工业基地为依托）、100 个工业旅游基地（以专业工业城镇和产业园区为依托）、1000 个国家工业旅游示范点（以企业为依托），初步构建协调发展的产品格局，成为我国城乡旅游业升级转型的重要战略支点
2017 年	《国家工业旅游示范基地规范与评价》	原国家旅游局	适应广大游客对工业旅游的需求，加强对工业旅游工作的指导，改善工业旅游发展环境，提升工业旅游服务质量，建设一批国家工业旅游示范基地和国家工业遗产旅游基地，推动旅游业和工业的融合发展
2021 年	《"十四五"文化产业发展规划》	文化和旅游部	加强对当代社会主义建设成就的旅游开发，深入挖掘重大工程项目的精神内涵，发展特色旅游。加强对工业遗产资源的活化利用，开发旅游用品、特色旅游商品，培育旅游装备制造业，发展工业旅游
2022 年	《"十四五"旅游业发展规划》	国务院	鼓励依托工业生产场所、生产工艺和工业遗产开展工业旅游，建设一批国家工业旅游示范基地。支持博物馆、文化馆、图书馆、美术馆、非遗馆、书店等文化场所增强旅游休闲功能，鼓励各地区利用工业遗址、老旧厂房开设文化和旅游消费场所

续表

时间	政策文件名称	发布机构	核心内容
2022 年	《关于进一步释放消费潜力促进消费持续恢复的意见》	国务院办公厅	大力发展全域旅游，推动红色旅游、休闲度假旅游、工业旅游、旅游演艺等创新发展，促进非遗主题旅游发展
2022 年	党的二十大报告	中国共产党第二十次全国代表大会	发展工业旅游，推动第二、三产业融合发展，是保护工业文化遗产、加强文化保护传承、促进城市转型发展的重要措施

四、市场趋势

（一）总体趋势

1.需求释放，市场规模大

根据相关研究，工业旅游约占全球旅游规模的 10%～15%。2021 年，全球工业旅游市场接近 10 亿美元，有预测表明，到 2033 年工业旅游市场将超过 187.393 亿美元。2023—2033 年，复合年增长率将达 27.4%。可见，工业旅游在全球旅游市场中占有重要地位，具有较大的经济和社会效应。

2.示范引领，形成新增长点

我国工业旅游从 20 世纪 90 年代开始发展至今，项目数量渐成规模，工业文化景观亦较为丰富。作为旅游新业态，工业旅游能够满足新时代人民群众对工业历史文化、创新科技、艺术设计等多方面的消费需求。2017 年，原国家旅游局评选出 10 个国家工业旅游示范基地，2022 年文旅部推出 53 个国家工业旅游示范基地，2023 年又发布 69 个基地，2024 年发布 3 个基地，四批共计 135 个基地，将进一步示范引导全国工业旅游项目建设，对下一阶段工业旅游的发展、形成新增长点起到重要的促进作用。

3.众多企业趋于高度重视

工业旅游不仅宣传了企业，提升了形象，增加了销量，而且可以了解游客需求，掌握最新市场动态和信息，塑造自身品牌，发展一大批稳定忠诚的消费群体。

4.特色项目趋于多样化

我国工业行业众多，为工业旅游多样化、特色化发展提供了良好的基础。有的企业在新项目的研发阶段，就结合自身文化特点，打造工业旅游项目。

5.传承弘扬工业精神

开展工业旅游已转化为履行社会责任的内在要求。其目的并不仅在于获得巨大的经济收益，而是传播优秀的工业文化、工业精神以及工业旅游带来的社会价值。

6.创建专题特色产品

与专业设计机构合作，依托工业遗产、现代化生产线、工业产品等资源，开发体现自身文化特色的工业遗产景观、观光生产线、企业博物馆等旅游产品。

（二）区域特色

我国华东地区工业旅游发展较快，其次是华北、中南部地区，呈现出明显的阶梯形分布状态（图4-1、表4-3）。

1.东北三省工业旅游区

片区包含黑龙江省、吉林省和辽宁省，该区工业被称为共和国长子，工业旅游的发展现状是以重工业为主的煤炭、钢铁、石油等主题的遗址旅游区。

2.环渤海工业旅游区

片区包含河北省、山东省、北京市和天津市，该区工业旅游项目密集，形成了以沈阳、大连为中心的辽中南工业旅游带，以北京为中心的工业旅游城市群和以青岛为中心的山东半岛工业旅游带。

3. 黄河中游工业旅游区

片区包含陕西省、山西省和河南省，该区的工业旅游项目主题涉及水利、煤炭、食品、青铜、机车、酿酒等多个门类，但工业发展较为保守，多以保留景区、保护型遗址工业旅游区为主。

4. 东部沿海工业旅游区

片区包含江苏省、安徽省、浙江省、上海市、江西省、福建省和广东省，该片区是近代工业的发祥地，工业旅游发展走在我国前沿，其中以更新城市功能的公共服务产品，如工业主题潮流艺术街区和贴近日常生活的轻工业主题旅游为主。

5. 长江中游工业旅游区

片区包含重庆市、湖北省和湖南省，该片区虽然工业旅游起步较晚，但以食品、遗址文化为主题的工业旅游近年来发展迅速，艺术街区、生物主题、煤矿主题等其他门类的工业旅游也崭露头角。

（三）产品趋势

从"干"工业到"看"工业，再到"享受"工业遗址。

1. 沉浸式体验

随着体验经济的到来、沉浸式旅游的新启，工业旅游不再是简单的"工业＋旅游"，游客已不再满足于看到什么、得到什么，体验需求的满足显得越来越重要。产品设计更需考虑游客体验感，结合当下科技及产品特性创意性地把工业文明植入旅游诸要素中，从而营造全新情景体验。

2. 多元化消费

随着国内工业旅游的不断发展，其消费形式也在不断发展，现今的工业旅游消费者更加关注体验、消费、个性、娱乐与内在层次的提升。工业旅游目的地也在发展中不断满足游客多样化的消费需求，VR 科技、游戏娱乐的体验消费，购买文创商品及工业产品的消费，旅游区内主题住宿的消费，主题定制的服务消费等都已成为工业旅游的主流消费形式。

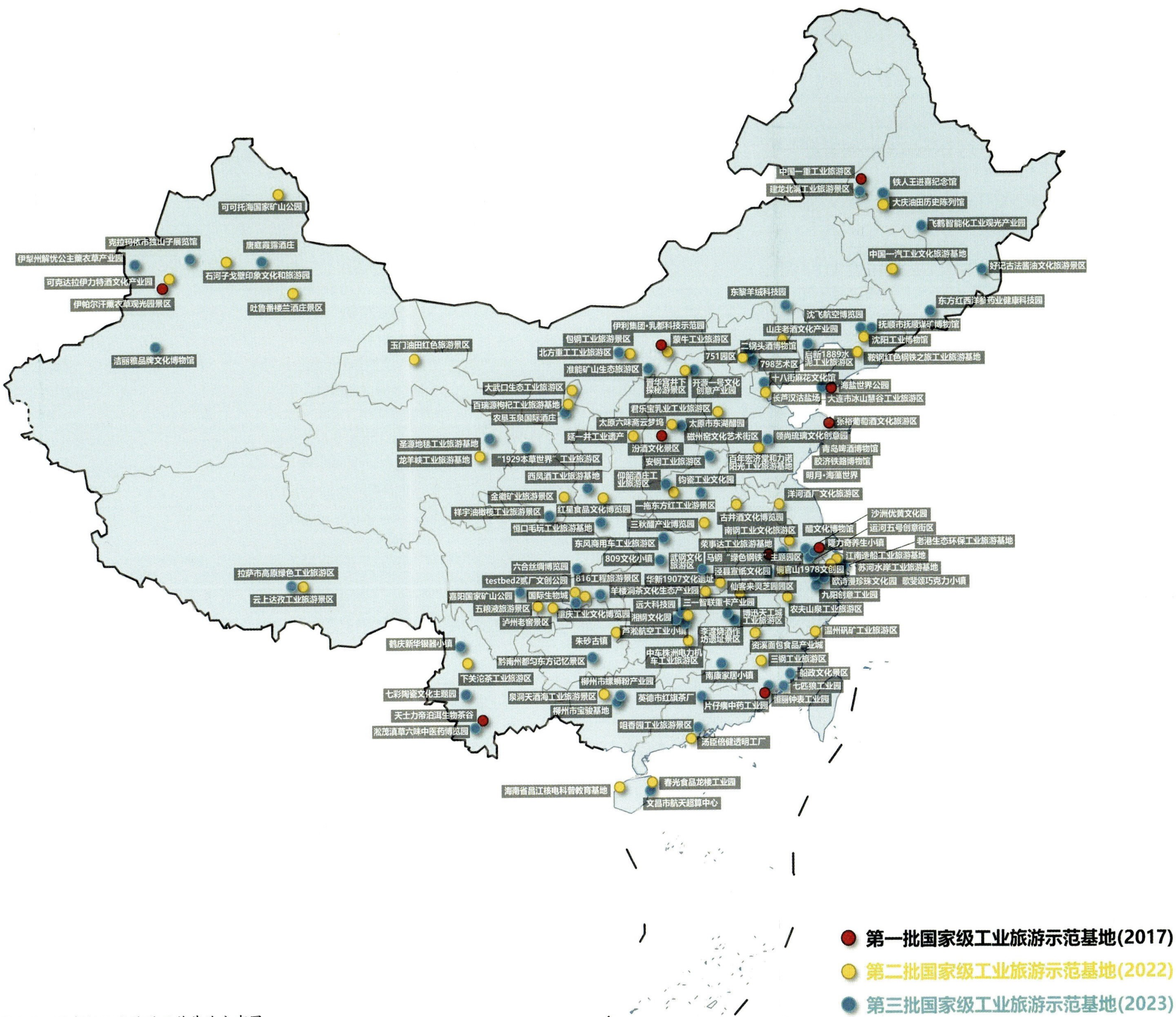

图 4-1 国家级工业旅游示范基地分布图

图例

- 第一批国家级工业旅游示范基地（2017）
- 第二批国家级工业旅游示范基地（2022）
- 第三批国家级工业旅游示范基地（2023）

表 4-3 国家级工业旅游示范基地名单

第一批国家级工业旅游示范基地（2017）

序号	名称	序号	名称
1	张裕葡萄酒文化旅游区	2	隆力奇养生小镇
3	片仔癀中药工业旅游	4	伊利集团·乳都科技示范园
5	天士力现代中药工业园	6	汾酒文化景区
7	伊帕尔汗薰衣草观光园景区	8	中国一重工业旅游景区
9	海盐世界公园	10	荣事达工业旅游基地

第二批国家级工业旅游示范基地（2022）

序号	名称	序号	名称
1	751园区	2	长芦汉沽盐场
3	山庄老酒文化旅游园区	4	君乐宝奶业工业旅游景区
5	晋华宫井下探秘旅游景区	6	太原六味斋云梦坞
7	蒙牛工业旅游景区	8	包钢工业文化旅游区
9	鞍钢红色钢铁之旅工业旅游基地	10	沈阳工业文化旅游区
11	中国一汽工业文化旅游园	12	大庆油田历史陈列馆
13	江南造船厂文化旅游区	14	苏河水岸工业旅游基地
15	洋河酒厂文化旅游区	16	青岛啤酒博物馆
17	农夫山泉工业旅游区	18	温州帆船矿工业旅游区
19	三秋醋文化产业园	20	铜陵1978文创园
21	仙客来灵芝田园	22	资溪面包食品产业城
23	三钢工业文化博览园	24	一拖东方红工业旅游景区
25	百年宏济堂和力诺阳光工业旅游基地	26	"绿色钢铁"主题园区
27	古井酒文化博览园	28	华新1907文化创园
29	羊楼洞茶文化生态产业园	30	中车株洲电力机车工业遗址
31	三一智联重卡产业园	32	汤臣倍健透明工厂
33	泉洞天酒海工业旅游区	34	海南省昌江核电科普教育基地
35	春怡食品龙窑工业园	36	国际生物城
37	testbed2 贰厂文创公园	38	五粮液糟坊工业景区
39	泸州老窖景区	40	朱砂古镇
41	下关沱茶工业旅游区	42	云上达孜文化旅游区
43	延一井工业遗产	44	红星色陶瓷工业博览园
45	玉门油田红色旅游基地	46	金徽食品工业文化博览园
47	龙羊峡工业旅游景区	48	大武口毛纺工业旅游基地
49	百瑞源枸杞红色旅游基地	50	"1929太草世界"工业旅游区
51	甘肃露楼兰酒庄景区	52	可克达拉伊力特酒文化产业园

第三批国家级工业旅游示范基地（2023）

序号	名称	序号	名称
53	石河子艾墨印象文化和旅游园		
1	798艺术区	2	启新1889水泥工业旅游区
3	十八街麻花文化馆	4	二锅头酒文化博物馆
5	磁州窑文化创意产业区	6	太原市东湖醋园
7	开源一号重工业旅游基地	8	江苏省苏州市沙洲优黄文化园
9	北方重工工业旅游景区	10	江苏省苏州市沙洲优黄文化园
11	抚顺市抚顺煤矿博物馆	12	好记古法酱油文化园
13	沈飞航空博览园	14	欧诗漫珍珠文化园
15	东方红西柏坡药业健康科技园	16	飞鹤智能化工业观光产业园
17	建龙北满特钢工业旅游景区	18	泾县宣纸文化园
19	老港生态环保矿工业旅游基地	20	铁人王进喜纪念馆
21	江苏省镇江市醋文化博物馆	22	运河五号创意街区
23	歌诗颂巧克力小镇	24	泾县宣纸文化创意园
25	九阳创意工业小镇	26	胶济铁路博物馆
27	马钢"绿色钢铁"主题园区	28	七匹狼中美工业园
29	南康家居工业小镇	30	李渡烧酒作坊遗址景区
31	博沕天工城工业小镇	32	湘桥文化区
33	歌诗颂巧克力小镇	34	涌金溪绕酒作坊遗址景区
35	明月·海藻世界	36	胶济铁路博物馆
37	仰韶酒庄工业旅游景区	38	安钢工业文化博览园
39	钧瓷工程旅游景区	40	武钢工业文化公园
41	809文化小镇	42	嘉阳国家矿山公园
43	远大科技园	44	东风商用车工业旅游
45	芦淞航空工业小镇	46	湘桥文化区
47	英德市宝墅茶厂	48	柳州市宝墅螺蛳粉产业中心
49	柳州市宝墅基地	50	柳州市宝墅螺蛳粉产业园
51	816工程旅游景区	52	重庆市航空超算中心
53	六合丝绸文化区	54	嘉阳国家矿山公园
55	黔南州都匀东方记忆景区	56	鹤壁新华银器小镇
57	淞滇草六味中医药博览园	58	七彩云南文化区
59	拉萨市高原绿色工业博览园	60	西凤酒文化区
61	信口毛织工业旅游园	62	文昌油藏橄榄工业博览园
63	"1929太草世界"工业旅游区	64	圣泉工业旅游景区
65	农垦玉泉工业旅游基地	66	克拉玛依独山子工展览馆
67	伊犁州解忧公主薰衣草产业园	68	洁丽雅毛巾文化博物馆
69	唐庭霞露酒庄		

3. 数字化展示

工业博物馆展品展示利用 VR 虚拟现实技术的特点，将工业文化内涵形象化、具体化，带给观众超越视觉感受的文化体验；大型工业遗产展示结合 3D 墙体投影将生动和动态的动画和建筑装饰相互结合，从而实现空间的拓展、变换；通过 VR 虚拟现实打造厂区的 VR 互动游戏体验环节，增强旅游项目的互动性，丰富娱乐休闲功能，增加项目盈利点；工业遗址采用 VR 宣传片、全景 VR 展示，可以配合内容进行线上宣发、线下体验展示，在降低成本的同时提高效率。

4. 互动式参与

通过独特的科技展示空间，游客在其中通过视听、触摸等形式与建筑墙面或者地面互动，提升趣味性，在游乐中了解企业、学习工业知识；还可通过游戏或视频问答的互动手段反复强化企业向游客传达的研学信息与企业文化；划分游客专用的生产体验区域，使游客真实参与产品的生产与制作流程。

5. 定制化服务

线路定制化：工业旅游点密集的城市或地区，根据主题、客群需求、区域位置等因素进行旅游线路的定制。

产品定制化：根据企业生产的产品特性对其进行定制化生产，如可口可乐定制包装。

住宿定制化：为不同的客群需求打造不同的工业主题客房，如蒸汽火车蜜月房、小煤球亲子房等。

6. 创新文化元素

从两个方面着手创新文化元素。一是文化挖掘，以一定的逻辑对工业旅游项目所包含的文化进行解析，认清文化的价值，为核心文化的提炼打好基础。提取具有典型性、代表性的文化元素，并且结合市场需求，形成旅游吸引力，易于转化产品方案。二是文化创新，将文化元素进行整合重构，结合当前时代主流文化，独具匠心、创新为先，设计与核心文化一脉相承、吸引眼球，激发游客的好奇心与探索欲望。

（四）业态方向

工业旅游具有丰富的知识性、独特的观赏性、强烈的依托性、多重的效益性、较少的回头客等多重特点，结合工业旅游项目与城市的区位关系、自身的优劣势等特征依据，可将工业旅游划分为都市综合型、近郊休闲型与远郊目的地型三类，并对其业态方向进行梳理。

1. 都市综合型

主要位于城市中心，交通便利，以当地旅游者居多，基础配套完善，易发展成城市公共社交场所，回头客较多，能与周边旅游资源联动。但通常受到用地限制，规模相对较小，停车空间紧缺。主要业态方向有文博场馆、品牌城市展厅、文化商业街区、城市公园、城市公共服务空间、创意产业园及社区商业等。

北京 798 艺术区：项目位于北京市朝阳区酒仙桥路，占地面积 60 多万平方米，由原国营 798 厂等电子工业的老厂区改造，自 2002 年开始，随着大量艺术家工作室和当代艺术机构的进驻、成规模租用和改造闲置厂房，逐渐发展成为画廊、艺术中心、艺术家工作室、设计公司、时尚店铺、餐饮酒吧等各种空间的聚集区，使这一区域在短短的两年时间里跃升为国内最大、最具国际影响力的艺术区。

景德镇陶瓷工业遗产博物馆：项目位于江西省景德镇陶溪川文创街区，展馆占地面积约 1.1 万平方米，该馆利用原宇宙瓷厂内留存的旧窑房，通过修复创新，打造出独特、新颖的文化体验空间和客观了解景德镇近现代陶瓷工业变迁发展的文化平台。2017 年 11 月，被联合国教科文组织授予"亚太地区文化遗产保护创新奖"。

2. 近郊休闲型

主要位于城市周边，交通便利，当地旅游者居多，自然环境较好，规模相对较大，能够带动周边发展。通常呈现出周内与周末客流差异大，回头客相对一般，难以与周边旅游资源联动等问题。主要的业态方向有专业博物馆、研学基地、郊野公园、休闲景区及创意产业园等。

北京首钢工业遗址公园：项目位于北京市石景山区永定河石景山路，占地面积86.3万平方米，由石景山钢铁厂改造而来。在近90年的发展过程中，留下了高炉、冷却塔、运铁路专用线、机车、龙烟别墅等珍贵的工业历史遗存。2018年1月，首钢工业遗址公园入选第一批中国工业遗产保护名录。

唐山开滦国家矿山公园：项目位于唐山市路南区，总规划占地面积近70万平方米，为首批国家级矿山公园，坐落在拥有140多年开采历史、被誉为"中国第一佳矿"的开滦唐山矿。唐山开滦国家矿山公园是一座集工业遗产保护及活化利用、爱国主义教育、科普研学实践、旅游休闲娱乐于一身的近代工业博物馆群落。

3. 远郊目的地型

主要位于城市远郊，开发受限条件较少，可与自然风光结合，规模较大，可发挥空间大。通常远离城市，客流受限，游客主要来自外地及周边地区，回头客少，开发难度与基础配套建设成本大，较多为独立景区。主要的业态方向有博物馆群落、旅游度假区、特色文化小镇、目的地景区及生态修复区等。

内蒙古伊利集团总部基地：项目位于内蒙古自治区呼和浩特市，已在全国形成3家国家4A级旅游景区、7家国家3A级旅游景区、11家国家2A级旅游景区的布局体系。伊利集团总部以伊利乳都科技示范园为依托，引领行业创新发展，引入智能服务终端，实现了景区便捷化的科技互动体验，让游客在游玩中了解企业的生产流程、先进工艺和企业文化。

茅台酒厂工业旅游区：项目位于贵州省仁怀市茅台酒镇，占地面积约5平方公里，旅游区以公司办公大楼、茅台酒生产车间、酒库车间、包装车间为主要依托，围绕国酒生产过程，整合开放生产车间、酒库车间、包装车间等生产参观点，让游客了解国酒生产工艺及流程，感受企业文化。2017年12月，茅台酿酒工业遗产群入选第二批中国20世纪建筑遗产。

第三节

陕西工业旅游发展情况

一、陕西工业旅游历史沿革

陕西省工业旅游萌芽较早，1907年中国陆上第一口油井在延长钻成，这是陕西工业旅游的最早形式。到20世纪50年代，苏联援助中国的156个大型项目中，陕西省有24项，大型企业的建设是陕西省工业化的生命源泉，同时行业内部进行的技术交流、生产参观及经验学习，也是工业旅游的一种表现形式。1979年至20世纪末，陕西省手工纺织等轻工业、家电业以及能源等基础工业大力发展，为工业旅游的发展奠定了基础。随着企业规模的扩大，接待政府部门、同行及下游客户的考察参观，一定程度上刺激了企业接待能力的提高，建设宾馆、开辟参观线路、配置解说人员等，工业旅游初步呈现多样化发展趋势。2005年至2007年，陕西省连续三年获批了咸阳渭河发电厂、榆林神府煤田等11个国家级工业旅游示范点。至2008年，陕西省进行了全省范围内的工业遗产普查工作，遗产保护受到重视。2013年，宝鸡以老工业基地资源为依托，在全省率先开展市级工业旅游示范创建工作。2015年9月修订的《陕西省旅游条例》，明确提出"利用工业企业特色和优势资源发展工业旅游"，随后在

2022 年和 2023 年推出的国家工业旅游示范基地中，陕西共有 4 家入选。截至 2025 年 5 月，陕西省已有 14 处工业遗址类旅游项目，22 处工业企业类旅游项目，这些项目的成功运营标志着陕西省工业旅游已步入发展新阶段。

二、陕西工业旅游发展政策

陕西省积极贯彻中央关于工业旅游发展政策，推进工业与旅游、教育、交通等多业态融合。后各部门联合推出系列政策，明确工业旅游在陕西省打造万亿级文化旅游产业链中的地位和作用。此外，推出系列具体实施方案，对工业文化传承与显性化表达、工业旅游发展、工业遗产表达等内容指明发展方向和实施措施（表 4-4）。

表 4-4　陕西工业旅游发展政策一览表

时间	政策文件名称	发布机构	核心内容
2021 年	《陕西省"十四五"文化和旅游发展规划》	陕西省文化和旅游厅	培育融合发展新业态。推动文化、旅游与工业、教育、体育、交通、林业等其他领域融合发展，发展工业旅游、研学旅游、体育旅游、低空旅游、自驾旅游、康养旅游、生态旅游等多门类文化和旅游融合产品
2022 年	《陕西省打造万亿级文化旅游产业实施意见（2021—2025 年）》	中共陕西省委宣传部、陕西省文化和旅游厅	推动文化和旅游与工业、科技、教育、体育、交通、水利、农业、林业、金融等深度融合，支持文化旅游企业融合工业制造、商品交易、科普教育、文化美学等多种元素，发展工业旅游、研学旅游、康养旅游等体验性、参与性、交互性的文化旅游业态

时间	政策文件名称	发布机构	核心内容
2022年	《陕西省打造重点文化旅游产业链三年行动方案（2023—2025年）》	中共陕西省委宣传部、陕西省文化和旅游厅、陕西省广播电视局	支持各地依托资源禀赋，全力推进"文化旅游+、+文化旅游"全产业融合，打造体育旅游、康养旅游、乡村旅游、工业旅游等新业态产品，拓展延伸产业链
2022年	《陕西省贯彻〈推进工业文化发展实施方案（2021—2025年）〉行动计划》	陕西省工业和信息化厅、中共陕西省委宣传部、陕西省发展改革委、陕西省教育厅、陕西省财政厅、陕西省人力资源和社会保障厅、陕西省文化和旅游厅、陕西省国资委、陕西省国资委、陕西省文物局	（1）提出力争到2025年，全省工业文化支撑体系基本完善，工业文化新载体新业态更加丰富，"陕西制造"的文化品位和设计水平显著提升，初步形成工业文化繁荣发展的新格局（2）提出四项主要任务：传承弘扬工业文化、加强工业遗产科学保护和活化利用、推进工业文化发展载体建设、推动工业文化和产业高质量融合发展
2023年	《推动陕西工业旅游倡议书》	陕西省工业和信息化厅、陕西省文化和旅游厅、陕西省国资委、陕西省文物局、陕西旅游集团	（1）社会各界大力支持工业旅游发展，积极参与工业旅游，各相关部门做好工业旅游顶层设计，制定发展规划、行业标准及规范，引导、支持工业企业建设工业旅游配套设施，活化利用工业遗产（2）文旅企业做好工业旅游产品开发；工业企业积极参与工旅融合，深挖工业文化内涵，开创工业旅游新时代，助力陕西万亿级产业集群建设
2024年	《陕西省工业遗产管理办法（试行）》	陕西省工业和信息化厅	明确了陕西省工业遗产的利用，应当符合遗产保护与利用规划要求，通过座谈会、实地走访、问卷调查等方式，充分听取社会公众、有关专家的意见，科学决策，保持整体风貌，传承工业文化

三、陕西工业旅游资源概述

（一）数量特征

1. 工业遗址类

陕西工业遗址可分为近现代纺织工业、采矿与加工业、食品工业、交通运输、航天航空、影视工业六类，整体品级高，其中采矿与加工业资源点最多（表 4-5）。

表 4-5　陕西省工业遗址（24 处）分类汇总

分类		序号	名称	备注
陕西省工业遗址类	近现代纺织工业	1	长乐塬抗战工业遗址公园	国家工业遗产名单（第一批）
		2	西安大华纺织厂	西北地区最早最大的机器纺织企业
		3	咸阳国棉一厂	新中国的第一家国有棉纺织厂
		4	西安市平绒厂	西北地区最大的平绒厂
		5	中国人民解放军第三五一一工厂	中国最大的军需毛巾厂
		6	西北第一印染厂	"一五"期间中国自行设计和建造的第一座现代化印染厂
	采矿与加工业	1	"延一井"工业遗产旅游基地	2022 国家工业旅游示范基地
		2	延安市延长石油厂	国家工业遗产名单（第二批）
		3	王石凹煤矿工业遗址公园	国家工业遗产名单（第二批）
		4	陕西省榆林市定边县定边盐场	国家工业遗产名单（第三批）
		5	陕西铜川耀州陶瓷工业遗址群	国家工业遗产名单（第四批）
		7	神木神府煤田遗址公园	中国和世界特大煤田之一
		8	西安老钢厂	全国八个特钢企业之一
		9	潼关小秦岭金矿	陕西省第一家国有黄金企业
		10	洛南卫东"四厂一院"	秦岭深处"小香港"，三线军工厂遗址
		11	铜川兵工厂旧址	三线建设军工遗址
		12	汉中南峰机械厂	前身为"571 工程"基地之一

续表

	分类	序号	名称	备注
陕西省工业遗址类	食品工业	1	陕西宝鸡凤翔区西凤酒厂	国家工业遗产名单（第五批）
	交通运输	1	宝鸡凤县灵官峡宝成铁路遗址	宝鸡首批工业旅游示范基地
		2	陇海铁路灵（宝）—潼（关）段遗址	国防第一线
	航天航空	1	宝鸡市凤县红光沟航天六院旧址	国家工业遗产名单（第三批）
		2	渭南市蒲城中国科学院国家授时中心长短波授时台	国家工业遗产名单（第三批）
	影视工业	1	西安电影制片厂	国家工业遗产名单（第五批）

2. 工业企业类

陕西工业企业可分为轻工业、重工业和科技工业这三类，其中以生活消费品类为主，占比达 71.4%，重型工业以汽车、钢铁等产业为主，科技工业旅游资源较少（表 4-6）。

表 4-6 陕西工业企业分类（49 处）汇总

	分类	序号	名称
陕西省工业旅游企业类	轻工业	1	陕西省红星食品文化博览园（2022 国家工业旅游示范基地）
		2	西安御品轩食品工业园
		3	西安高陵吉利汽车
		4	张裕瑞那城堡酒庄
		5	兴平益海嘉里食品工业有限公司
		6	潼关酱菜园
		7	杨凌本香集团
		8	杨凌天和食用菌加工
		9	韩城金太阳花椒油脂药料公司
		10	陕西米旗有限公司
		11	商洛丹凤十三坊食品
		12	渭南青岛啤酒厂

续表

	分类	序号	名称
陕西省工业旅游企业类	轻工业	13	安康泸康酒业
		14	汉中城固酒业
		15	商洛丹凤安森曼酒庄
		16	商洛丹凤葡萄酒厂
		17	眉县太白酒业
		18	凤翔西凤酒集团（2023国家工业旅游示范基地）
		19	眉县农夫山泉（宝鸡首批工业旅游示范基地）
		20	乾县浩泽净水国际有限公司
		21	宝鸡蒙牛乳业有限公司（宝鸡首批工业旅游示范基地）
		22	西安中粮可口可乐工厂
		23	陇县和氏乳品有限公司（宝鸡首批工业旅游示范基地）
		24	宝鸡卷烟厂（宝鸡首批工业旅游示范基地）
		25	延安卷烟厂
		26	西咸新区泾渭茯茶有限公司
		27	陕西森宝蜂业有限公司（宝鸡首批工业旅游示范基地）
		28	渭南中国酵素城
		29	铜川耀瓷文化产业园
		30	韩城腾龙陶瓷有限公司
		31	石泉古堰工业园区（丝绸）
		32	安康市恒口毛玩工业旅游基地（2023国家工业旅游示范基地）
		33	西安秦汉酒文化园景区
		34	爱菊粮油工业集团
	重工业	1	伊利集团西安工业园
		2	宝鸡吉利汽车有限公司
		3	陕钢集团汉钢公司工业旅游景区
		4	麟游郭家河煤矿
		5	韩城象山矿井
		6	安康瀛湖发电厂
		7	榆林中能文化创意产业园（煤炭）
		8	陕鼓工业集团
		9	陕汽集团
		10	西安纺织城

续表

分类	序号	名称
陕西省工业旅游企业类 — 科技工业	1	陕西飞机工业有限公司
	2	麟游县华盛太阳能光伏
	3	航天基地工业园
	4	杨凌九立机器人
	5	西安超人雕塑研究院

（二）空间布局

陕西省工业旅游资源主要分布在西安、咸阳、宝鸡、渭南等关中地区。陕西工业遗址主要分布在关中地区，西安、宝鸡、咸阳都曾经是全国重要的工业基地，保存有大量工业遗址，西安、宝鸡在全省工业遗址数量最多。陕南和陕北地区工业基础较弱，陕北仅有延安卷烟厂、定边盐田有发展工业旅游的倾向，陕南主要以轻工业、食品加工业、饮料制造为主，如安康泸康酒业、丹凤十三坊食品、丹凤葡萄酒厂等（图4-2）。

四、陕西工业旅游发展模式

产品主导发展模式

以工业生产的产品为龙头纽带带动企业旅游的发展，构成以旅游商品为核心的产品模式。例如，山东青岛啤酒博物馆、张裕瑞那城堡酒庄、潼关万盛园酱菜博物馆等。

技术主导发展模式

工业旅游产品是紧紧围绕工业生产、技术、产品这一中心进行开发的，主题十分明确、范围没有过多的扩展，对企业形象树立可以起到十分重要的宣传意义。例如，咸阳浩泽净水有限公司、西安超人雕塑研究院。

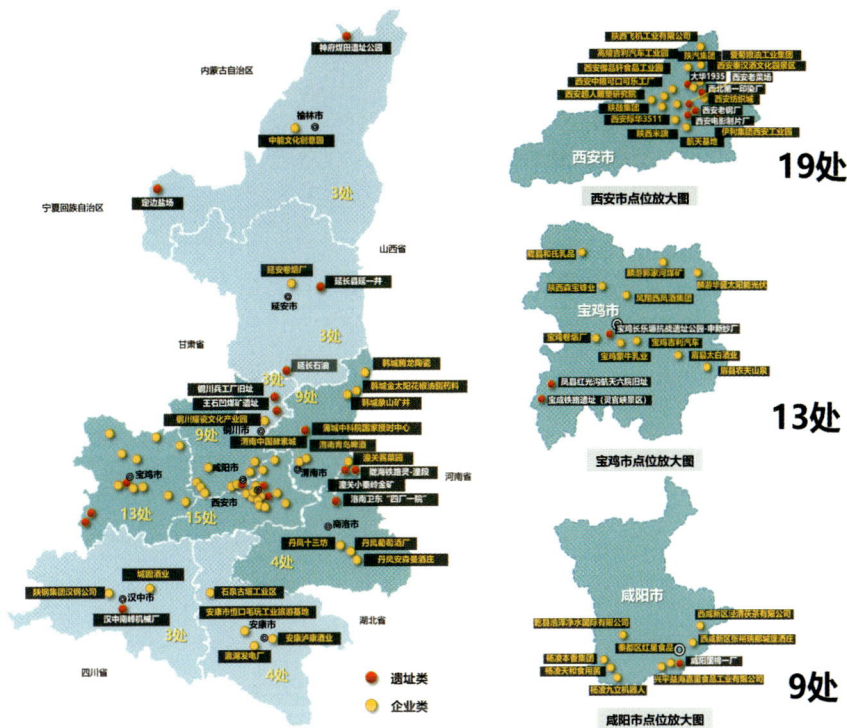

图 4-2　陕西工业旅游资源空间布局图

景区主导发展模式

主要特点是工业企业及其由企业形成的风景，工业与衍生的风景区合为一体，且景观在整个产品中占据突出的地位。例如，渭南小秦岭金矿矿山公园、咸阳国棉一厂纺织厂旧址等工业遗址开发。

城市融合发展模式

要求工业旅游资源属性与工业所在城市也处处浸透着工业性质的特征和文化内涵。例如，汉中的陕钢集团的工业旅游发展正与汉中城市的发展相融合。

五、陕西工业旅游发展现状

（一）陕西工业遗址旅游发展现状

陕西工业遗址旅游开发利用程度不均衡，以西安工业遗址开发为主，陕南的三线建设遗址目前整体没有开发利用，属于小众旅游点。具有对外游客接待功能主要是西安老钢厂、大华1935、宝鸡凤县灵官峡宝成铁路遗址。部分企业陆续展开保护、规划、招商引资、单体场馆建设等工作，但主要以项目筹划和企业系统内参观学习为主，不具有旅游接待功能。如大陆第一口油井由当地建设局规划建设成一个石油博物馆和石油广场。在产权关系上，许多厂房被当地农民占用，或者有一些小作坊、小企业租赁使用。目前这部分遗址大部分由当地工信部门代管，产权清晰，但均未纳入旅游开发规划。

（二）陕西工业企业旅游发展现状

工业企业旅游接待和服务设施较工业遗址开发更为成熟，能够全年常规运营接待游客的工业旅游点有十几个，其中西安、宝鸡工业企业旅游发展较好。从工业企业来看，目前张裕瑞那城堡酒庄发展较好，是陕西唯一入选中国工业旅游创新单位的企业。2017年起，宝鸡率先在全省开展了市级工业旅游示范点创建，截至目前有9个市级工业旅游示范点。宝鸡蒙牛乳业、潼关酱菜园、泾渭茯茶等入选国家3A级旅游景区。从组织形式上看，团队旅游是基本组织形式。大部分企业在不影响生产的情况下开展工业旅游，除了一些列入国家A级旅游景区的企业，一般不接待普通散客。

（三）陕西工业旅游发展总结

工业企业旅游开发占比大，主要为商品型开发模式，以生产线参观、研学教育、商品展销等产品为主，高等级和综合型开发景区占比较小。

通过数据分析可知，工业旅游开发占已有资源的 49.3% 左右，工业企业旅游开发占比 61.1%，与周边旅游资源融合发展的景区占比 36%，拥有国家 4A 级旅游景区 1 处、国家 3A 级旅游景区 5 处（表 4-7、图 4-3、图 4-4）。

表 4-7 陕西工业旅游分类型发展现状

类型	工业旅游项目	开发模式	旅游产品/功能	开发程度
工业遗址类（14处）	"延一井"工业遗产旅游基地	场景型	生产场景观光、科普研学教育	★★★
	王石凹煤矿遗址公园	综合型	生产场景观光、团建培训、研学教育、主题住宿体验、特色餐饮体验	★★★★
	定边县定边盐场盐湖风景区	景观型	盐湖观光、红色教育	★
	宝鸡市凤县红光沟航天精神文化区	文化型	展馆参观	★★
	西安老钢厂设计创意产业园	产业园型	创意展示、创意集市、特色城市活动	★★★★★
	西安大华 1935	综合型	博物馆参观、剧场集群、文化艺术展演、住宿体验、特色餐饮、购物体验	★★★★★（A级）
	西安老菜场	综合型	菜市、餐饮体验、民宿体验、特色文创、休闲娱乐	★★★★
	西安际华 3511 文创科技园	文化型	文创生活场景、花鸟鱼市	★★★★
	凤县灵官峡景区	景观型	场馆参观、自然风光观光	★★
	神木神府煤田遗址公园	场景型	生产场景、企业文化	★
	长乐塬抗战工业遗址公园	景观型	展示展陈、历史遗迹参观、企业文化	★★★★
	西北第一印染厂	综合型	展示展陈、创意产业、休闲生活、商业购物	★★★★
	洛南卫东"四厂一院"	产业园型	现代生产办公、历史遗迹参观	★★
	西安电影制片厂	综合型	展示展陈、创意产业、休闲生活、商业购物	★★★★

续表

类型	工业旅游项目	开发模式	旅游产品／功能	开发程度
工业企业类（22处）	陕西省红星食品文化博览园	商品型	生产线观光、科普教育与研学、绿色食品体验休闲	★★★
	西凤工业旅游景区	商品型	生产场景、特色景观、商品展销	★★★（AAA级）
	西安御品轩食品工业园	产业园型	生产线参观、亲子研学	★★★★
	西咸新区泾渭茯茶有限公司	商品型	展厅参观、园区参观、茶叶品鉴、商品展销	★★（AAA级）
	伊利集团西安工业园	产业园型	生产线参观、研学教育、商品展销	★★★（AA级）
	西安中粮可口可乐工厂	商品型	文化展厅、商品展销	★★
	张裕瑞那城堡酒庄	商品型	葡萄园参观、葡萄酒文化展示、商品展销	★★★★★（AAAA级）
	蒙牛乳业总部基地工业旅游区	商品型	生产线参观、亲子研学、商品展销	★（AAA级）
	农夫山泉太白山参观工厂	商品型	生产线参观、商品展销	★
	麟游县华盛太阳能光伏农业示范园	景观型	花卉苗木观光、农事体验	★★
	潼关酱菜园	商品型	博物馆展示、非遗观光、商品展销	★★★（AAA级）
	铜川耀瓷文化产业园	产业园型	耀瓷遗址观光、研发生产、工艺体验、研学教育	★★★★
	渭南中国酵素城	综合型	商品展销、农业休闲、文旅活动	★★
	杨凌九立机器人科普体验基地	场景型	场景展示、科普教育、手工体验	★★
	天和蘑菇庄园	景观型	栽培加工、科普教育、亲子体验、休闲养生	★★★
	韩城腾龙陶瓷有限公司	产业园型	生产线参观、主题游乐、商品展销、特色活动	★★★
	商洛丹凤安森曼酒庄	商品型	休闲观光、葡萄采摘、产品展销	★★★
	陕钢集团汉钢公司工业旅游景区	场景型	生产线参观、科普教育、研学实践	★★
	安康瀛湖发电厂（瀛湖旅游风景区）	景观型	发电场景、自然观光	★

续表

类型	工业旅游项目	开发模式	旅游产品／功能	开发程度
工业企业类（22处）	安康泸康酒业酒文化旅游区	商品型	生产场景、特色景观、商品展销	★★★（AAA级）
	榆林中能文化创意产业园	文化型	文创创意、艺术展览、工业科普	★★★★
	安康市恒口毛玩工业旅游基地	产业园型	生产线参观、亲子体验、沉浸游乐	★★★

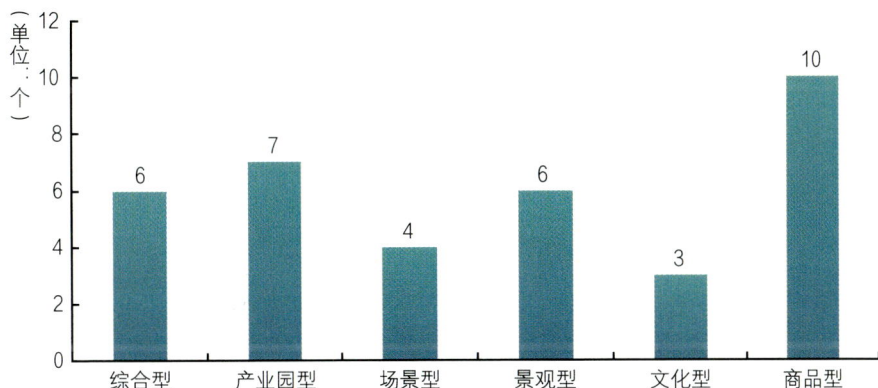

图4-3　陕西工业旅游开发模式统计图

六、陕西工业旅游发展存在的问题

1. 陕西工业旅游发展还处于起步阶段

陕西工业遗址旅游开发利用程度还非常低，以西安工业遗址开发为主，陕南的三线建设遗址目前整体没有开发利用，属于小众旅游点。

2. 旅游部门对工业旅游发展作用有限

由于资源所有权分散在其他部门，旅游部门对工业旅游发展的决策和建设发挥的作用非常有限。

3. 工业旅游企业缺乏明确思路和长远规划

大多数企业只将工业旅游视为"副业"，把工业旅游视为宣传企业、

内蒙古自治区

神府煤田遗址公园

榆林市

中能文化创意园

宁夏回族自治区

定边盐场

山西省

延长县延一井

延安市

甘肃省

韩城腾龙陶瓷

韩城金太阳花椒油脂药料

韩城象山矿井

王石凹煤矿遗址

耀州瓷文化产业园

铜川市

麟游华盛太阳能光伏

西咸新区泾渭茯茶有限公司

渭南中国酵素城

西凤工业旅游景区

西咸新区张裕瑞那城堡酒庄

潼关酱菜园

宝鸡蒙牛乳业

秦都区红星食品

西安御品轩

杨凌天和食用菌

大华1935

凤县红光沟航天六院旧址

宝鸡市

杨凌九立机器人

际华3511

西北第一印染厂

洛南卫东"四厂一院"

眉县农夫山泉

西安老钢厂

伊利集团西安工业园

宝成铁路遗址（灵官峡景区）

西安市

商洛市

西安中粮可口可乐工厂

西安老菜场

西安电影制片厂

丹凤安森曼酒庄

陕钢集团汉钢公司

汉中市

石泉古堰工业区

安康市恒口毛玩工业旅游基地

湖北省

安康市

安康泸康酒业

瀛湖发电厂

四川省

图 例

遗址类

企业类

图 4-4　陕西工业旅游分类型发展现状布局

展示企业文化的一种方式，对工业旅游发展重视程度不够。大部分企业没有制定工业旅游发展规划。所以在设计上，硬件设施就很难满足旅游者需求，旅游服务相比旅游景区还有很大的差距。

（1）宣传营销力度不够

工业旅游宣传还未进入旅游部门的营销宣传体系。从工业旅游企业自身来说，只有极个别具有宣传营销意识，其他大部分还坐等游客上门阶段。

（2）缺乏在全国具有代表性的企业总部

陕西许多工业旅游点仅是大型企业的分公司，缺乏独立的财务权、营销权，如宝鸡蒙牛乳业，是内蒙古蒙牛的生产基地。分公司不具有开展工业旅游必备的一些设施建设、营销宣传权利，很大程度上制约了陕西工业旅游的发展。

（3）体制机制、配套政策不完善

工业旅游的发展涉及多个部门，需要顶层设计推动多部门协调发展。此外，为了调动工业企业发展工业旅游的积极性以及鼓励旅行社等经营主体运营工业旅游线路的积极性，必须出台相应的政策予以激励，但是工业旅游目前还很不完善。

第四节

陕西工业旅游实践案例解析

陕西是中国西北地区重要的工业基地，工业产业体系完备，拥有多个全国领先的产业集群。依托丰富的工业遗址、工业企业资源，形成了以工业遗址类、轻工业类、重工业类及科技工业类为特色的多元化旅游格局。

一、工业遗址类

陕西在革命工业、三线建设、改革开放初期等留下了大量的工业遗存，其中王石凹煤矿工业遗址公园、长乐塬抗战工业遗址公园、延长石油厂、红光沟航天六院旧址、中国科学院国家授时中心蒲城长短波授时台、定边盐场、耀州陶瓷工业遗产群、西安电影制片厂、西凤酒厂，共9处工业遗产入选国家工业遗产名单。

（一）王石凹煤矿工业遗址公园

王石凹煤矿工业遗址公园位于铜川市，总占地面积132万平方米，距离西安市 105 公里，位于西安 2 小时交通圈内。项目一期核心区完成投资 4.9 亿元，于 2019 年开工建设，2022 年正式开放运营。项目先后被列入省市"十三五""十四五"旅游项目规划重点工程，成功入选第二批国家工业遗产名单，并取得了国家级国有企业转型示范基地、国家级新型能源旅游产业示范项目、国家级煤炭工业精神教育基地、国家级煤炭文化展示研究示范平台、首批中国文化遗产陕西省文化遗址公园等多项荣誉（图 4-5）。

王石凹煤矿遗址展陈方面创新性地应用"泛博物馆群落"概念进行文态表达，以专业博物馆生动展示了煤炭行业、煤炭企业、煤炭精神、新时代红色精神；以体验博物馆营造沉浸式主题场景，打造互动式体验，并将场景、功能、业态有机结合；以活态博物馆将业态功能与博物展示相结合，积极植入艺术、文化要素，实现业态共荣；以开放博物馆打破传统博物馆的空间界线，构筑无界的复合空间，打造多元业态的无界体验，强调摒弃"被动的"单向信息灌输的博物馆，打造"创新主动式""体验消费式""互动开放式"博物馆。整修矿山打造生态研学基地，项目采取植被恢复和养护技术对煤矿山进行生态修复治理，实现了矿业废弃地污染修复和土地资源的可持续利用，构筑了矿山生态环境保护修

图 4-5 王石凹煤矿工业遗址公园

复的标杆工程，并开展研学业务，将王石凹煤矿工业遗址公园打造为生态文明建设的天然实践教育基地。创新展陈方式，王石凹煤矿工业遗址公园注重遗址的保护与修复，既保留了矿井、机械设备等工业遗产的历史原貌，又通过现代化的技术手段进行场景再现。如采用全息投影和虚拟现实技术让游客身临其境地体验煤矿开采的历史场景；使用数字化手段实现远程访问和虚拟参观，增强游客的互动性和体验感。引入多元业态，王石凹煤矿工业遗址公园不仅限于传统的观光旅游，还积极开发配套设施，如餐饮、住宿、休闲娱乐等服务，满足游客多样化的需求。王石凹煤矿工业遗址公园还开展了教育培训项目，利用其丰富的工业文化遗产资源开展科普教育和工业历史讲座等活动，培养公众对工业文化的认识和兴趣（图4-6）。

王石凹煤矿工业遗址公园通过创新性地将文化以泛博物馆群落的形式进行表达、有效融合生态修复与利用、应用科技创新展陈方式、引入多元业态等策略，丰富了游客文化体验，提升了工业旅游项目的吸引力和社会价值，为其他煤矿遗址发展工业旅游树立了典范。

图4-6　王石凹煤矿工业遗址公园项目规划效果图

（二）长乐塬抗战工业遗址公园

长乐塬抗战工业遗址公园位于陕西省宝鸡市，依托民族企业家荣氏家族创办的申新纺纱厂旧址而建。项目占地面积约 24 万平方米，总投资20530 万元，2020 年正式开放，统计数据显示，长乐塬抗战工业遗址公园每年接待游客人数约 7 万人次。长乐塬抗战工业遗址公园包含 1940 年建造的窑洞车间、1943 年竣工的福新申新办公大楼、乐农别墅以及 20世纪 50 年代的薄壳车间等四大历史遗迹。这些遗迹真实地记录了民族企业家实业报国的历史，是民族工业精神的宝贵遗产，同时也是宝鸡现代工业的发祥地。其先后获得"国家首批工业遗产""全国重点文物保护单位""国家 4A 级旅游景区""爱国主义教育基地""国际主义教育基地""时代小先生示范基地"六个国家级荣誉称号，成为对外交流展示的新窗口和"城市奋斗精神"的新地标（图 4-7）。

为了使这一宝贵遗产更鲜活，对遗址展开了保护与利用。首先，对原有的申新纺纱厂进行了保护性的修缮和改造，确保了这一抗战时期的工业遗址得以妥善保存，充分还原历史时期的工业精神和建筑美学；在保护的基础上合理开发，开展"光影漫舞"电影沙龙，组织游客在遗址建筑中观看电影，通过灯光打造遗址区的夜游模式。其次，增加数字化展览内容，如利用多媒体技术和实物展示相结合的方式，生动再现了当时工厂的生产场景和工人生活状况，增强了展览的互动性和吸引力。开展沉浸式推理剧场，通过情景再现和跨时空对

图 4-7　长乐塬抗战工业遗址公园

话，让参与者亲身扮演角色，变身探案者、寻找线索、破解谜题、演绎曾经发生在这里的抗战故事。此外，通过举办专题讲座、研讨会等活动，邀请专家学者讲解这段历史的重要性及其背后的故事，进一步丰富了游客的文化体验。最后，提升服务质量，建设游客服务中心，提供解说服务、纪念品销售等，以满足游客的各种需求。

通过遗址保护与合理开发、应用数字化展陈、开展讲座研学活动、提升服务质量等措施，长乐塬抗战工业遗址公园不仅成为一个融教育、研究、游览为一体的综合性旅游景区，还为工业遗产的保护和利用树立了典范（图4-8）。

图4-8 长乐塬抗战工业遗址公园

二、轻工业类

陕西轻工业类旅游逐渐发展壮大，形成了一批如张裕瑞那城堡酒庄、爱菊健康文化体验园、农夫山泉基地、恒口毛玩工业旅游基地、御品轩研学基地等示范项目。

（一）张裕瑞那城堡酒庄

张裕瑞那城堡酒庄位于陕西省咸阳市渭城区，占地面积约 73 万平方米。项目总投资约 6 亿元，于 2014 年向游客开放，年接待游客人数 100 万人次。酒庄拥有葡萄种植园、现代化的酿酒车间、酒窖、品鉴中心、酒店以及会议设施等综合功能区域，是集观光、体验、教育于一身的工业旅游目的地。自酒庄建成以来先后被评为国家 4A 级旅游景区、全国休闲农业与乡村旅游示范点、首批国家工业旅游创新单位、陕西省中小学生研学实践教育基地、陕西省大中小学劳动教育实践基地（图 4-9）。

其工业旅游创新发展的方法有：一是营造沉浸场景。酒庄按国家 4A 级旅游景区的标准，采用了托斯卡纳风格的设计理念，建造的一座宏伟城堡，将欧洲风情与中国本土元素巧妙结合的设计，为游客提供了独特的观赏体验。二是体验酿酒文化。酒庄推出了葡萄酒酿造体验项目，让游客亲自动手参与葡萄采摘、压榨、发酵等一系列酿酒过程，不仅能够亲手制作属于自己的葡萄酒，还能深入了解葡萄酒的文化与工艺。三是举办节庆活动。酒庄定期举办各类葡萄酒品鉴活动，邀请专业的品酒师为游客讲

图 4-9 张裕瑞那城堡酒庄

解葡萄酒的知识，提升游客的品鉴能力；举办葡萄酒文化节、葡萄收获节等主题活动，为游客提供丰富多彩的文化活动体验。四是提升配套设施。为了确保游客能够享受到便捷舒适的旅游服务，酒庄配备了齐全的服务设施，包括游客中心、餐厅、纪念品店等。酒庄还设置了多样化的住宿选择，游客可以入住酒庄内的特色客房，享受静谧的夜晚与葡萄园的美景。

张裕瑞那城堡酒庄通过营造沉浸场景、沉浸体验文化、举办节庆活动、提升配套设施等措施成功地将工业生产与文化旅游相结合，既展示了张裕品牌的历史与文化，又带动了当地旅游业的发展，成为陕西省乃至全国范围内工业旅游的一个亮点。

（二）爱菊健康文化体验园

爱菊健康文化体验园位于西安国际港务区，以"菊花"为媒，以"科普馆"为介，以"车间和展示馆"为载体，由西安爱菊粮油工业集团"三馆一展一库一中心"（爱粮节粮科普馆、大健康体验馆、健康产品展示馆、丝路菊花展、智能化仓库、食品中心）组成，是融参观、学习、品鉴、体验等为一体的现代化、花园式的粮食安全宣传教育基地。2022年爱菊健康文化体验园被评为国家 3A 级旅游景区（图 4-10）。

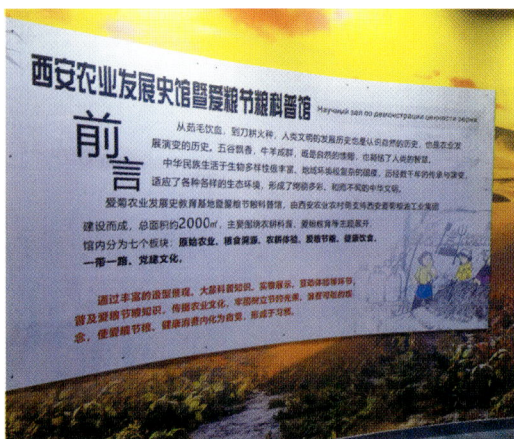

图 4-10　爱菊健康文化体验园

丰富体验活动，寓教于乐。在爱菊健康文化体验园中，策划了智能化生产参观、DIY 美食制作、教育实践活动、美食鉴赏等项目活动，爱菊研学活动通过将实地参观与互动体验相结合的方式，将知识性、实践性、教育性、趣味性、现实性、安全性六个维度巧妙融合，让游客在快乐活动中感受劳动者付出的汗水和辛劳，从而树立粮食安全人人有责的意识。强化科普教育。通过爱粮节粮科普馆展示人类文明起源、农耕文化的演变，传播爱粮节粮知识，培养学生树立节约意识；了解国家粮食储备、西安港粮食口岸的重要意义，学习科学储粮、粮食安全知识。开展科学实验秀。表演掌上火焰、氦气变声、魔力彩虹、吠鸣实验、炮弹风云、舞动的乒乓球、液氮蘑菇云等10余项科普实验，呈现一场精彩炫酷的实验秀（图4-11）。

在研学活动之中展现了爱菊健康文化体验园粮食生产与加工方面的先进技术和精细的质量控制体系，成功塑造了企业可靠、负责任的品牌形象。游客在体验园中获得的独特体验和积极情感，也提升了品牌的知名度和信誉。工业旅游成为爱菊企业的展示窗口，以旅游为催化剂提升品牌曝光度、竞争力，是爱菊品牌营销的成功探索。

图4-11　爱菊健康文化体验园

三、重工业类

陕西重工业类旅游案例有陕汽汽车工业青少年素质教育实践基地、陕钢集团汉钢公司工业旅游景区、泾阳冀东海德堡水泥厂、龙钢公司龙门景区等，这些重工业支撑了陕西工业旅游多元的发展。

（一）陕汽汽车工业青少年素质教育实践基地

陕汽汽车工业青少年素质教育实践基地是陕西汽车技工学校为发挥汽车工业和职业教育主阵地功能所创建的，基地依托陕汽汽车产业资源，聚焦汽车职教领域，教育主题明确、课程活动多样。2020年陕汽汽车工业青少年素质教育实践基地成功入选陕西省青少年教育基地（图4-12）。

陕汽汽车工业青少年素质教育实践基地通过整合自身丰富的资源和技术优势，为青少年打造了一个集学习与娱乐于一身的综合性工业旅游目的地。基地设立了陕西汽车工业展览馆——陕汽馆，在这里青少年可以通过详尽的历史资料和实物展品了解陕汽的发展历程以及中国商用车产业的变迁历史。商用车构造解析实践基地则为学生们提供了深入探究商用车结构的机会，通过动手拆解和重新组装零部件，学生们能够直观感受和学习汽车的工作原理和技术特点。汽车创客工作室则鼓励青少年发

图4-12　陕西汽车控股集团有限公司

挥创造力，利用先进的设备和材料进行小规模的汽车设计和模型制作，培养他们的创新意识和实际操作能力。在商用车生产工艺体验区，青少年可以亲身参与到车辆装配的过程中，见证一辆车从零部件到成品的转变。工匠星空馆展示了陕汽乃至整个中国汽车制造业中工匠精神的重要性，通过讲述工匠们的故事激励青少年追求卓越和精益求精的精神。

这些主题鲜明、内容丰富的体验活动不仅增强了青少年的科学素养和技术兴趣，也促进了工业旅游的蓬勃发展，为陕汽集团赢得了良好的公众形象和社会声誉。未来陕汽可以探索老厂区工业旅游，以工业遗产展示、沉浸场景体验、创意空间改造、延伸业态植入四大策略，策划互动展示类、沉浸体验类、服务配套类三大主题项目，盘活陕汽存量。

（二）陕钢集团汉钢公司工业旅游景区

陕钢集团汉钢公司工业旅游景区位于陕西省勉县定军山镇，距离县城中心约 3 公里。2019 年年底被评为国家 3A 级旅游景区，2020 年 11 月荣获第三批"陕西省中小学生研学旅行实践教育基地"称号（图 4-13）。

打造花园工厂，景区充分利用公司现有的生产装备和文化资源，以"工业＋旅游"为模式，以打造花园式工厂为目标，严格对照国家 3A 级旅游景区标准，充分挖掘整合现有工业资源，规划打造了游客接待中心、中和料场、中

图 4-13　陕钢集团汉钢公司

央水处理、烧结工序、炼铁工序、炼钢工序、轧钢工序7大景点，逐步完善了绿化美化、标识系统、环境整治、工业旅游主题线路改造提升等基础设施建设，形成了融绿色生产、产业观光、文化体验、科普教育、研学实践为一体的现代工业旅游新形式。编制特色研学课程，通过让学生观看钢铁冶炼的动画短片，参观烧结、炼铁、炼钢、轧钢等工艺流程，开展安全教育培训等方式，加深学生对钢铁产品的知识储备，提升他们在接触钢铁制品中的安全意识。创新多元展陈方式，充分运用新媒体、大数据等，打造集光、影、音、图、文于一身的展现方式，构建集线上VR实景观赏、智能服务与线下特色体验于一体的参观模式（图4-14）。

陕钢集团汉钢公司工业旅游景区充分发挥其生态优势，打造花园工厂、编制特色课程、创新多元展陈方式，成功实现了绿色低碳环保转型和工业旅游高质量发展。

图4-14　陕钢集团汉钢公司

四、科技工业类

陕西航天航空、能源化工、装备制造业等产业发展迅猛，为旅游观光领域提供了新视野，如中国科学院西安光学精密机械研究所"9号宇宙"科普教育基地、隆基绿能智慧能源展览馆、法士特机器人自动生产线、中国航天科技集团公司第六研究院。科技工业是陕西的优势，是陕西发展工业旅游最具特色、最出彩的板块。

（一）"9号宇宙"科普教育基地

"9号宇宙"是中国科学院西安光学精密机械研究所科普教育基地，以深空为主题，凸显文化＋科技＋教育的跨界融合，是专为6~18岁青少年儿童设计的互动式航天科普研学基地。场馆建筑面积约3000平方米。于2018年正式开放，2023年入选"2023—2027年陕西省科普教育基地"。

场馆融沉浸游览、互动体验、航天科普教育为一体，设置了乘坐神秘飞行器，开启沉浸式太空旅行的旅行体验层与在星体空间、卫星测控站、太空餐厅、月球表面体验趣味主题探究活动的新知研学层。通过卫星测试、测控的系统课程，融入STEAM教育理念与方法，充分激活青少年对宇宙太空的无限好奇，启发主动探索科学奥秘的兴趣和能力（图4-15、图4-16）。

图4-15　"9号宇宙"科普教育基地

图 4-16 "9 号宇宙"科普教育基地

项目通过工业旅游提升了品牌形象，展示了自身对科技创新和社会责任的关注；拓展了市场范围，有助于企业接触到更广泛的潜在客户群体；促进了科技合作，参观和参与"9 号宇宙"科普教育基地的活动能为企业提供与科研机构和其他企业建立合作关系的机会，推动技术创新和发展，同时有望建设成为工业旅游的品牌产品。

（二）隆基绿能智慧能源展览馆

隆基绿能智慧能源展览馆位于陕西西安城北的隆基绿能总部园区内，面积约 3000 平方米。展览馆于 2021 年正式开放，投运两年内，累计接待人数超 2.5 万余人次。展览馆以光伏为主题，展示了公司在太阳能光伏技术方面的最新研究成果、产品和技术解决方案，同时向公众普及绿色能源知识，是"陕西省科普教育示范基地"（图 4-17）。

展览馆包含参观区域、VIP 接待室、多功能发布厅等场所，参观区域包含向"阳"而生、21 世纪能源亟须"进化"、隆基绿能洞察时代的智慧、光伏驱动智能星球和尾厅等五个部分，为参观者带来了新奇的"零碳体验"，开展了丰富多彩的绿色低碳宣传教育。通过展示先进的太阳能光伏技术以及从原料加工到成品组装的全过程，使游客能够直观地了解太阳能电池板的制造流程。设置融化学、物理实验为一体的研学教育基地，通过动手实操，让游客尤其是青少年群体能够亲身体验太阳能电池的工作原理和特性，将生活中常见的太阳能电池解剖式展示给游客，使游客产生极大兴趣，从而增强科普教育的效果（图 4-18）。

隆基绿能通过设立展览馆不仅向公众普及了新能源知识和技术进展，也展现了企业在可持续发展道路上的责任与担当，使其成为一个具有示范效应的工业旅游典范。

图 4-17　隆基绿能智慧能源展览馆

图 4-18　隆基绿能智慧能源展览馆

第五节

陕西工业旅游创新发展路径

一、"改—拓—融"发掘自身特色

（一）"改"——工业遗产、旧址改造赋予新功能

《无锡建议——注重经济高速发展时期的工业遗产保护》指出，工业遗产是指那些具有历史学、社会学、建筑学、科学和美学价值的工业文化遗存，具有稀缺性和独特性价值，以物质形式或非物质形式存在。物质形式的工业遗产包括车间、厂房、机器设备、矿山及加工冶炼厂、仓储库房、生产运输及使用场地等工业建筑物、工业设备和社会生活场所以及相关数据档案；非物质形式的工业遗产如工艺流程、技术方法及所代表的时代特征等。

1. 整体改造方式

一是原地保留，改作他用。根据需要全部或部分原址保留支撑原有功能的物质性承载物，基本保持了原有空间的主要特征，但将容纳新的功能；二是易位保留，改作他用。通过有选择地保留全部或部分原有功能的物质性承载物，改易其位置后再用于新的用途。

2.改造内容

空间布局上，在整体空间布局的改造过程中尊重历史元素，避免对其整体空间的大规模破坏。保护原有厂区是工业遗产更新利用的前提，建筑物、构筑物、机械设备、工艺流程，甚至是原有厂区内蕴含的工人的精神气质等，都是组成工业遗产场景不可或缺的要素。建筑形态上，强调新旧结合改造，基本保留原有建筑的形制，便于再利用。景观场景上，凸显工业记忆，再现历史记忆。绿地以点、线、面多种形式存在，充分利用废弃的建筑、设备作为景观资源，延续历史对话，成为具有纪念价值的工业再生景观。构筑标志上，对原有的大型构筑物有效保留，如烟筒、水塔、轨道、大型设备等，并进行富有创意的设计转化，使工业构筑物、设施设备成为新的标志物。绿色发展上，植入低碳生活理念，利用原有建筑材料进行景观嵌入式创意设计，实现传承文脉的景观效果。

（二）"拓"——生产参观植入新场景

生产参观作为工业旅游的一种开发模式，通过开放生产流水线、车间工厂等企业生产空间，推出集游戏互动、沉浸体验、教育科普等于一身的工业旅游产品，供游客参观、游憩、游玩，实现产品销售、品牌塑造及广告宣传等企业效益。通常具有较强的文化、教育、观光价值，其产品、生产流程或部分厂房适宜开发旅游项目。对工厂景观、生产工艺、工业生产场景、企业发展史、企业生产线、企业经营文化、生产设施设备、企业产品等可观赏要素进行工业原址旅游开发设计。旅游开发方式有以下几类：

博物馆与展示厅：适用于生产不便开放且具有历史价值的建筑、厂房等，以主题性博物馆为主导产品进行工业旅游开发。其以规模化的工厂旧址（群）为基本载体，开发具有观光和科普教育功能的工业旅游产品。游客可以体验企业的产品、服务，参观企业生产设备、生产流水线，增加对产品生产过程的认识，宣传企业文化、产品工艺。博物馆增设咖啡厅、书店、文创商品等商业业态，突出品牌塑造，发展潜在客户。

观光生产一体化：以生产观光为主题进行工业旅游开发。适用于在产的、大型的、品牌知晓度较高的企业，通过开放生产车间，让游客感受现代工业的魅力，同时也宣传了产品，提高公众对品牌和产品的知晓度与信任度。如今的工厂参观强调互动式体验、沉浸式体验，在向游客展示产品生产工艺及其多种工序的基础上，通常采用现代传媒技术打造相关的 DIY 工坊等互动场景，让游客沉浸式体验制造的过程。

重点区域开放：适用于只能进行部分开放的历史价值建筑、生产厂房等，结合可开放区域，整合生产动线和观光动线，以生产观光为主导产品进行工业旅游开发。

（三）"融"——历史街区、小镇融合新赛道

工业化历史街区、小镇往往具有地理区位优势突出、文化底蕴深厚、文旅融合度高、开发投入大、规模集聚性强、可利用资源丰富等特点。通过产业融合、传统技艺传承、发展旅游度假区等创意开发方式，带动片区产业升级、环境优化，并对外界产生一定吸引力和辐射力，从而借力工业旅游推动区域产业发展。

产业融合：历史街区可结合创意产业进行工业遗产活化利用，深入打造设施完备、功能完善、服务全面、氛围独特的创新创业平台，延伸艺术设计、文保展馆、综合配套、创客办公等多元产业。通过举办文艺展览、美学手作、创意市集、研学旅游等活动，让历史街区成为市民触摸历史、感受文化的场所。工业小镇以产品生产为核心，持续创新跨产业多业态融合发展的工业旅游模式，以文化创意为手段，充分挖掘文化内涵，形成集生产研发、展示体验、文化游乐和休闲度假于一身的工业旅游基地。延伸产业链，丰富业态，创新打造适应个性化、体验性和

内涵丰富的旅游产品。增强工业产业特色，推动工业文化与儿童教育、研学旅游等融合发展，为游客提供高质量的旅游、教育、休闲等综合服务。

传统技艺传承：依托传统技艺的现代生产线，以生产观光为主导产品进行工业旅游开发。如汾酒通过复原复古生产线，让游客能够参观，在复古生产线品鉴原浆汾酒、竹叶青、白玉、玫瑰汾酒等。

发展旅游度假区：以观光工厂为核心发展度假旅游区，整合工厂周边场地，以多元业态为主导产品进行工业旅游开发。比如，茅台镇以景区手法打造园区，积极融入仁怀城区建设，融入赤水河旅游带，全面统筹园区、景区和社区一体化建设，已建成茅台1915庆典广场、茅台杨柳湾一跃进古街、"慢悠茅台"河滨路步行街区、"五味茅台"长征路步行街区、茅台数字化水舞秀等观光景点。

二、分类指引创新开发模式

中国发展工业旅游具有独特的物质和文化资源优势，独具内涵的工业文化遗址众多，吸引力强，工业旅游空间广阔，潜力巨大。目前，我国工业旅游已在全领域铺开，形成了完整的工业体系，涵盖了41个工业大类，从由单纯的工厂参观延伸到了工业购物游、工业研学游、企业文化游、工业遗产游等。根据工业体系，工业旅游大致可分为工业遗产、轻工业、重工业、科技工业四大类；根据旅游产品特征，工业旅游又可进一步细分，其中工业遗产类包含都市博物馆综合型、文化创意园区型、郊野遗址公园型、文旅度假型与文旅小镇型；轻工业类包含博物馆／展览馆型、产业园区／观光工厂型；重工业类包含旅游景区型、现代企业型、博物馆型与工业小镇型；科技工业类包含重大科技项目依托型、科技园区型与科技小镇型。

（一）工业遗产类

1. 都市博物馆综合型

利用工业遗产（老旧厂房）改造为展示工业历史、陈列工业产品的泛博物馆体系。项目建设规模在 1000 平方米以上。面向大众客群、研学客群，以文化观光、文化体验为主要功能，通过实景展陈、多媒体展陈等手段，结合声光电等技术打造，对室内外工业景观、工作流程及历史物品进行展览。必备产品包括工业历史 / 城市记忆博物馆、工业景观，可配套产品包括文创概念店、轻餐饮、研学基地。主要通过门票 + 经营性收入（商业、娱乐）+ 场地租赁收入盈利。典型案例有重庆工业文化博览园、景德镇陶瓷工业遗产博物馆、柳州工业博物馆、贵州三线建设博物馆。

2. 文化创意园区型

依托城市或城市近郊工业厂房遗址的资源和区位优势开发的文化创意产业园区。项目占地面积在 6 万 ~60 万平方米不等。面向高端客群、专业客群、大众客群，以休闲办公、餐饮娱乐、手工体验为主要功能，打造以创意产业为主，配套时尚店铺、餐饮酒吧、手工体验的集聚空间。必备产品包括工业 / 艺术博物馆、文旅创意企业聚集地、特色餐饮，可配套产品休闲潮娱基地、会议交流中心、创意市集、城市特色民宿、艺术演出空间、书店等文化空间。主要通过门票 + 经营性收入（商业、娱乐）+ 场地租赁收入盈利。典型案例有北京 798 艺术区、南京晨光 1865、上海 1933。

3. 郊野遗址公园型

依托采矿基地、工厂遗址可开发博物馆、主题性乐园及工业体验性项目等。项目占地面积在 20 万 ~100 万平方米。面向学生客群、家庭客群，以文化体验、主题博物、主题游乐、节庆活动为主要功能，依托采矿基地开发博物馆及矿洞探险项目，依托工厂遗址可开发博物馆、主题性乐园及工业景观等。必备产品包括工业历史博物馆、工业景观、主题餐饮、酒店民宿，可配套产品包括矿坑探险、研学课堂、旅游演艺、主题乐园、运动基地、特色交通体验。主要通过门票＋经营性收益（零售）盈利。典型案例有英国铁桥遗址公园、唐山开滦国家矿山公园、黄石华新水泥厂旧址。

4. 文旅度假型

依托废弃矿坑、工厂遗址，打造以度假为核心，配套餐饮、娱乐、购物等一站式度假目的地。项目占地面积为 3 万 ~10 万平方米。面向度假客群、商务客群、家庭客群，以高端度假、餐饮购物、休闲娱乐为主要功能。必备产品包括高端酒店、品质餐厅、休疗中心，可配套产品包括运动俱乐部、游乐基地、高端会馆。主要通过经营性收益（酒店、娱乐、体验等）＋地产销售盈利。典型案例有上海佘山矿坑酒店、普吉悦榕庄度假村。

5. 文旅小镇型

（依托工业矿坑遗址开发工业文化博览，利用加工、售卖等打造工业一二三产业结合的特色工业小镇）。项目占地面积在 1.5 平方公里以上。面向家庭客群、度假客群，以文化博览、商业休闲、餐饮娱乐为主要功能。必备产品包括城市记忆博物馆、休闲商街、特色民宿，可配套产品包括影视拍摄基地、配套社区、创客中心。主要通过经营性收益（商业）、店铺租赁、地产销售盈利。典型案例有英国铁桥遗址公园、昆仑陶瓷风情小镇、石炭井工业文旅影视小镇、809 微度假小镇。

（二）轻工业类

1. 博物馆 / 展览馆型

依托具有历史文化价值和品牌影响力的工业产品或老厂房遗址，以企业历史、产品文化为主线，充分挖掘行业资源，建设全面展示企业发展历程、主营业务、主打产品、品牌文化的专题博物馆。项目占地面积在 3000~6000 平方米不等。面向大众客群、研学客群、专业客群，以文化体验为主要功能，将历史文化与科技、艺术相结合，创新展现企业发展历程和工业生产技术的演变。必备产品包括企业历史博物馆 / 展览馆 + 产品旗舰店，可配套产品包括主题餐厅、历史生产车间场景、互动体验空间。主要通过门票 + 经营性收入（餐饮、特产售卖）盈利。典型案例有山东青岛啤酒博物馆、北京市二锅头酒博物馆、天津市十八街麻花文化馆。

2. 产业园区 / 观光工厂型

依托生产加工厂区，以工厂风貌、生产工艺流程、工人劳动生活场景等为旅游吸引物，让厂区变景区、车间变景点，打造融合观光、科普、参与、体验等功能为一体的工业旅游目的地。项目占地面积在 5 万 ~30 万平方米不等。面向大众客群、研学客群、专业客群，以工业观光、文化体验、休闲度假、亲子游乐为主要功能，以工厂生产线参观为依托，植入餐饮、住宿、演艺、研学等多元业态。必备产品包括企业发展展览馆、生产车间参观、产品体验园 / 中心，可配套产品包括产品旗舰店、演艺剧场、主题乐园。主要通过门票 + 经营性收入（餐饮、住宿、特产售卖、休闲娱乐）+ 场地租赁收入盈利。典型案例有茅台酒厂工业旅游区、山西省汾酒文化景区、蒙牛乳业总部基地工业旅游区。

（三）重工业类

1. 旅游景区型

依托传统工业建筑、独特自然景观与大规模的现代化生产等多元景点打造的工业旅游景区。项目占地面积在 20 万 ~60 万平方米不等。面向研学客群、专业客群、大众客群，以参观企业生产为主，配套展览展示、服务接待、自然景观等功能。必备产品包括企业历史 / 行业博物馆、生产车间参观、餐饮服务及文创商店。可配套产品包括文化公园、数字影院、品牌体验中心、培训中心、酒店住宿。主要通过门票 + 经营性收入（商业、娱乐）盈利。典型案例有中国一拖东方红工业游景区、三峡大坝旅游区、甘肃省金徽矿业旅游景区。

2. 现代企业型

依托企业的先进生产线、科学管理模式和企业文化等内容进行开发展示的现代企业。项目占地面积在 6 万 ~40 万平方米不等。面向研学客群、专业客群、大众客群，以生产参观、知识科普为主要功能，打造以企业生产参观为主，配套展览展示、产品体验等的集聚空间。必备产品包括企业文化展览馆、生产车间参观、文创商店，可配套产品包括产品营销大厅、体验中心、研学课堂、团体餐厅、酒店住宿。主要通过门票 + 经营性收入（商业、娱乐）+ 产品营销。典型案例有柳州市宝骏基地、东风汽车工业旅游区。

3. 博物馆型

依托企业生产文化、产品资料等具有标志和典型意义的物质和非物质形态物品打造的工业博物馆。项目占地面积在 1 万 ~5 万平方米不等。面向研学客群、专业客群、大众客群，以博物展览展示为主，配套沉浸体验、商业服务等。必备产品包括企业历史博物馆、文创商店，可配套产品包括体验中心、研学课堂、数字影院、特色餐饮。主要通过经营性收入（商业、娱乐）盈利。典型案例有沈飞航空博览园、中国工业博物馆、大庆油田历史陈列馆。

4. 工业小镇型

依托统一规划管理、小镇环境、旅游线路组织以及配套服务等进行联动开发的工业特色小镇。项目占地面积 1~8 平方公里不等。面向研学客群、专业客群、大众客群，打造以工业生产参观为主，配套展览展示、产品体验、服务接待、活动组织等功能的集聚空间。必备产品包括城市历史博物馆、展示中心，可配套产品包括产业博览会、商业街区、工业公园。主要通过经营性收入（商业、娱乐）盈利。典型案例有株洲市芦淞航空工业小镇、台州市沃尔沃汽车小镇、西安市航空小镇。

（四）科技工业类

1. 重大科技项目依托型

依托国家重大科技建设项目，以科普教育、展览体验等为主要功能的科普基地。项目规模占地面积 4 万 ~30 万平方米不等。面向研学客群、专业客群、大众客群，以参观体验、博物展览为主要功能，基于重大科技项目，配套展览展示、科普体验、服务接待等功能。必备产品包括沉浸体验展厅、研发科技参观、文创商店，可配套产品包括特色餐饮、数字影院、酒店住宿、文化公园。主要通过门票 + 经营性收入（商业、娱乐）盈利。典型案例有贵州中国天眼科普基地、文昌航天科普中心、文昌航天超算中心。

2. 科技园区型

依托园区企业的智慧生产、科学管理模式和企业文化等内容进行开发展示，旅游特征明显。项目占地面积在 20 万 ~60 万平方米不等。面向研学客群、专业客群，以参观体验、知识科普为主要功能，统一规划管理，科学设计线路，合理配置资源，实现展览展示、产品体验等空间的集聚。必备产品包括企业展览馆、研发中心、特色餐饮服务、文创商店，可配套产品包括产业博览会、研学课堂、培训中心、酒店住宿。主要通过门票 + 经营性收入（商业、娱乐）盈利。典型案例有京东亚洲一号智能物流产业园、苏州工业园区、中关村科技园。

3. 科技小镇型

依托统一规划管理、小镇环境管理、旅游线路组织以及配套服务等进行联动开发的科技工业特色小镇。项目占地面积 1~8 平方公里不等。面向研学客群、专业客群、大众客群，以企业生产参观为主，配套展览展示、产品体验。必备产品包括城市客厅、产品参观、会展中心，可配套产品包括节庆活动组织、商业街区、文化公园、文化场馆、运动中心。主要通过经营性收入（商业、娱乐）盈利。典型案例有杭州云栖小镇、图灵小镇、上海枫泾科创小镇。

三、构建陕西工业旅游精品线路

依据现有工业旅游资源和发展现状，在陕西省现已形成的旅游线路，构建"4方向+8条线"的工业旅游线路，将陕西传统旅游优势项目与工业旅游项目串联，创新联动陕西工业旅游大网络（图4-19）。

（一）活力东线

非遗技艺传承线

西安纺织城→中国酵素城→华山风景名胜区→潼关小秦岭金矿国家公园→潼关酱菜园→潼关古城→韩城象山矿井→党家村→韩城金太阳花椒油脂药料公司→韩城腾龙陶瓷有限公司→壶口瀑布。

（二）荣耀西线

秦地工业荣耀西线1

西安纺织城→大华1935→星食品工业园→咸阳国棉一厂→杨凌九立机器人→西北农林大学博览园→红杨凌天和蘑菇庄园→眉县农夫山泉→杨凌本香集团→宝鸡蒙牛乳业→申新纱厂→太白山景区→陈仓老街→中华石鼓园→红光沟航天精神文化区→凤县灵官峡景区

秦地工业荣耀西线2

西北农林大学博览园→法门寺→九成宫→杨凌本香集团→宝鸡蒙牛乳业→申新纱厂→太白山景区→陈仓老街→华盛太阳能光伏→麟游郭家河煤矿→陕西森宝蜂业→西凤酒集团

（三）生态南线

"绿紫黄"复合南线1

朱雀国家森林公园→汉中固城酒业→张骞墓→诸葛古镇→陕钢集团汉钢公司工业旅游景区

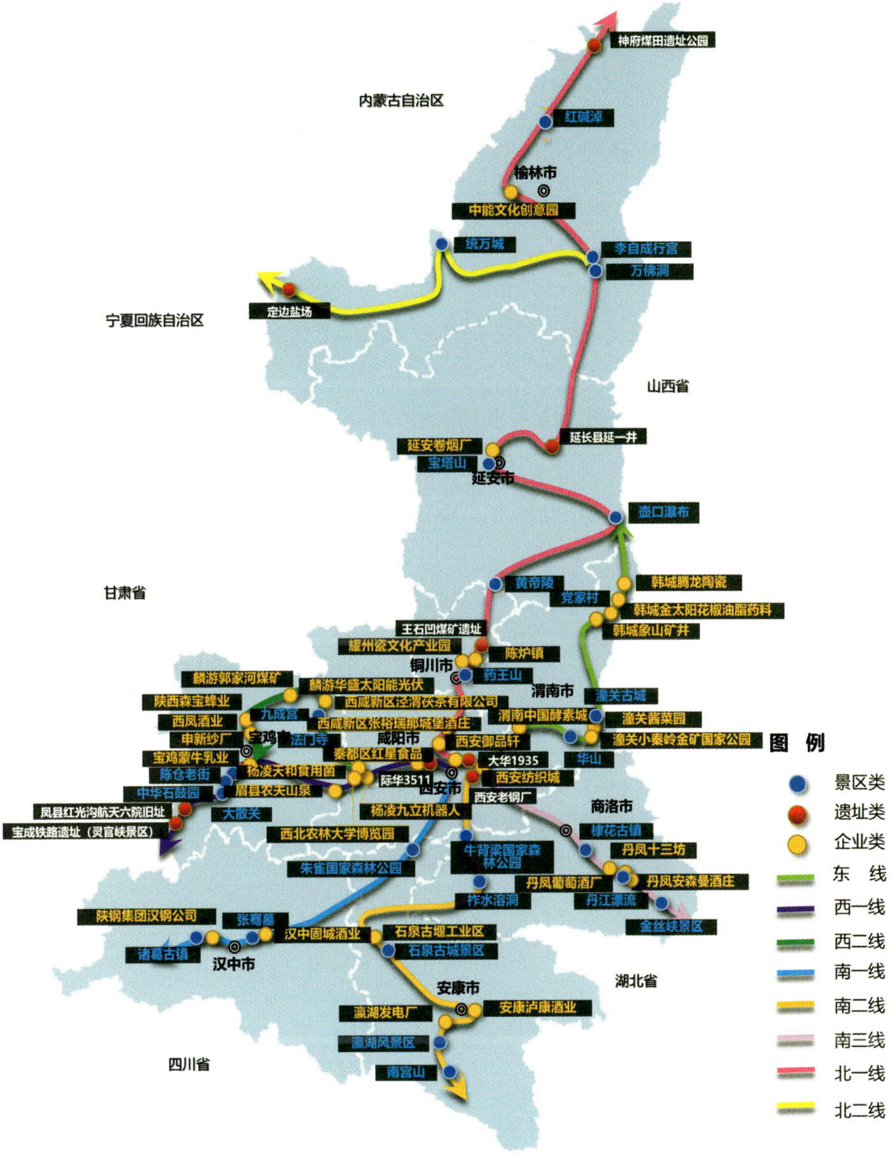

内蒙古自治区

神府煤田遗址公园

红碱淖

榆林市

中能文化创意园

统万城

李自成行宫
万佛洞

宁夏回族自治区

定边盐场

山西省

延安卷烟厂
宝塔山
延安市

延长县延一井

壶口瀑布

黄帝陵
党家村

韩城腾龙陶瓷
韩城金太阳花椒油脂药科
韩城象山矿井

甘肃省

王石凹煤矿遗址
耀州瓷文化产业园
铜川市

陈炉镇
药王山

麟游郭家河煤矿
陕西森宝蜂业
西凤酒业
申新纱厂
宝鸡蒙牛乳业
陈仓老街
中华石鼓园
凤县红光沟航天六院旧址
宝成铁路遗址（灵官峡景区）

麟游华盛太阳能光伏
西咸新区泾渭茯茶有限公司
西咸新区张裕瑞那城堡酒庄
九成宫
法门寺
杨凌天和食用菌
眉县农夫山泉
大散关
西北农林大学博览园
朱雀国家森林公园

渭南市

渭南中国醋素城

西安御品轩
秦都区红星食品
际华3511
西安市
杨凌九立机器人
西安纺织城
西安老钢厂

潼关古城
潼关酱菜园
潼关小秦岭金矿国家公园

华山

商洛市

棣花古镇
丹凤十三坊

牛背梁国家森林公园
柞水溶洞
丹凤葡萄酒厂
丹江漂流
金丝峡景区

丹凤安森曼酒庄

陕钢集团汉钢公司
诸葛古镇
汉中市
张骞墓
汉中固城酒业

石泉古堰工业区
石泉古城景区

安康市

湖北省

瀛湖发电厂
瀛湖风景区
南宫山

安康泸康酒业

四川省

图 例

● 景区类
● 遗址类
● 企业类

—— 东线
—— 西一线
—— 西二线
—— 南一线
—— 南二线
—— 南三线
—— 北一线
—— 北二线

图 4-19　陕西工业旅游发展线路规划图

"自然鬼斧神工"南线 2

西安老钢厂→牛背梁国家森林公园→柞水溶洞→石泉古堰工业区→汉江石泉古城景区→泸康酒业→瀛湖发电厂→瀛湖风景区→南宫山

"秦岭美酒"南线 3

西安纺织城→棣花景区→丹凤十三坊食品→丹凤葡萄酒厂→丹凤安森曼酒庄→丹江漂流→金丝峡景区

（四）金色北线

"乌金岁月"北线 1

大华 1935 →西安御品轩工业园→张裕瑞那城堡酒庄→西咸新区泾渭茯茶→药王山→耀州瓷文化产业园→陈炉古镇→王石凹煤矿工业遗址公园→黄帝陵→壶口瀑布→宝塔山→延安卷烟厂→延长县延一井→万佛洞→李自成行宫→中能文化创意园→红碱淖→神府煤田遗址公园

"边盐记忆"北线 2

李自成行宫→统万城→定边盐场

四、科技赋能打造多元场景

（一）科技互动体验

采用全息投影、VR、AR 技术等数字技术展示工业历史、技术、产品内容，并与游客进行科技表达与互动，从而提升游客观赏体验及企业品牌知名度。一是未来生活体验：在展厅或厂区等建筑中以本企业核心产品内容或企业精神为主题打造对未来生活某一方面的虚拟体验。适用于高科技产品企业如手机、汽车等。二是产品制作体验：在展厅或厂区等建筑中以科技手段达到游客对产品内容的制作或模拟制作为主题的真实体验。适用于食品类、日用品类的企业或工厂。三是科普展示游戏互动：在展厅或厂区等建筑中以科技手段设置对产品及企业文化历史等内容的展示活动游戏。

（二）线上和线下结合

利用互联网、人工智能和云计算虚拟仿真等技术，增加"时尚素材"，创新推出"云参观""云看展""云购物"等工业旅游产品。基于在线数据挖掘，开发工业旅游专线产品和"工业旅游+"复合型旅游产品，满足不同旅游群体的需要。通过构建"可看、可玩、可学、可购、可品、可闲"的复合工业旅游运营生态，把机械化的工业生产流程提升为富有情趣的旅游体验过程，让工业旅游成为文旅和工业企业高质量发展"双赢"之举。

（三）科普研学内容研发

发展研学科普基地。以科普、科学教育为主线进行研学旅游。推动游客活动内容由观光转向体验，由政务商务接待转向研学游、亲子游和专题游，由小众游拓展到大众游，不断提升工业旅游的综合性效益。另外，持续开展工业旅游资源调查建档工作，依托高校、科研团队制定具有各城市工业特色的系列规范标准，集中培育创建一批工业旅游集中区和精品线路。

五、区域联动塑造陕西品牌

（一）搭建陕西工业旅游共创平台

搭建陕西工业旅游共创平台，对于整合全陕西的工业博物馆、工业旅游资源协同发展、共同提高，传承工业文化，夯实工业文化发展基础，统筹利用相关资源，发展工业文化产业具有重要意义。

1. 制定工业旅游体系标准

结合旅游业发展的特点，制定工业旅游标准体系，并制定标准明细表，基本涵盖工业旅游的主要构成要素，要素标准着重针对旅游要素特点，包括"食、住、行、游、购、娱"的要求。针对环境、安全、公共设施的建设，对工业旅游景点建设进行必要的补充。同时，针对工业旅游建设工作进行具体化和细化，并进行满意度评价。标准的设立不仅为工业旅游的发展提供依据，引导企业按照标准配套的模式建设工业旅游项目，引领工业旅游可持续发展。

2. 加强工业旅游人才队伍建设

加大企业开展旅游人才培训和学习交流力度，提升工业旅游管理和服务人员专业技能。引入具有成功经验的团队，开展定期培训授课和实践指导。另外则应重视培育本土力量，引导产、学、研有机结合，支持高校、企业联合培养工业旅游专业人才。

3. 积极探索智慧旅游平台应用场景，提升平台服务品质

鼓励全省工业旅游示范企业建立联盟合作，建立工业旅游服务智慧数据平台，形成活动资源与客流闭环。引导工业旅游景点采用虚拟现实、混合现实、元宇宙景区等新型数字技术，增强工业旅游的趣味性、互动性。开发富有行业特色和功能创意的工业旅游体验产品、纪念商品、数字产品，完善造血机制，集聚回头客、高品质客。

（二）孵化陕西工业旅游文化 IP

树立"大国重器看陕西"的工业旅游文化主题形象，按照省市、国内、国际三个推广层次，根据工业旅游资源现状统一进行 IP 形象塑造和产业链打造。

1. 统一对外形象宣传

以陕西工业旅游 IP 标志形象和元素为主题，创作工业旅游地图手册、工厂美食地图、工业硬核文创产品等，形成宣传合力，实现流量赋能、

体验赋能、消费赋能。

2. 塑造自主品牌，推动游客消费力

对陕西工业旅游业态品牌进行差异化规划和培育，塑造二次消费的品牌矩阵，构建立体的线上线下销售渠道，增加游客的重复购买力。研发设计带有陕西工业特色的原创文创热品，从而形成引爆陕西工业旅游市场的载体，增加游客的情感黏性，提升景区复游率。

（三）优化营销策略，提升陕西工业旅游影响力

1. 提高游客感官体验与良好印象

旅游业经过多年的发展，走马观花式的旅行产品已经不能满足大众游客的需求，应创新工业旅游产品，丰富产品种类，提高经济效益。首先，结合自身定位及消费者心理、消费趋势不断创新策划，从礼仪服务、创意布置、演绎演出等方面营造出仪式感，从而增进用户享受的过程，为游客带来不一样的新体验；其次，围绕陕西工业旅游核心资源优势，通过创意化包装，使得产品服务给游客带来新鲜感；最后，应该充分考虑如何能够让游客"身临其境"参与到工业旅游活动中来，引发参与者及周边游客的拍摄宣传，形成良好的宣传效应及口碑效应。

2. 创新营销与多元宣传渠道

积极拥抱社交媒体、短视频平台等新媒体渠道，形成全媒体立体互动。一是充分利用新媒体平台营销。通过培养专业人员，建立专职团队创作短视频、H5等高质量新媒体内容，创新形式开展直播、互动、话题营销、文旅微综艺，通过"云游""云听""云看""云参与"等形式，展示多彩文化，提供关注度，持续为工业旅游引流。二是以热门事件营销吸引大众关注。通过合理利用大波澜、大动态和新鲜事或特色活动为引爆点，使之在一定阶段内大规模、高频率地传播，从而形成品牌传播与打卡效应。如通过盲盒营销、"反向"营销、特色节事活动营销等方式制造新奇感，吸引游客。三是以体验式营销顺应深度游大趋势。以游客体

验为中心，从产品体验、服务体验、活动体验、环境体验等多维度进行营销，凭借消费实现体验传播，通过游客间的分享实现口碑传播。

3. 加强跨界合作与资源整合

首先，发挥合作双方品牌协同效应，打造具有话题性、引发大众好奇心和不断传播发酵的营销活动。可通过元素联结、场景交叉、次元破壁等方式完成高质量的跨界营销，实现工业旅游资源与合作品牌之间的完美融合，产出经济效益和社会效益。其次，以优势互补、互利共赢为原则，建立健全省内区域工业旅游合作活动，可联合开展工业遗产保护传承活动、合作拓展工业 + 旅游文旅新项目、联合"工业旅游 +"宣传营销，实现互利互惠、高效惠民的宣传活动。

六、多项并举搭建运营模式

（一）工业企业主导模式

工业企业主导模式是指由企业出资设立旅行社或直接与大型旅行社合作，垄断经营本企业工业旅游产品的开发模式。通过这种方式，能够使工业旅游项目在较短时间内达到较高的硬件水平，形成一定规模的接待能力。

1. 优势

大多是由规模巨大、资源丰富、有多元化发展潜力的大型工业企业或集团主导，这些企业通常拥有雄厚的经济实力，有能力对工业旅游项目作较大的投入，从而在其开发初期吸引大批游客前往，制造开门红的轰动效应。

2. 运营目标

企业品牌推广为先，注重企业形象与企业文化，展示其技术积累、制造工艺等。履行企业社会责任，进行工业科普，增强民族自豪感。

（二）政府主导模式

政府主导模式是指结合本地的实际情况，以政府为主导大力推进工业旅游发展的模式。

1. 优势

明确本地工业旅游发展的定位、发展目标、开发途径、空间布局、产品结构以及市场营销。引导和扶持精品工业旅游产品的开发，制定工业旅游发展的政策，规范市场秩序，创造良好的发展环境。将工业旅游的发展纳入旅游业总体发展的框架中，在市场营销、宣传、资源整合、组织合作等各方面为工业旅游的发展提供一个良好的运作平台。

2. 运营目标

注重区域整体发展与平台建设，配合城市文化塑造、生态环境修复，解决就业和住房等经济和社会问题。

（三）联合经营模式

联合经营模式是指工业企业加旅游公司模式，是在具有开发经验和市场经营能力的旅游公司的指导下，制定工业企业旅游的发展规划，指导工业企业进行资源的深入挖掘、配套设施的建设、项目的设计、市场的开发、产品的促销、服务的实施、旅游纪念品的设计，真正实现"工"和"游"的无缝对接。主要包括业务指导、委托管理、租赁或承包经营三种形式。

1. 优势

旅游公司的参与可以弥补工业企业经营旅游业经验的缺乏，使开发经营工业旅游项目更加专业化。将工业旅游项目纳入其经营的常规线路中，确保工业旅游的客源，同时丰富产品。

2. 运营目标

相互协同赋能，共享资源，充分发挥企业对市场开发的敏锐性，实现顶层设计、规划设计与具体执行过程中的紧密衔接。重视经营经济效益，兼顾社会效益与品牌效益。

七、机制创新营造良好环境

（一）探索产业用地置换

积极探索工业产业用地再利用模式，在开发再利用过程中，在不改变闲置旧工业用地上的原有建筑物主体结构的基础上，通过加建或改建的方式对闲置旧工业用地进行再开发。对旧工业用地进行重新规划、环境保护、综合开发、系统整治，能够改善城市生态环境质量、保护城市文脉、改善城市服务水平，促使城市功能由工业制造转向生产服务、休闲游憩与知识创新。一方面，在企业内部通过淘汰落后生产工艺、调整产业结构、改进生产技术，实现产业升级；另一方面，通过对工业及其附属建筑的改建或重建，发展创意产业、创新设计，提升商业服务水平，实现用地业态的实际转换。

（二）推动绿色可持续发展

1.生态修复治理

工业生产活动在停滞以后，面对因工业生产被破坏的生态环境，应通过生态技术方法、景观再利用、废弃物再利用等方式修复原有生态环境，使工业废弃地成为一个有环境承载力的新地块。

景观再利用：整体保留工业废弃地上的景观，建成博物馆，或保留部分原有景观，让其成为生态恢复后的标志性建筑，作为工业的历史见证和历史遗产。对建设形成的独特的地表痕迹，如工业生产形成的渣山、矿山等予以保留，进行艺术加工。

废弃物再利用：最大限度地保留工厂的历史信息，引发游客共鸣和记忆联想。如运输线可改造为贯穿整个园区的步行道；构筑物的框架可以成为攀缘植物的支架等进行二次利用。

2.工业感景观公园

工业感景观公园的环境特征以工业生态、都市休闲为主。其开发思路在于"退地还林"，对工业场所进行景观化、游憩化改造，使其成为以工业景观为特色的城市大公园。

结合工业设施结构展示、融入景观元素，塑造工业花园生态景观，并赋予原有工业骨架结构新功能，如体育运动、集会、主题活动等，塑造景观活动中心；还可将工业遗产改造为创意产业园、景观公园、公共休憩场所、露天剧院、多功能厅等特色公共空间，既满足人们休闲娱乐的需求，同时又可以改善城市居住环境，带动周边地块环境提升。

（三）构建长效合作机制

国有企业和中央企业拥有丰富的工业文化资源，但是由于这些资源通常属于国有资产，其流转受到严格的限制。因此，如何在保护国有资产的前提下发展工业旅游，成为亟须解决的问题。国有企业可以通过出资成立全资子公司专门负责工业旅游项目的开发和运营，或通过增资扩股等方式引入外部资本，组建混合所有制的工业旅游公司。

1.成立全资子公司

国有企业可以通过出资成立全资子公司来专门负责工业旅游项目的开发和运营。这种方式能够确保项目的专业性和独立性，同时便于母公司对子公司的管理与控制。全资子公司可以充分利用母公司的资源，比如利用现有工业遗址进行改造，开发成旅游景点。此外，全资子公司还可以独立开展市场营销活动，吸引更多游客。这种方式的优点在于可以集中资源，风险相对较低，并且能够快速应对市场变化。

2.组建混合所有制的工业旅游公司

国有企业可以通过增资扩股的方式引入外部资本,组建混合所有制的工业旅游公司。这种方式能够增加项目的资金来源,引入先进的经营理念和技术,并且分散投资风险。混合所有制公司通常由国有企业和私营企业共同投资组建,通过共同管理来促进项目的健康发展。这种方式的优势在于能够引入多元化的资金和技术支持,加速项目的建设和运营,同时也能促进国有企业与私营企业的合作发展。

3.整体租赁

对于一些非核心资产,国有企业可以通过租赁的方式将其转化应用于工业旅游项目的开发。这种方式是指将工业遗址或设施租赁给第三方公司,由后者负责项目的开发和运营。租赁模式可以减轻国有企业自身的财务压力,同时充分利用专业运营团队的优势。这种方式的优点在于成本相对较低,可以通过租金收益获得回报;另外,租赁模式灵活性较高,可以根据市场变化调整合作条件。通过这种方式,国有企业可以更专注于核心业务,而将非核心业务外包给专业机构。

第五章

陕西文旅消费场景创新发展实践

第一节

文旅消费场景发展背景

一、发展背景

党的二十大报告中提出"高质量发展是全面建设社会主义现代化国家的首要任务"，高质量发展越来越受到重视和关注，并已成为中国经济社会发展的总方针。推动高质量发展是党中央立足中国特色社会主义进入新时代、我国社会主要矛盾发生新变化、世界百年未有之大变局加速演进等历史条件而作出的战略部署。创新驱动发展是我国重要战略之一，也是新发展理念的核心内容，更是实现我国高质量战略部署的必由之路。

2018 年文化和旅游部正式成立，标志着"文化"与"旅游"融合发展机制的开启，文旅需求、文旅市场、文旅产业、文旅融合也进入了创新发展的新时代。《"十四五"文化和旅游发展规划》明确指出：要深入推进大众旅游、智慧旅游和"旅游 +""+ 旅游"，提供更多优质旅游产品和服务，完善现代旅游业体系，实现旅游业创新发展。2019 年印发的《国务院办公厅关于进一步激发文化和旅游消费潜力的意见》中，从推动旅游景区提质扩容、促进产业融合发展、丰富产品供给等层面为区域旅游发展提供了政策导向；文化和旅游部发布的《"十四五"文化和旅游科技创新规划》中提出将新一代信息技术融入文化和旅游生产和消费各环节，全面赋能内容生产创新、产品和业态创新、商业模式创新、治理方式创新等各领域，推动各类文化和旅游消费场景的创新应用。一系列国家层面政策文件的出台表明，高质量发展背景下的文旅融合创新已上升至国家战略的高度并迎来广阔的发展前景，成为文旅产业发展的主基调及开创旅游业发展新方向、新路径。

随着我国进入新的发展阶段，新一轮科技革命不断催生新产品、新业态、新模式，人民群众对文化和旅游产品供给提出了更高的要求，旅游市场也相应出现新的动态。一是旅游企业紧跟市场需求，多点发力，优化供给，不少旅游企业通过升级改造原有景区、创设新兴项目、研发文旅产品、挖掘流量活动、提升服务质量等方式夯实接待能力。二是"小众"旅游消费业态获得投资关注。近年来不少旅游企业以"小众"消费需求为导向，关注更多新兴"小众"玩法，例如根据年轻人寺庙道观游的解压需求，推出的文创、盲盒、周边游等产品；把握消费者热爱深度参与体验的特点，九华山推出了文宗古村田园综合体项目；以消费者注重情怀及社交体验感为出发点，天目湖打造侏罗纪 IP 联动露营会来迎合其消费点。三是旅游消费场景营造成为投资主体的重要选择方向，例如北京市的王平煤矿文化旅游休闲村以及台湖演艺小镇国际图书城提升改造项目，江苏省有南京域见慢城三条垄旅游度假区、宜兴大拈花湾文化旅游综合开发等多个文旅商融合的综合性消费场景建设。近年来的旅游投资倾向于"优化项目结构、提高投资效益"两大主题，文旅领域投资正朝着低风险、高水平、高质量良性发展的方向进行。盘活旅游资源存量，推动旅游产品创新、品质提升成为旅游深化供给侧结构性改革的重要抓手。总体来说，项目的"高策划、轻投资、少建设、重运营、巧推广"发展将成为下一轮旅游投资的"风口"。

二、内容及重点

文旅产业作为满足人民美好生活需要的"幸福产业"，无论从价值创造、稳定就业、供给侧改革方面，还是从消费升级和内循环贡献角度，都有重要战略意义。以景区、度假区、休闲街区为代表的文旅消费场景作为重要资源载体一直以来都是各地区旅游产业的发展基石和重要工作抓手。

我们通过理论和实践相结合的方式，在文旅高质量发展背景下，梳理文旅消费场景当前的发展现状和发展趋势。进一步明确本文所指的"文旅消费场景"是复合化的"大"文化消费场景概念，是将旅游目的地空间、文化、风物、价值观等一系列元素融合在一起，形成的主体性、体验性和社群性特征的场域，它涵盖的面很广，像景区、度假区、休闲街区、主题公园等会发生文旅消费的空间和场所都可以称作"大"文旅消费场景。本章从市场反馈的角度出发，将研究对象锁定至景区、度假区、休闲街区这三类热门、市场反馈好、受众更广的"大"文旅消费场景，并结合陕西省经典案例，研究它们的创新发展路径，梳理现阶段这三类热门文旅消费场景创新发展的方式方法，在创建、提升的过程中总结出具有陕西特色的创新实践经验，希望能够为全国文旅产业高质量发展提供陕西样板和陕西思路，为陕西省打造万亿级文旅产业提供具有开拓性的创新发展路径，并为各地政府、文旅企业提供可借鉴、可落地的发展模式。

三、目的及意义

我们将完整、准确、全面贯彻新发展理念，紧紧围绕举旗帜、聚民心、育新人、兴文化、展形象的使命任务，探索能够推广、落地、具有普适性的文旅消费场景创新发展路径。为文旅消费场景的提质升级，持续高质量发展提供新视角和理论参考。有助于政府部门全面、系统、准确地认识和把握当地文旅在新时代背景下所面临的机遇、挑战、任务及目标。对当地振兴文旅产业、延长产业链、激发经济活力、优化人居环境、创造就业岗位、普惠民生生活等方面有十分积极的现实意义。

四、概念立足点

（一）消费空间到消费场景的演进

20世纪60年代以来，随着西方社会经济的快速发展和消费文化的兴起，消费主义逐渐成为社会变迁的一个重要驱动力。消费主义不仅改变了人们的生活方式和社会价值观，还重塑了城市和社会的空间结构，引发学者对消费空间的研究。随着后工业化时代的来临，城市逐渐由生产型向消费型转变，特里·N.克拉克（Terry N. Clark）发展了一种称为"场景理论"的新视角，强调了文化和美学在塑造城市空间和居民体验中的作用，认为空间不仅仅是物理上的场所，更是文化意义和社会活动的载体。基于此，对于"场景"的看法增多且成为前沿问题。首先，关于什么是场景，吴军教授深化了我们对消费场景的理解，认为消费场景是以消费为导向的场景，主要由消费导向性的舒适物设施、服务以及活动等核心元素构成。这些元素共同作用，创造出一种特定的环境，使得消费者能够在其中享受到独特且愉悦的体验。其次，这种场景涵盖了文化艺术、休闲娱乐、自然生态和生活服务等多种精神消费需求的生活娱乐设施组合。最后，从高质量发展的角度来讲，多元消费场景的打造有利于激活消费需求、提升城市形象、提高人民群众对美好生活的感受。

（二）文旅消费场景的内涵与外延

文旅消费场景，从表现形式来看，既涵盖旅游景区、度假区、休闲街区、主题公园、产业园区以及城市、乡村等物理新空间的文旅消费整体场景，同时也覆盖美食餐饮、文化演艺、文博场馆、非遗活化、文创购物和夜间生活等特定活动的单体或复合场景；从业态特征来看，从风景到场景，主题化、沉浸式和体验感三个特征尤为明显，体现科技、美学的文化价值，突出产品元素和服务元素集约互动，具有较强的产业和消费的集聚型吸引力，满足消费者个性化、多样化、品质化的需求；从核心要义来看，在于文化 IP 与旅游要素的完美结合，回归历史和生活，"历史可亲近、故事可参与、风物可体验、生活可共享"。沉浸式体验、场景化消费是文旅产业在新发展阶段的必然产物、趋势所向。

"旅游产品"通常指具体的景点、旅游线路或旅游服务，主要侧重于旅游吸引物和旅游景点，往往是有形的、可观赏和可体验的实体，是文旅消费场景的重要组成部分，提供了基础的体验载体。而文旅消费场景不仅涵盖旅游景区、度假区、休闲街区、主题公园、产业园区等物理空间，还包括城市和乡村等新兴消费空间的整体场景打造，具有较强的产业和消费聚集吸引力，能够满足消费者的个性化、多样化和品质化需求，更加关注游客的情绪价值。

（三）研究立足点

本章的"文旅消费场景"是以景区、度假区、休闲街区为代表、为形式的"一切皆可场景"，一个消费者"愿来、愿赏、愿体验、愿参与、愿消费"的"好场景"。将旅游目的地空间、场所、文化、风物、价值观和生活方式等元素融合在一起，以沉浸式体验和多业态集成为特征，成为一种引领和驱动文旅新消费的新空间载体、新产业业态和新营销模式。这种"消费场景"从资源化到产品化、到场景化，呈现的是"体验式、参与式、社群式"和"个性化、仪式感、品质型"的生活方式，是主客共享的美好生活新载体、新空间。同时，正在形成一种文旅产业新业态，汇聚和集成一种促进和拉动新消费的新动能和新生产力。

第二节

陕西文旅消费场景发展现状

随着我国经济的高速发展及人们消费观念的转变，旅游消费转型升级，文旅产业进入全新的发展阶段，多元化、集聚化、高品质的旅游产品需求日益凸显，寻找高质量的标杆和旗帜，全力推动陕西省文旅产业高质量发展，营造高品质文旅空间势在必行。新的趋势下文旅消费新场景正在成为文旅融合的新形式、新空间和新动力，创新旅游消费场景是优化旅游产品结构、创新旅游产品体系的重要举措，以景区、旅游度假区、旅游休闲街区为重点的文旅消费场景提升不仅是陕西省文旅目的地建设的"前沿阵地"，更是拉动陕西省文旅业高品质发展的"动力引擎"。

一、文旅消费场景发展趋势

（一）文化和旅游深度融合发展

伴随文旅融合的持续深入推进，文旅新场景已不再局限于单纯的观览流程，而是经由多线性、多重性的体验与参与途径，令旅游者深切感受并畅享全然不同的文化浸染、故事情境以及角色身份，促使游客产生极为强烈的代入感与参与感，进而获取更具品质的文化体验，并且欣然地为这些高品质的体验与享受进行消费。诸如 *Sleep No More*、《新世界庄园》、《又见平遥》、《无色告白》、《阿波罗尼亚》等沉浸式戏剧以及剧本杀、密室逃脱之类深受消费者热捧。文旅行业的边界正日益模糊化，其外延不断拓展延伸，以文化为核心要点，推动文化产业与旅游产业实现高质量融合发展已然成为趋势之一。旧厂房、老街道、废弃的矿坑纷纷化身为文旅项目；工厂、农村也在逐步文旅化，转型为工业旅游或者乡村旅游……消费者对于文旅的定义持续被刷新，思维也在不断得到颠覆。

（二）场景化业态层出不穷

文旅新场景是业态、产品、服务创新的立体化集成，作为一种生活体验方式，必须要有多元化的消费体验业态（形态），也就是常说的"内容为王""产品为王"。就是把与生活密切相关的"食、住、行、游、购、娱"旅游六要素都场景化，并根据消费需求和消费喜好，选择适当的业态和业态的配比，并不断实行产品迭代和业态创新。比如，杭州西溪湿地的渔夫之旅，在原有的景区里创意设计了微体验点，如乘船、捕鱼、摘菜，游客用自己获得的食材做一顿饭等，新业态、接地气，使旅游者乐此不疲。许多乡村民宿也正在通过"特色吃、品质住、智慧行、个性游、创意购、潮玩娱"的业态创新，成为人们喜爱的乡愁体验新场景、美好生活的新空间。

（三）科技应用体验场景普及

以 VR、AR 为代表的虚拟现实、增强现实、人工智能、光影技术、5G、元宇宙以及数字技术、声光电技术的深度运用让沉浸式体验场景成为形象逼真有趣的体验场。例如，《重庆1949》采用炫酷的舞台科技与红色故事完美结合；扬州中国大运河博物馆运用 5G+VR、投影技术、红外技术打造大运河文化沉浸式体验场景；张家界的《又见大庸》以科技讲述故事，以创意演绎场景，运用创新技术和环境营造打造出与剧情相符的情境，全方位调动观众的"视、听、嗅、味、触"五感体验，体验更为生动、更加深刻；无锡华莱坞景区则以影视产业＋元宇宙技术，营造了一个虚实结合、身临其境的数字文旅新场景。

（四）创意新玩法不断涌现

新消费催生新玩法，新场景成就"新物种"。适应新一代消费者从"看"到"玩"的需求和喜好，剧本杀、文旅＋音乐、文旅＋电竞、文旅＋定向、文旅＋研学以及非遗市集、书茶雅集、国风国潮、露营房车等新型的休闲娱乐方式，让场景更好玩、体验更沉浸、消费多样化。空间"微创新"则是在原有的物理空间，叠加一个新的体验内容，成就一个"新物种"。如长安十二时辰，在原有的商业地产中还原唐朝市井场景，让游客换装进入体验，体验盛唐穿越之旅。而无锡鼋头渚景区则"切割时间换空间"，将一个赏樱产品创意做成了晨赏、午赏、暮赏、夜赏四个场景，不仅做成了品牌，还有效地提增了消费。

二、陕西文旅消费场景发展现状

（一）旅游景区

作为承接大众旅游需求最主要的载体，旅游景区始终是旅游活动的主要空间和经典业态，承载着人们对诗和远方的美好向往和畅想。整体来看陕西省国家A级旅游景区数量不断增加，从2011年的275家上涨至2023年的564家。其中国家5A级旅游景区占比为2.4%，国家4A级旅游景区占比30%，高A级旅游景区集中分布在西安、宝鸡、渭南、商洛（图5-1）。按照景区

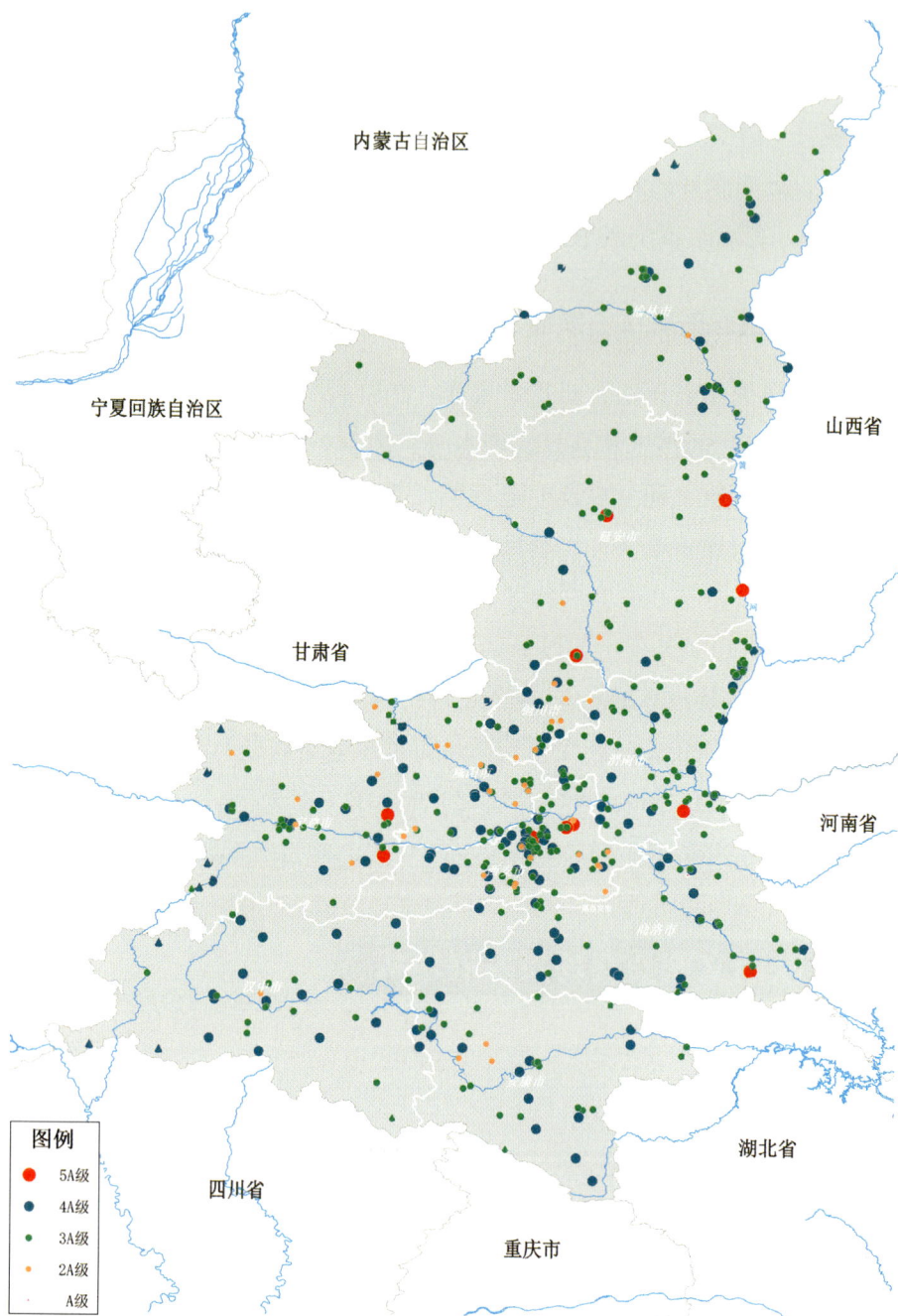

图5-1　陕西省景区分级图

的属性分类，可以分为自然生态类、历史文化类、现代游乐类和产业融合类。其中历史文化类景区占比51.8%、自然生态类景区占比36.3%、现代游乐类景区占比5.8%、产业融合类景区占比6.1%，这也与陕西省文物大省的资源禀赋相符合（图5-2）。从景区平均接待客流量来看，陕西省国家5A级旅游景区的年平均客流量为400万人次，国家4A级旅游景区的年平均客流量为86万人次，国家3A级旅游景区的年平均客流量为28万人次。在休闲度假时代，游客追逐的已不单是风景的游览，更重要的是自然环境和人文场景、和谐统一的情境和氛围的浸润。然而目前陕西省大多数景区仍停留在观光游阶段，呈现游客停留时间短、二次消费低，再叠加门票价格下调、内生增长动力不足等问题，迫使景区必须转型升级。

（二）旅游度假区

旅游度假区是旅游产品、消费场景改革创新、提档升级的重要基础。经过30多年的探索实践，陕西省旅游度假区建设取得了显著成效，已成为度假旅游的核心载体。截至2024年年底，陕西省旅游度假区共计34家，其中国家级旅游度假区2家，分别为宝鸡市太白山温泉旅游度假区、商洛市牛背梁旅游度假区。省级旅游度假区32家，关中、陕南、陕北各占比15∶13∶4，总体呈"中强南多北少"态势。在现有的34家旅游度假区中，河湖型有11家，山地型有6家，综合型有7家，古镇型有4家，森林型3家，温泉型2家，冰雪型1家。其中，河湖型、山地型、综合型旅游度假区占据绝对优势（图5-3）。国家级旅游度假区的品牌吸引力、消费聚合力和经济效益整体优于国家5A级旅游景区，尤其是接待过夜游客比重较高。相比之下陕西省旅游度假区产品同质化较高，高品质业态不足，主要以河湖型、山地型等为主要开发模式，在业态布局上多为串联式、捆绑式、组团式，缺少多元化、融合化和集聚类娱乐项目或高热度消费场景，整体呈现"核心区热、周边偏冷"的消费态势，不同程度

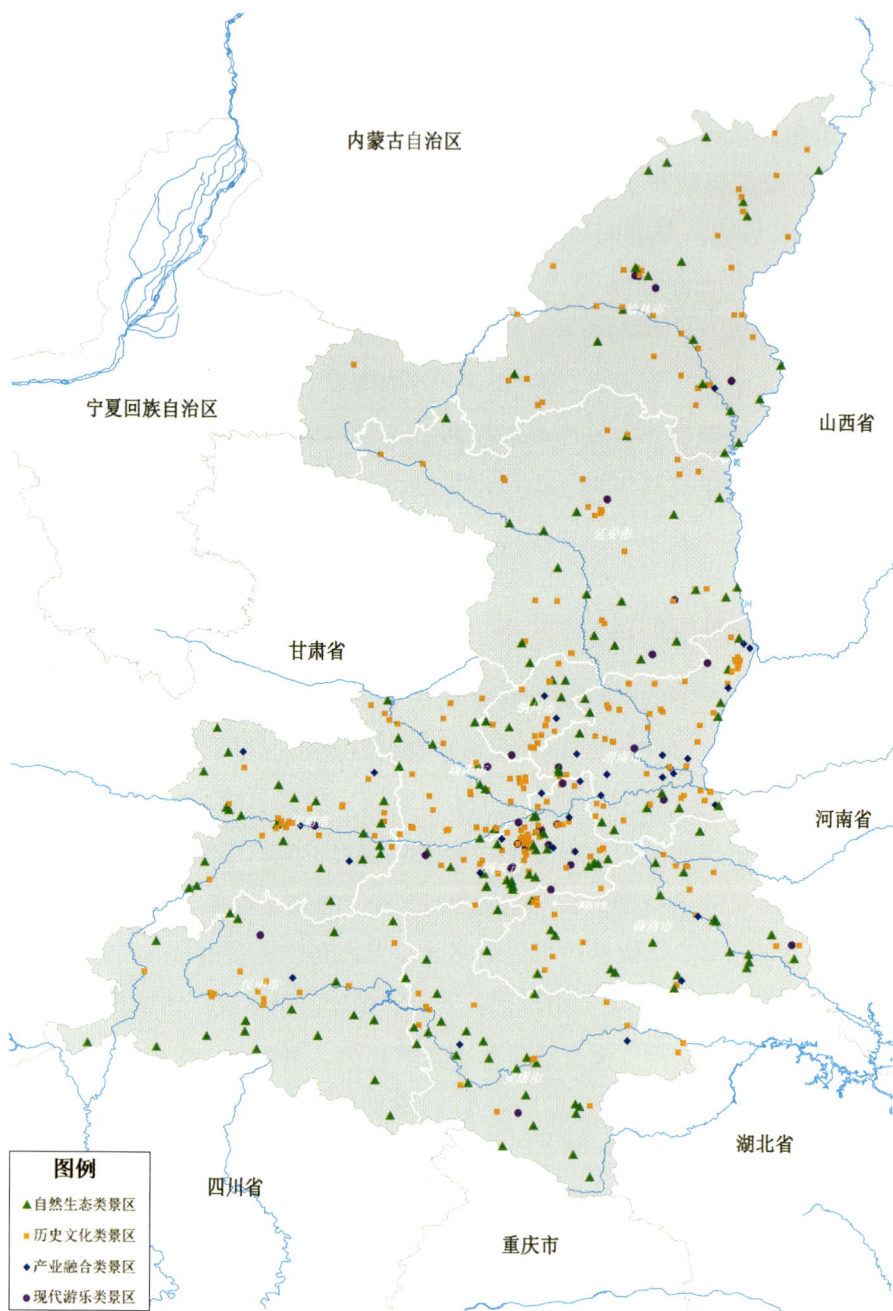

图例

▲ 自然生态类景区
■ 历史文化类景区
◆ 产业融合类景区
● 现代游乐类景区

内蒙古自治区

宁夏回族自治区

甘肃省

山西省

河南省

湖北省

四川省

重庆市

图 5-2　陕西省景区分类图

图 5-3 陕西省旅游度假区分布图

地制约了度假区的可持续发展。

（三）旅游休闲街区

旅游休闲街区是在城市空间发展起来的文旅消费新载体，是文旅供需双向促进的新抓手，更是形成文旅新质生产力的新领域。截至 2025 年 4 月，陕西省有旅游休闲街区共 19 家，其中国家级旅游休闲街区 6 家，分别为石泉县秦巴老街、大唐不夜城步行街、榆林夫子庙文化旅游步行街、留坝县留坝厅老街、石鼓文化城旅游休闲街区、榆林古城休闲街区。省级旅游街区共 13 家（图 5-4）。从主题定位分析，陕西省旅游休闲街区的主题定位集中于城市文化、区域民俗文化和相关历史文化三个方面，其中历史文化类占比超 50%，通过对这些文化内涵的挖掘、提取和聚焦，形成了旅游街区差异化的主题定位。从业态结构分析，文旅街区的业态结构趋于多元化，不仅是餐饮、商业、旅游、体育、娱乐、住宿等业态的集中消费地和体验地，还成为旅游和多产业融合的展示地。尽管如此，目前陕西省一些旅游街区仍存在缺乏内涵、文化主题不够鲜明、空间布局不够合理、商业业态与街区文化主题不相符、无特色商品等问题。

三、陕西文旅消费场景发展存在问题

（一）文旅消费场景内容单一

陕西省传统文旅消费场景（景区、度假区、旅游休闲街区）占据陕西省旅游市场的主导地位，产品主题和盈利模式仍以观光型产品和一次性消费为主，缺乏互动性和体验性强的消费场景，难以适应常态化、度假化的旅游消费倾向。部分地区在开发文旅产业时，没有对当地文化进行深度挖掘并量身定制的设计，盲目效仿、抄袭，致使其建筑风格、特

图 5-4　陕西省旅游休闲街区分布图

色美食、娱乐项目也是同质化的复制，这些缺乏特征的文旅消费场景很快将被市场淘汰。总之，陕西省文旅消费场景的创新力度和品类丰富性有待进一步提高，文化资源 IP 不够聚焦，文旅联动活跃度不足，缺乏有规模、成体系的文旅产品。

（二）文旅场景转化力度不足

文旅产品供给与消费升级需求不匹配，缺乏个性化、定制化、特色化的文化旅游产品，难以满足群体消费需求的多元化需求。高品质的文旅产品比较缺乏，代表性旅游景点没有形成自己的文化 IP，没有形成有影响力的产品品牌体系。演艺消费磁场效应不明显，在资源统筹、品牌打造、影响提升方面还有待提高，尚未形成具有国际影响力的品牌活动。陕西数字文旅基础设施建设薄弱、投入不足，顶层设计还不完善，缺乏在全国有影响力的应用场景。

（三）文旅消费环境亟待优化

陕西文旅消费环境需要进一步优化，各大文旅消费商品的特色不鲜明，缺乏有核心吸引力和竞争力的特色品牌商品；文化旅游消费的便利程度和舒适感有待提升，交通便捷程度不高，车辆停放、餐饮服务、品质住宿等配套消费服务供给不足；夜间文旅消费不足，现有夜间消费产品和服务业态相似度高，顺应夜间文旅消费需求的产品数量不多，形式单一，开展夜游服务的景点不多；跨界融合产品比较少，围绕"商业＋体育＋文化"特色商圈、"冰雪＋"产业发展、营地消费、骑行消费等文旅消费产品不足。

第三节

陕西文旅消费场景创新实践案例解析

近年来，陕西省围绕实现从"文旅大省"向"文旅强省"跨越、转变，着力推动重大文旅项目建设，传统景区提质升级，对新业态、新场景、新体验、新路径、新模式的深入探索，对新技术、新营销的融合应用更加广泛深入。以西安城墙·碑林历史文化景区、华清宫景区、华山、延安革命纪念地等为代表的传统景区不断推陈出新、与时俱进、转型发展，持续成为"高流量旅游目的地"；以陕西历史博物馆、秦始皇兵马俑博物馆为代表的文博类景区引领文博旅游保护利用创新发展，推动全省文博文化创意产业发展；牛背梁国家级旅游度假区创新成为陕西省又一个"国字号"旅游品牌；以大唐不夜城、留坝厅老街等为代表的沉浸式旅游街区，推动了新产品、新业态、新场景、新IP的涌现。针对陕西省这些具有典型性、代表性、游客吸引力强的景区、度假区、旅游休闲街区进行解析，希望从这些优质案例中能够吸纳借鉴文旅消费场景创新成功经验。

一、旅游景区

（一）华清宫景区

1. 概况

华清宫景区位于西安市临潼区，占地面积 4.65 平方公里，位于西安城东 30 公里，与"世界第八大奇迹"兵马俑相毗邻，为首批国家 5A 级旅游景区、国家级风景名胜区、全国重点文物保护单位、国家级文化产业示范基地（图 5-5）。华清宫景区始终坚持"旅游资源 + 文化创意"的原则，围绕"建设中国唐文化旅游标志性景区"的愿景，以"标准引领发展，标准铸就品牌"的理念，推动景区从原有的单一旅游景区向复合型多元化综合类旅游企业发展，形成以华清旅游为母品牌，以华清宫景区、《长恨歌》演艺、华清御汤、华清文创、华清管理为子品牌的一母五子的品牌体系，实现了从标准化、规范化到精细化、品牌化发展的不断跨越。

图 5-5　华清宫景区

2. 发展历程

华清宫景区位于陕西省西安市临潼区骊山北麓。其历史悠久，早在西周时这里的温泉便已被发现，叫"星辰汤"。后经秦、汉、隋、唐等历朝帝王的修扩，至唐玄宗时进行了大规模的建设改造和扩建，并于唐天宝六年（747）将前代离宫别苑更名为"华清宫"。人民政府自 1959 年起进行了大规模的扩建，使古老的华清宫焕发了青春，成为人民群众的游乐之处。2007 年 4 月，华清宫景区推出的大型实景历史舞剧《长恨歌》成为中国旅游文化创意产业的成功典范。2012 年 5 月推出的多媒体影像剧《玄境长生殿》，成为传统博物馆数字化改造的新模式。2015 年 1 月华清池景区与骊山景区合并升级为华清宫景区。近年来华清宫景区始终坚持"旅游资源 + 文化创意"的原则，贯彻"以文促旅、以旅彰文"的文旅融合发展理念，积极探索文旅融合发展新模式，从原有的单一旅游景区发展成为涵盖景区、演艺、酒店、文创及管理输出的复合型多元化矩阵式综合类旅游企业，助力陕西打造万亿级文旅产业，促进当地文旅产业高质量发展。

3. 创新实践

（1）推动标准化建设，实现产品创新发展

华清宫景区以《长恨歌》为蓝本，编制了实景演出国家标准，填补了全国旅游演艺行业国家标准的空白，同时坚持常演常新锻造文旅演艺新标准，每年投入收入的 1/10 对演出进行调整和提升，以适应市场的变化和科技的发展，2021 年更是推出冰火版《长恨歌》，实现了北方冬季户外实景演艺零的突破。2006 年至今，长恨歌已高质量演出 5000 余场，被誉为"文旅融合典范"。多年来华清宫景区制定企业标准 200 余项，国家标准 3 项，地方标准 9 项，形成了"旅游资源 + 文化创意 + 标准管理"融合发展的新模式，锻造了多部优秀的旅游演艺产品，为陕西旅游文化产业注入新的生机和活力。

（2）加强规范化管理，提升旅游服务质量

作为全国旅游服务质量标杆单位，华清宫景区着力提升服务水平和质量，提出了"向粗放式管理宣战"的口号，并积极推进精细化管理与服务，用精细管理文化提升景区品质。创新设计了一套精细管理的运作机制，制定出台了精细化服务"3719行动计划"。即坚持维护3000处景观细节，规范700名从业人员服务行为，健全10个方面基础管理制度，完善景观类、休憩类、欣赏类、展览类、体验类、资讯类、导游类、互动类、助游类9类精细服务项目。同时，设立党员义务服务岗、学雷锋志愿服务岗、文明旅游监督岗等志愿服务岗，开展形式多样的志愿服务活动，提升景区的服务质量，多年来华清宫景区游客满意度一直保持在90%以上。

（3）发挥品牌化优势，扩大旅游生态圈

以旅游演艺标准化建设为引领，华清宫景区发挥景区管理、旅游演艺、华清御汤等品牌优势，加快品牌输出，不断延伸产业链条。历时三年时间，为绍兴柯岩风景区策划打造的大型实景影画剧《鲁镇社戏》于2021年4月29日正式开演，标志着以运营为导向的管理输出模式的形成。与洛阳城投集团合作，打造"洛阳大河荟"项目，以"文商旅综合体"为模式，打造全国首个沉浸式博物馆体验集群。此外，华清宫景区与山海关老龙头、甘肃省崆峒山、贵州省荔波小七孔、河北省易水湖度假区、山东泰安秀都、内蒙古伊金霍洛旗等十余家旅游企业及旅游管理部门展开合作，让华清宫旅游管理体系不断输出，使华清宫品牌价值日益凸显。

4. 实践效果

华清宫景区始终坚持"旅游资源＋文化创意"的原则，以"标准引领发展，标准铸就品牌"的理念在旅游转型发展上取得了显著的成效。2023年，华清宫景区共接待游客量683.1万人次，旅游收入超10亿元，非门票经济占比接近50%，华清宫旅游品牌价值达到8.2亿元，各项经营指标位居陕西省各大景区前列，成为国内传统旅游景区创新发展的典范。作为首批国家5A级旅游景区、中国唐文化标志性景区、全国旅游服务质量标杆单位、陕西旅游的金名片，华清宫景区在历史文化传承、旅游服务质量提升、旅游市场拓展和对陕西旅游产业带动等方面都发挥了重要作用，极大地提升了陕西在全国乃至国际旅游市场的知名度和影响力。

（二）西安城墙·碑林历史文化景区

1. 概况

西安城墙·碑林历史文化景区位于西安市碑林区，是一个集历史文化遗产保护、旅游观光、文化体验于一身的综合性景区。其中"城墙"指的是西安古城墙，周长约 13.7 公里，包括护城河、吊桥、箭楼等古代建筑设施，是我国现存历史最悠久、规模最大、保存最完整的古代城垣之一；"碑林"是指西安碑林博物馆，馆区占地面积 31900 平方米，由孔庙、碑林、石刻艺术室、书法四部分组成，设七个陈列室、六条游廊和一个碑亭，陈列面积 4900 平方米。碑林博物馆收藏了众多珍贵的石刻文物，不仅是一座儒家典籍的石质图书馆和内容丰富的史料档案库，更是中国文字发展史的直观展示和中国古代书法艺术和石雕刻艺术的宝库（图 5-6）。

2. 发展历程

西安古城墙起始于明洪武年间，经过多次修缮和维护后，仍然保持着相当完好的原始风貌。西安碑林是在保存唐代石经的基础上发展起来的，现收藏从汉代至今的碑石、墓志 4000 余件，数量为全国之最，藏品时代系列完整，时间跨度达 2000 多年。近年来，西安市政府持续加强城墙及碑林的保护力度和广度，西安城墙·碑林历史文化景区在文物保护展示、交通优化提升、生态环境改善、文化传承复兴以及促进城市发展五个方面实现了显著的进步。2018 年，西安城墙·碑林历史文化景区晋级为国家 5A 级旅游景区，其重要组成部分护城河也被列入第十八批国家水利风景区名单中。到了 2020 年 10 月，在"城墙人"历经 17 年的持续努力下，对护城河及环城公园进行了整体维护及全面提升，并实现了全线贯通开放。2022 年 10 月，"数字化助力西安城墙文物保护和文化遗产

图 5-6　城墙·碑林历史文化景区

传承"项目被评为文化和旅游数字化创新实践十佳案例,树立了文物保护和文化传承的新典范。

3. 创新实践

（1）"数字方舱"文物保护新利器

城墙景区将地图空间与智感设备有机结合,运用数字孪生结合物联网技术,搭建了集成多种先进技术的智能平台——"数字方舱"。数字方舱利用无人倾斜摄影、物联网等技术构建出能够精确到厘米级的三维数据模型,为城墙的永续保存、数字资产的衍生利用及数据的可视化使用打下了良好基础。同时,数字方舱还能够根据分布在城墙重点区域的倾角仪、测缝计等监测设备对城墙结构的健康状态进行实时监控,通过采集分析传感器的实时数据来预测城墙的潜在风险点,为修复工作提供精准的数据支持。数字方舱的搭建不仅是对传统文物保护方式的重大革新,也为全国文化遗产的保护工作提供了数智赋能的新实践。

（2）持续创新管理机制，不断提升管理水平

西安城墙管委会创新建立并运行"1+N"管理机制，"1"是建立起一套对城墙的保养、维护、巡查机制；"N"则是指要积极动员社会力量，鼓励全社会向城墙保护机构及时反馈针对城墙的修缮维护建议。除此之外，还利用数字技术，着力提升景区网络化、智能化、数字化水平，实现景区全方位、全功能管控。并运用物联网、人工智能、大数据打造"西安城墙数字方舱"管理平台，将文物保护、文旅运营、防汛指挥、应急安全融为一体，大幅提升管理效能。在智慧旅游方面则基于三维采集技术为城墙唐皇城含光门遗址博物馆构建了数字博物馆，打开微信小程序就能实现对城墙及博物馆的全方位游览。

（3）善用文化创IP，文化传承新探索

举办《梦长安——大唐迎宾盛礼》、新春灯会、城角光影展演等特色文化活动，增强文物和文化遗产的承载力、展现力和传播力。打造"唐小妃""城小将""李小白""波斯客"等以西安城墙特有文化资源的"盛唐天团"人物IP形象及多款文创"顶流"衍生品丰富西安城墙文化的传承载体。推出金甲武士、城墙娘子军、"城墙味道"文创冰激凌、数字藏品等一系列古老文化遗产与新时代元素交融的衍生物，通过源源不断的创意让西安城墙鲜活起来。

4.实践效果

西安城墙景区的创新实践在数字技术的运用方面做得十分出彩，尤其是打造了"西安城墙数字方舱综合管理平台"。数字方舱的成功实践，不仅让西安城墙有了24小时不停歇的"守卫兵"，将过去的治病进化至现在的防病，使西安城墙古建预防性保护有了质的飞跃和提升。同时，数字方舱的流量监测系统，通过对城墙最大承载力和游客量的综合测算，在景区高峰客流量日均近2万人、最大客流量达10万人的情况下，既能够有效避免游客拥挤，又能将文旅活动对文物的影响降到最低，实现了现场智慧化管理和调度，提升了景区体验度和展示度。2024年春晚西安

分会场的节目《山河诗长安》登上热搜，作为节目主场景，春节假期8天城墙景区共接待游客人数约33.9万人次，在数字科技的加持下又收获了一大波粉丝。

（三）白鹿原影视城

1. 概况

白鹿原影视城位于西安城东南40公里的蓝田县焦岱镇，占地0.7平方公里，是陕西旅游集团投资10亿元，以著名作家陈忠实先生的小说《白鹿原》为文化依托，精心构建陕西首座融合影视制作、精彩演艺、文化创意、美食民俗及休闲娱乐多元化的影视主题乐园。于2016年7月建成并对外开放运营，是国家4A级旅游景区、陕西省重点文化产业项目、陕西省首批研学教育基地。为了营造"身在白鹿，远望天下"的独特景观，白鹿原影视城特别选取了关中地区最具代表性的五大关隘——武关、萧关、大散关、金锁关与潼关作为设计灵感，巧妙地将其融入整体布局之中。园内设有八大特色区域：白鹿村影视拍摄基地、滋水县城关中美食区、景观步道、创意文化区、科技体验区、欢乐世界、精品民宿以及夜谭白鹿原。通过展示关中地区的建筑风格、历史文化、地道美食和影视艺术等多元文化元素，为游客提供科技含量较高的全方位的沉浸式体验。

2. 发展历程

白鹿原影视城始建于2013年。2016年7月16日，白鹿原影视城正式开园，是以《白鹿原》原著为蓝本建起来的仿古建筑群，面积约70万平方米，2017年开放大型沉浸式演出《黑娃演义》，王府·城墙精品客栈、文创体验店建成。2019年6月，大型实景魔幻剧《魔法公主》首演成功，黑暗乘骑项目《公元一万年》、全国首家实景剧本杀《密城白鹿原》、西北首家"天空之境"正式对外运营。2021年，西北首个尖叫影院《穿越大峡谷》《声音博物馆》，首个360极限飞球《长安翔翔》对外开放。同年9月，全国首个梦幻山谷光影秀《夜谭·白鹿原》正式公演。2022

年 11 月 30 日，西安首个唯美童话系网红打卡小镇"Lummo 小镇"建成并对外开放。2023 年，滑雪场、舞马白鹿原、白鹿原骑乘基地盛大开业。

3. 创新实践

（1）科技赋能文旅产品迭代升级

近年来白鹿原影视城根植陕西文化基因，通过不断进行的产品迭代创新来满足游客对品质化旅游消费的需求。从民俗体验、影视拍摄到实景演艺、精彩夜游、数字科技、休闲游乐，逐渐成为"文化＋影视＋演艺＋科技＋观光＋娱乐"的综合性旅游园区，实现了由单一旅游产品的功能性景区向拥有复合产品的体验型景区转型。同时，围绕"数字、科技、赋能、融合"理念，打造了全国首个无轨黑暗乘骑《公元一万年》、全国首家室外全沉浸梦幻山谷光影秀《夜谭·白鹿原》、全沉浸解密造梦演艺剧本杀《密城·白鹿原》《穿越大峡谷》、360 极限飞球《长安翱翔》《电影特效科技馆》等多个数字化科技体验项目。同时，不断挖掘自身文化与产业特色，创新场景体验，建设西安首个唯美童话系网红小镇——"Lummo 小镇"、打造慢生活和现代时尚相融合的景区网红街区，吸引年轻消费群体，不断创新文旅科技融合发展。

（2）智慧旅游系统提供个性化服务

利用现代科技，推动智能化服务提升。为使游客获得更优质的旅游服务体验，白鹿原影视城加大景区设施智能化建设，打造更多智能应用场景。在智能导览方面，持续优化路线规划和景点讲解内容，还增添游客提问与反馈等实时互动功能，增强游客参与感；同时构建完善的游客个性化服务平台，依据游客偏好为游客提供精准推荐和定制化服务建议；建设智能客服系统，利用人工智能技术实现了 24 小时在线解答游客疑问；引入智能排队系统以减少游客排队等待时间；打造包含电子支付、智能商品推荐等功能的智能购物体验，方便游客消费。一系列智能化举措让景区服务更加快捷、全面、精细，让游客真正享受便捷、畅快的"智慧"游玩体验。

图 5-7　白鹿原影视城

（3）智慧园区管理平台提升景区管理效能

白鹿原影视城通过加强数字化建设，提升景区管理效能，建立起景区数字化基建与数字化指挥决策中心等完整的数字化体系，将景区传统的管理模式转变为智慧化的管理模式。基于大数据、AI、数字孪生等科学技术，开发智慧园区管理平台，叠加整合了景区客流信息、经营信息、演出信息、安防监控管理等多项数据，可以即时了解游客的行为习惯和需求，做好数据汇总与智能分析。通过移动端数据驾驶舱，让景区运营人员实时查看经营数据，如当日客流、收入明细、同期对比、客源分析、历史数据累计等，从而提供管理决策效率，实现了景区运营精细管理、科学决策和高效人性化的服务（图 5-7）。

4. 实践效果

白鹿原影视城通过不断创新持续为旅游赋能，在文旅、科技、影视深入融合的发展思路中，向"文化 + 科技 + 旅游"高质量融合发展的影视科技旅游景区转变。《魔咖·夜魔方》和全沉浸梦幻山谷光影秀《夜谭·白鹿原》，两大王牌、五大主题、三十余项活动为景区吸引了大量游客。2023 年仅春节假期就接待了全国各地游客人数 33.25 万人次，较 2019 年同期增长 85%，更是吸引了爱好科技体验项目的研学客群、亲子客群，特别是研学游日接待人数突破 6000 人次，再创开园以来历史新高。延长了游客游览时长，在景区能够全天候、全时段、多场景地从"早八"嗨到"晚九"。

二、旅游度假区

（一）圣地河谷·金延安旅游度假区

1. 概况

圣地河谷文化旅游区坐落于延安市宝塔区河庄坪镇，占地面积约为 10 平方公里。金延安作为圣地河谷文化旅游区的核心板块和第一期项目，总占地面积约为 1.8 平方公里，为陕西旅游集团与延安市政府战略合作的项目。项目规划设计理念是"镜像历史、写意延安"，将"延安记忆"作为主题，以延安城市发展的历史文化为脉络，修复和重建延安的原先主体建筑，还原 20 世纪 30 年代的延安大院与老街区，重现千年之前北宋时期延州府边陲小镇的风貌。

金延安作为中国红色旅游的新地标，以弘扬红色文化、塑造延安城市特色、发展地区文化旅游产业为根本使命，是一个集旅游集散服务、红色主题娱乐活动、休闲度假居住等多个功能于一身的高端综合性城市主题旅游新区。融合了立体城市和智慧城市的城市发展理念，目前已形成的主导业态包括文化院落民宿集群、红色培训基地、中国品牌团建营地、青少年研学基地、教育产业中心、文化创意产业孵化基地、演艺产业中心、文体康养产业中心。金延安目前已成为延安城市的会客厅，是延安旅游的新名片，更是红色文旅产业的集聚地，得到了海内外游客的一致好评。它已经成为中国红色革命文化的体验朝圣地、黄土民俗文化的世界窗口和中国红色旅游的制高点。

2. 发展历程

延安圣地河谷文化旅游产业园区于2012年落地革命圣地延安，将复兴城市文化脉络作为首要任务，充分利用延安深厚的红色历史底蕴和民俗文化，持续地探索创新文旅融合新发展模式。金延安在一步步探索中不断前进，集红色历史、实景演艺、文化体验、民俗展演、地道老字号美食街、主题民宿院落、文化创意产业孵化基地等业态于一身，成为新老延安城的历史文化纽带。精心打造的大型红色历史舞台剧《延安保育院》生动呈现革命时期的峥嵘岁月，大型红色歌舞剧《延安十三年》用沉浸式的旅游演艺讲好新时代的"中国故事"，360极限飞球集多种影院特效演绎凄美爱情故事，"延知有礼"文创多款产品荣获国家和省级大奖，"延安红色家风馆""金延安大讲堂"以及正在筹建中的大规模互动式沉浸红色教育"到达延安第一课"等红色精品项目，让圣地河谷·金延安旅游度假区成为当地文化旅游产业的新坐标。

3. 创新实践

（1）以"延安记忆"为主题，进行规划创新

圣地河谷·金延安旅游度假区规划设计理念是"镜像历史、写意延安"，将"延安记忆"作为主题。在把握延安"宋城风貌"和"红色革命"这两个精神文化内核的基础上，通过镜像历史的手法提取了延安古城和本土建筑的特色，从而使千年前的宋城风光与20世纪30年代的老延安景象奇妙融合，展示出延安历史上时间记忆与空间记忆的强大张力。

（2）"活化"红色资源，"红色旅游+"发展模式

打造研学、文创、演艺等文旅项目集群，推进文旅融合发展。形成以文化院落民宿集群、红色培训基地、中国品牌团建营地、青少年研学基地、教育产业中心、文化创意产业孵化基地、演艺产业中心、文体康

养产业中心八大战略布局为特色的"红色旅游+"发展模式，为推进红色文化和旅游深度融合发展做出了积极示范。

（3）运用互联网思维，构建矩阵化营销

提升品牌影响力，以短视频融媒体作为切入点，将新媒体运营作为重点，充分融合网红 IP 孵化、供应链整合、电商直播、短视频运营、广告形象片制作、媒体代理、品牌策划、自媒体电商学院、影视制作，音乐制作及发行等板块。立足于网络新媒体资源，刷新营销模式，开启 5G时代，给游客带来更新奇、更智能的体验与服务。

4. 实践效果

圣地河谷·金延安旅游度假区是我国首批国家级夜间文化和旅游消费集聚区、陕西省省级度假区，这里夏季日间平均气温 25℃，是消暑的好去处。2023 乡村振兴与美丽乡村高峰论坛发布了"全国黄金旅游目的地"名单，金延安旅游度假区成功上榜（图 5-8）。

经济效益方面，2023 年"中秋国庆双节"期间，圣地河谷·金延安旅游度假区客流量达到 26.9 万余人次，同比增长 252.94%，接待量再创

图 5-8　圣地河谷·金延安旅游度假区

自开园以来的同期历史新高。2024 年，清明节假日期间，接待游客量、经营收入均同比增长，接待游客量较 2023 年同期涨幅达 117.54%，经营收入较 2023 年同期增幅达 186.43%。

（二）宝鸡市太白山温泉旅游度假区

1. 概况

宝鸡市太白山温泉旅游度假区（以下简称"度假区"）坐落在陕西省宝鸡市，在秦岭主峰太白山脚下，依托着太白山国家 5A 级旅游景区，占地 8.05 平方公里。度假区内静态景观与动态景观相协调，山、水、城相融共生，人文景观与自然景观相辅相成浑然一体，作为我国中西部地区的一处度假天堂，集山川溪流之灵秀、太白温泉之神韵、历史文化之悠久等顶级文旅资源于一身（图 5-9）。

2017 年，御龙湾温泉、尚境温泉、美佳温泉相继投入运营。这些温泉度假村的开业，标志着度假区在温泉旅游业态上的重要突破。度假区

图 5-9　宝鸡市太白山温泉旅游度假区

积极打造夜间消费的"文化IP"，通过组织举办一系列主题文化活动，为这里不断注入了新的活力，不断汇聚了人气、商气、财气，激活了旅游市场，拉动了文旅消费。据统计，目前度假区夜间营业额已占据了全天营业额的一半以上。

2. 发展历程

近年来，度假区以温泉资源为核心，已逐渐打造出较为完整的温泉产业集群。相继建有多家温泉酒店，实施基础设施、旅游产业、服务配套等重大项目160多个，引来多家知名品牌企业落户。同时，围绕夜经济做足文章，不断丰富旅游产品和服务供给，涵盖了购物、餐饮、娱乐、休闲、体验、演艺等业态，更加广泛深入地满足广大游客夜间生活、娱乐和服务的需求，从而奠定了度假区多元化夜间经济发展新格局。新建的"太白山之眼"音乐喷泉呈现了一场震撼的视觉盛宴，它完美结合了声、光、电、水、火的舞美特效与雅俗共赏的美学艺术，吸引着省内外游客慕名前来打卡，一度成为陕西知名的夜间网红打卡地。

3. 创新实践

（1）加强设施建设，度假资源提质升级

以温泉资源为核心，以生态康养为目的，着力推进旅游服务设施建设，加速度假资源提质升级。除温泉水疗康养主体项目外，现开发了太白山关中农家生活体验区、"太白山之眼"音乐喷泉表演等多个休闲项目，打造太白山水上世界、太白山漂流水上娱乐项目。在基础旅游服务设施上建成太白山智慧旅游体系，包括综合信息门户、应急指挥系统、虚拟旅游、移动应用等内容，通过信息技术提升旅游体验和旅游品质。

（2）丰富旅游业态，创造"温泉+"度假模式

精心开发了一批精品文化游、休闲度假游和特色专题旅游产品和线路，如温泉养生文化游、体育休闲游、农产品采摘观光游、农夫山泉工业观光游、民宿农家体验游、喷泉演艺夜间游等。注重四季常态化旅游，举办"漂流探险季""激情滑雪相约冰瀑"等夏日冬日季节性活动以

及"环保登山行""音乐喷泉灯光秀"等日常活动，利用季节性稳定市场客户黏性，推动文化旅游、医疗康养、体育运动、休闲度假等产业融合发展。

（3）强化品牌建设，注重营销推广

度假区是一个具有国际水准、国内一流的复合型山地旅游度假胜地，同时也是一个国际会展中心、休闲养生度假胜地、全国山地运动盛会的举办地。度假区在"旅游＋"理念的基础上，开展了各种新的尝试，融合了"音乐＋旅游""体育＋旅游""时尚＋旅游""知识＋旅游"等多个领域，进行一系列的市场营销和大规模推广活动，促进文旅品牌升级。先后举办"世界旅游小姐年度皇后太白山直选赛""国际吉他艺术节""2024太白县冰雪季"等赛事，吸引了众多游客。

4. 实践效果

2018年，度假区成功荣获"中国温泉之乡"称号，同年，2018世界旅游小姐年度皇后"尚境温泉"杯太白山直选赛在太白山成功举办。文化和旅游部在2022年公布的第二批国家级夜间文化和旅游消费集聚区名单中，度假区成功入选。效益方面，据统计，2024年春节期间，度假区和鳌山滑雪度假区接待游客人数突破30万人次，辐射带动旅游综合收入近2.8亿元，同比均实现大幅增长。2023年国庆假期，度假区接待游客量达到12.36万人次，综合收入约为6296万元。度假区运营效率高、安全性强，做到游客"零投诉"。

（三）汉中市营盘山地运动旅游度假区

1. 概况

汉中市营盘山地运动旅游度假区（以下简称"度假区"）位于汉中北部留坝县，坐落于秦岭南麓腹地。度假区毗邻张良庙紫柏山景区，是三国时期蜀国治国能臣诸葛亮挥兵北伐时安营驻扎、厉兵秣马的地方，同时也是汉留侯张良归隐之地，与两汉三国历史渊源深厚。度假区总面积

19 平方公里，以秦岭生态保护的要求为基础，依托优质的自然生态资源，面向大西安以及周边城市休闲度假人群，拓展"山地动感体验、森林生态休闲、运动康养度假"三大度假功能，打造集旅体融合、运动健身、休闲度假、生态观光、养生康养、文化于一身的"秦岭顶级山地运动旅游度假区"，将成为生态环境最独特、秦岭地区海拔最高、山地运动项目最丰富的生态旅游发展新典范，体育旅游示范区，陕西省内首个零排放、零污染的"双碳"示范度假区，一流的旅游度假区。

2. 发展历程

度假区的核心村营盘村有着近两千年的历史，位于留坝县城以西 33 公里，曾是三国时期蜀国名相诸葛亮六出祁山屯兵的地方，但因深处山林，交通不便，营盘过去是贫困村、空心村。2008 年年底，留坝县所在的汉中市提倡大力发展女足运动，由此展开营盘由空心村到足球小镇的转型。如今，营盘村以"体育＋旅游＋产业"为抓手，不断进行提质升级，利用山地资源，将现有的休闲项目进行统筹整合，以滑雪为核心，逐渐拓展包含越野摩托车、足球、射箭、骑马、体验赛等在内的一系列文体旅融合的项目，形成了教体结合、独具特色的"留坝模式"、体旅融合全新样本，一跃成为全国少有的融合康体养生、体育运动、生态观光、休闲度假等功能为一身的体旅研学训练基地。

3. 创新实践

（1）以"山地运动"为主题，找准未来发展方向

主题是度假区的核心，面对我国度假区普遍存在主题雷同、资源特色不突出、与市场需求不相符的问题，度假区结合内部足球小镇、滑雪场、天然牧场等现状资源，放大地处秦岭的生态优势，深挖本土文化，凝练出"秦岭山地运动"这一主题吸引核，为营盘山地运动旅游度假区主题提升找到突破口，找准未来发展方向。

（2）结合市场需求，打造核心度假产品

打造核心度假产品是旅游度假区凸显主题的关键因素。度假区通过

引入高品质品牌化酒店、升级优化民宿农家乐、打造地方特色化餐饮、植入丰富多样的娱乐产品、打通线上线下购物渠道等多种方式优化度假区产品。住宿上推出康复中心酒店、足球研训中心酒店、汉风民居等多元化主题特色住宿并另配置8栋运动员公寓、500人食堂、图书馆和咖啡厅，还有在建的足球学校；餐饮上度假区主打陕南地方特色菜，还将地域名优特产西洋参融入餐饮之中，推出度假区特色菜单；活动上举办了紫柏山杯女足邀请赛、西安TiKi-taka足球学校、龙岗足球梦想家、村超等社会足球活动，度假区还配合举办了"第一届中国大学生山地户外挑战赛""田园留坝·乡村旅游文化系列活动""紫柏山登山节暨栈道漂流节""森弗杯中国环秦岭自行车联赛（汉中留坝站）""美味留坝·紫柏山宴美食活动"等。做好产品导入定位、资源与环境分析，结合市场需求和游客喜好，推出适合营盘山地运动旅游度假区的新款旅游产品及体验场景，从而推动度假区高质量发展。

（3）保留原生态自然风光，深化主题景观风貌

景观环境优美是度假区的基础要求，以"保护优先、最小扰动"为原则，通过环境风貌整治、河道生态修复、原生态元素植入、私搭乱建拆除改善等手段，为游客最大限度保留并展现营盘山地运动旅游度假区的原生态风光。为突出山地运动主题特色，一方面依托度假区优质的生态环境和丰富的人文资源，通过微改造、精提升深化度假区主题景观。另一方面通过合理的序列关系组景，强化度假区山地运动主题的影响力。

4. 实践效果

度假区运营以来成效颇丰，国际滑雪场、情人谷、狮子沟牧场成为新晋网红打卡地，足球青训中心自投入运营以来，累计接待各类赛事队伍人数近8万人次，收入近5000万元，先后承办了各项青少年足球锦标赛、女足邀请赛、各种社会足球活动等。

留坝山地和足球运动自驾环线全长约108公里，入选2023中国体育旅游精品线路，涵盖了足球、骑行、自驾、研学、露营、水上等运动休

闲项目，融合文旅、体育和大健康等诸多元素。度假区所依托的营盘村2022年入选陕西省第四批"全国乡村旅游重点村""汉中市营盘运动休闲小镇"，2022年被认定为陕西省第一批特色小镇，度假区以其得天独厚的小高原气候和优良的生态环境，成为春有踏青、夏有戏水、秋有骑行、冬有滑雪的度假胜地（图5-10）。

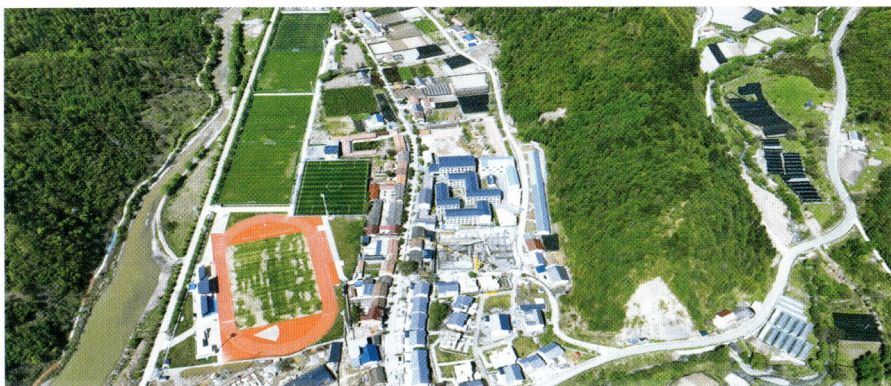

图5-10　汉中市营盘市山地运动旅游度假区

三、旅游休闲街区

（一）四海唐人街

1. 概况

四海唐人街位于陕西省西安市未央区，项目共占地3.46万平方米，总建筑面积19万平方米，总投资20亿元。是以西安历史文化为依托，以城市休闲旅游为辅助，以文化生活消费体验为核心，以世界华人聚居地为背景，承袭大明宫遗址公园地缘文化精神脉络，融文化消费、旅游消费、生活服务消费三大功能为一炉，致力为周边社区居民提供独特体验的美好聚集地。为都市精英人群带来有文艺情调的奇趣空间，为旅游人群创造特色与时尚混搭的奇妙风情街、四海共荣唐人街文化体验地、新一代创新型城市文旅综合体及地标性商业。

2.发展历程

四海唐人街于 2019 年 4 月 28 日盛大开业，在自身具有鲜明文化、休闲化的现代城市商业街区的特色上不断提升，求同存异，受到越来越多市民的关注和喜爱。疫情三年，大多数商业地产项目都面临各种困境，但四海唐人街却顶着大环境的重压，坚持对场内品牌业态进行焕新升级、体验场景提升。通过对环境氛围、品牌业态、营业时间等要素的不断完善，全方位打造文旅消费场景。过去，四海唐人街的五洲风情承载着华人文化的开枝散叶，如今又成为在地文化和潮流表达的口岸，成为城北消费者乃至西安市人民置顶订阅的悦己生活社交场，并先后获得了"西安市夜间经济示范街区"和"西安夜游经济特色文旅消费空间"的荣誉称号。

3.创新实践

（1）品牌力提升，以品牌首店作先锋，坚持对各大业态同步进行焕新升级

四海唐人街坚持对各大业态同步进行焕新升级，引进 M3 影院，打造西北首家太空主题影院；引进苹果授权店并更换立面玻璃优化街区形象；引入各类儿童教培——编程、美术培训、轮滑、吉他培训等品牌，打造北城首个儿童教培聚集地。以品牌首店作先锋，坚持对零售、餐饮酒吧、休闲娱乐、儿童教培等几大业态同时进行焕新升级，以此构筑起坚实且极具吸引力的品牌内核，满足了消费者不断变化的消费需要。

（2）场景力提升，以场景化的街区氛围作标准、以斩获市场好评及认可作检验

作为陕西旅游集团斥巨资匠心为西安文化旅游商业升级发展打造的首个文旅商业综合体，四海唐人街融汇全球五大洲唐人街的精华以及中国近现代五大建筑风格的开放景观街区对项目场景进行优化提升。栽

培了五万余株常态化的绿植花卉，为消费者营造了一个清新的绿色"氧吧"，在不同时节进行差异化的花卉选品，让消费者领略到四海唐人街不同的四季景观。在街区美陈方面，四海唐人街围绕其独创的 IP 唐豆，延展出或青春或运动或文艺或潮流的多元化的卡通形象，分散装置于街区内部，为消费者提供了极具趣味性的美陈打卡点。除此之外，唐人街还坚持对项目的地面铺设、交通动线、导视系统等进行改造提升，对街区灯光进行亮化调整等，以此进一步营造场景化的街区氛围。融合、碰撞、跨界、新与旧、传统与新潮，将时下年轻人最感兴趣的生活方式分批"装"进街巷、楼面与广场，为消费者构建了一个文商旅一体的创新场景。

（3）文化演艺提升，以常态化演出做基石，以持续性的 IP 演艺做文化输出

四海唐人街多年来始终坚持"时尚汇·文艺潮"这一属性，尤其在人们不断追求更高质量的精神文化生活的时代背景下，商业项目的营销活动策划也需要从"文化、艺术、时尚、潮流"的角度出发，不断推陈创新。一方面，在餐饮、零售、儿童亲子、休闲娱乐、生活服务等功能性业态之外，还布局有四海美术馆、荷苗剧场、四海书城、当夏演艺等文化服务品类，以此构建项目的文化艺术内核。另一方面，项目坚持在水族馆美人鱼表演、空中威亚秀等常态化演出的基础上，培育独具辨识度且能够可持续发展的 IP 演艺活动。此外，四海唐人街依托陕西旅游集团优势资源，联袂优秀艺术家及专业人士打造的"四海街头艺术节"已经连续举办三届，如今已经成为项目独有的现象级文化 IP。其"城市级全民文化节日"的定位属性也不断彰显，"常态化演出 +IP 演艺输出"的发展路径也越发清晰和稳健。在此过程中，项目"艺术空间、潮流业态、创新体验"的标签印象也越发深入人心。

四海唐人街始终在用扎实稳健的步伐，以"焕新、创新、向新"为驱动，助力每一步的经营改造和提升，并将项目的时尚浸润力、潮流渗透力、文化传播力和休闲引领力润物细无声地传达给消费者。2024 年，

四海唐人街又将以"新生"之姿破局年轻想象力，呈现一个令开放更开放、令潮流更先锋、令文化更让年轻人看得见摸得着的四海青年活力社交场。

4.实践效果

四海唐人街作为西安北城地区最具特色的商业高地，吸引众多本地居民和外地游客前往游览、购物、休闲娱乐，为周边居民和游客提供了一个集休闲娱乐、购物消费、文化体验、社交互动等多功能于一身的场所。2023年四海唐人街全年营业收入4.38亿元，全年客流984.88万人次，荣获"西安市夜间经济示范街区"、"西安市示范特色商业街区"、首批"市级文化产业示范园区"、"西安商业城市十大新地标奖"、西安市"最美特色商业街区"等诸多荣誉。极大丰富了人们的精神文化生活，提升了生活品质，成为西安北城最具文化旅游特色和经济最为多元活跃的城市名片（图5-11）。

图 5-11　四海唐人街

（二）榆林市夫子庙文化旅游步行街

1. 概况

榆林市夫子庙文化旅游步行街位于榆阳区城区，东接榆林名胜"南塔北台中古城，六楼骑街天下名"中的"新明楼"，南邻榆林地标"骆驼石像"，北往即是城区商业繁华区，西行河滨公园。街区全长 1.5 公里，总占地约 0.06 平方公里，建筑面积约 8.6 万平方米，街区融合了古朴的明清建筑风格与现代时尚元素，以"六馆一中心"展现文艺范十足的陕北文化。街区业态涵盖展览馆、博物馆、观光、餐饮、酒店、服装、家居、电子商务、电影院线、竞技娱乐、艺术培训等，商业设施齐全、业态结构丰富、文化休闲氛围浓厚，现已成为陕北文化集中展览展示和消费体验基地。

2. 发展历程

夫子庙作为榆林古城重要的历史文化坐标，始建于明成化年间，历经多次修缮，是榆林市现存历史最悠久、保存最完好的文庙建筑群。2001 年榆阳夫子庙区域开始进行初步的规划和建设，2019 年起，榆林市依托当地的陕北文化、红色文化、民俗文化等，在夫子庙文化旅游步行街上先后建成了陕北民俗博物馆、古代碑刻艺术博物馆、陕北红色藏品陈列馆等 6 座博物馆，常态化举办榆林小曲展演，不断丰富和充实夫子庙旅游步行街的文化内涵。周边的特色餐饮、文创商店、咖啡馆、书店等业态不断丰富，逐渐成为榆林市内旅游的重要景点。

2023 年，榆林市夫子庙文化旅游步行街入选第二批国家级旅游休闲街区名单，品牌影响力进一步提升，以夫子庙为核心，辐射周边区域的旅游、文化、商业等全面发展。同时，在景观打造、服务质量提升、文化活动创新等方面不断优化，继续保持其在全国旅游休闲街区中的独特地位和吸引力，与科技、艺术、教育等多重产业和领域进行深度融合发展，进一步拓展其发展空间。

3. 创新实践

（1）创新时尚消费体验

作为新晋网红打卡地，夫子庙文化旅游步行街积极引进文创企业、私人定制摄影店、特色书店等新兴业态，集文化体验、美食娱乐、商业购物等功能于一身，将"新"与"老"、"繁"与"闲"定格，呈现出历史与现实交汇的独特"烟火"。这里不仅有时尚潮流的"打卡"合影地，还有充满文艺清新的"慢时光"以及酷炫十足的青春活力，游客可以在这里体验到传统与现代结合的独特魅力。

（2）发展夜间旅游经济

街区通过技术创新与功能拓展，激发夜经济发展新动力。街区完善了智能照明系统，不仅为夜晚的街区提供了明亮而舒适的照明环境，还通过灯光的巧妙设计打造出独特的夜景氛围。同时，汇聚了各种地道的榆林美食和特色小吃，设置了一些酒吧、咖啡馆等休闲场所，满足游客多样化的夜间消费需求，常态化举办陕北民歌演唱会、陕北秧歌表演、民俗文化展览等文化活动，丰富了游客的旅游体验，还让游客深刻感受榆林的文化魅力。

（3）提升旅游服务质量

榆林市夫子庙文化旅游步行街不断升级旅游服务设施，提升旅游服务质量，提高服务水平和游客满意度。街区提供了智能导览设备租赁服务，游客可以通过手机扫描二维码获取语音导览，了解各个场馆和景点的详细信息；打造"支付便利街区"特色场景，指导辖内银行和非银收单机构布放极具榆林特色的"驼城聚合码牌"，优化了支付环境；开发线上服务平台，游客可以通过线上平台提前预订门票、预订特色文化活动参与名额等，避免了现场排队购票的烦恼。

4.实践效果

榆林市夫子庙文化旅游步行街以陕北文化为主脉，反映着榆林特有的文化底色，是榆林市名副其实的人文高地和引领消费升级的新地标，是领略榆林城市文化魅力的一扇窗口。夫子庙旅游休闲街区 2017 年开街运营，年接待游客量达 500 万人次，服务周边居民 30 余万人，2021 年街区营业收入约 5000 万元。街区相继获得国家 3A 级旅游景区、陕西省旅游休闲街区、陕西省夜间经济示范街区、陕西省夜间文化和旅游消费集聚区等多项荣誉。

图 5-12　榆林市夫子庙文化旅游步行街

（三）安康市石泉县秦巴老街

1. 概况

安康市石泉县秦巴老街紧临汉江北岸，是一条距今已有千余年历史的商业重镇。老街始建于西魏，历史上这里曾是商贾云集、繁荣富裕的商贸一条街。区域主街长 1000 米，宽 4 米，内有禹王宫、江西会馆等 6 个省级文物保护单位，还有明清时遗留的古县衙、古巷、古庭院、古民居。秦巴老街经历过一系列的保护性修复和开发改造提升，现如今古色古香的老街与汉江两岸的自然风光浑然一体，交相辉映，充分彰显了秦巴文化元素，展现了当地的历史风貌和民俗文化，成为市民和游客休闲观光、文旅消费的新选择。

2. 发展历程

安康市石泉县秦巴老街原本是石泉县的一个传统聚居地及商贾街区，随着时间的推移，秦巴老街逐渐没落萧条。近年来，当地政府严格按照"修旧如旧、精益求精"的原则，对秦巴老街"一街十六巷"、59 个项目进行改造和提升，引进大小店铺 142 家，积极探索"旅游 +"产业发展模式，通过提升基础设施、人居环境水平，盘活闲置院落、临街商铺等老旧房源等实现文旅融合、主客共享。街区先后荣获首批国家级旅游休闲街区、省级旅游休闲街区、省级夜间文化和旅游消费集聚区、省级历史文化街区称号。

3. 创新实践

（1）传承历史文脉，修旧如旧展魅力

安康市石泉县秦巴老街按照修旧如旧、重现历史的原则，利用仿古建筑的修复手法，保留了其历史风貌的同时，也赋予了它新的活力，成为一条具有丰富功能的特色步行街。老街基本上保持着明朝建筑的特色，内部游客服务中心、旅游公厕、引导标识等旅游设施位置得当、古风古貌，既为游客提供了方便快捷的服务，又维护了老街原有的古朴风貌。同时，按照"突出古街，融入周边"的思路，将古街区与汉江通过街巷相连，注重周边古巷、古民居和庭院的改造和美化，让古街区与一江两岸自然风光交相辉映。古韵和新貌，在石泉秦巴老街上融为一体，身处其中感觉一切都和谐而自然。

（2）创新创意驱动，丰富业态增活力

以沉浸式体验和创新创意为驱动，丰富安康市石泉县秦巴老街场景业态，涵盖了文化创意、休闲娱乐、特色餐饮、特色民宿、文化演艺等多种功能业态，开设各类店铺160余家，实现"食、住、行、游、购、娱"六大要素全覆盖，美食、购物、民宿、茶楼、奇石根雕、中医馆、文玩、酒吧、客栈等元素融合发展，同时游客可以参与到制作当地美食小吃、工艺品的体验活动中，还有很多游客线下体验项目，如柚子功效茶、果酒酿造、庖汤宴等。同时，依托老街夜景延长文化旅游活动时间，夜间常态化开展县太爷巡街、县令审案情景剧、舞龙、舞狮、花姑子、汉调二黄等文化活动，推出体验场景包括吃粥忆祖、鬼谷下山迎五福、古装节、端午祭祀等，集夜间演出、夜间娱乐、夜间美食、夜间购物等多项功能于一身，成为安康著名的文化旅游目的地、网红打卡消费场所。

（3）留住古韵乡愁，文旅融合显魅力

安康市石泉县秦巴老街蕴含深厚的鬼谷子文化、子午道文化、蚕桑文化、汉水文化，与街区中非遗火狮子、汉调二黄、手工艺展演、博物馆展会、鬼谷子讲学、兴桑养蚕等活动深度融合，众多非遗项目代表性传承人和民间手艺人的入驻，为活化非遗文化形成良好氛围。未来将以"秦巴风情·老街生活"为主题，推动"音乐＋文旅""演出＋文旅""展览＋文旅""赛事＋文旅"等旅游跨界融合发展新场景、新业态，激发游客的消费热情。

4. 实践效果

安康市石泉县秦巴老街经政府保护性修复开发后，让项目重整光辉，成为游客心中的热门打卡地，一跃成为一张石泉的文化旅游名片，也被列入了国家级旅游休闲街区名单。如今，老街"生态宜居、独具古韵、文旅融合、休闲度假"的独特文旅发展格局已经成型。近年来，年平均接待游客量超过 170 万人次，实现旅游综合收入 5.1 亿元，促进直接就业 200 余人，间接就业 1000 余人（图 5-13）。

图 5-13　石泉县秦巴老街

第四节

文旅消费场景创新发展路径

一、陕西文旅消费场景创新实践经验

（一）文化立魂，内容为王

目前，在"新文旅"的背景下，层出不穷的"新创意""新内容"将成为"文旅消费场景"未来发展、提质升级最好的手段。文化旅游产品、服务、场景能否在疫情后满足人们的消费需求，给消费者带来新体验、新惊喜，是新时期文化旅游产业发展的重要任务。

独特的文化内涵是文旅消费场景构建持续性核心吸引力的重要依托。每一个文旅项目都受当地地理文化的特异性影响，要讲究量身定做，唯一性才能更好地体现其价值所在，使自身无法轻易被复制。在文旅消费场景创新中一定要厘清主脉做好取舍，坚决摆脱"就文说文、就旅说旅"的问题，要对多元文化因子进行有效筛选后再有序串联，进而衍生出不同形式的消费产品，构建立体式、层级式的产品矩阵，生动而有效地把区域核心文化主题及多元文化因子融入。

内容生产是文旅消费场景构建及文旅融合高质量发展的根本动力。

以文化资源构建现代文化产业要素体系，创意转换能力是"关键一跳"。文旅融合本质上发展的是文化产业，强调"内容为王""创意制胜"，内容为王，就是要用文化产品（故事场景、文创产品、文旅节庆）讲好故事，通过不断丰富和优化的内容——"夜游、夜购、夜演、夜娱、夜餐、夜展"等夜间消费的业态，研学旅游、乡村旅游、民俗旅游、红色旅游、体育旅游、云旅游等多类型的产品为游客带来更加丰富和有深度的旅行体验。

陕西省作为文化大省，通过文化主题化重点提升打造华清宫景区、大雁塔—大唐芙蓉园景区、大明宫国家遗址公园、大唐不夜城步行街、丝路欢乐世界、华夏文旅西安度假区等文旅消费场景，推动产品内容从同质化到精品化，从基本消费的食住行到游乐、养生、娱乐休闲、情绪价值升级，提升品牌影响力。西安大明宫国家遗址公园，不仅保存着唐大明宫的遗存，也成为众人体验和感受唐大明宫辉煌和灿烂的胜地，以唐文化为魂，着重保护大遗址的"文"，开发大遗址的"旅"，打造新体验、新消费将文化打卡体验、场景体验融入盛唐文化，创新旅游体验。李世民 AI 全息影像、"考古寻唐"、儿童全息剧场、"千宫研学"、唐朝"贵妃"国风大秀、千宫游园等一系列场景及活动给消费者带来新体验、新惊喜。

（二）注重需求，明确卖点

年轻消费者群体正在强势崛起，由于他们的消费观更为个性，展现出兴趣优先、注重体验、理性消费等多元特征，消费对他们而言更是一种生活方式的追求。他们的个体喜好、心理特征以及消费意识等正在强势影响这个时代消费方式的潮流和趋势，也会持续冲击和颠覆传统文旅业态消费的模式，因此对于新时代的景区、度假区等文旅消费场景构建来说，得"年轻市场"者得天下。但在具体发展过程中，不同文化类型或是资源特色的场景应该根据自身实际情况对消费客群进行研判和筛选，将"最好的场景"卖给"最合适的人"。作为文旅目的地，如何跟随文旅新趋势，把握发展机遇；在市场竞争中，如何提高转化率，让游客到访后产生更多的消费行为成为文旅消费场景构建的目标。

在文旅消费场景创新时，首先，要了解自己的目标市场，明确自己的产品定位和卖点。针对家庭出游的文旅项目，就要围绕家庭出游的消费特点，打造有针对性的旅游产品。只有精准确定目标受众，做好精准定位，才能吸引更多目标客群，进而提高转化率。除了精准的目标市场定位，提供多元化服务和体验也是提高转化率的关键，比如通过打造特色消费空间和场景，依托地方文化打造 IP 形象，增强一些互动体验环节等，只有让游客更深入地参与到文旅项目中，增加参与感和体验感，才能引导更多的消费行为，提高转化率。其次，还需注重游客的个性化需求，可以通过提供多元化服务，增强游客对文旅项目的好感度，提高回访率。最后，可以利用线上线下渠道，针对项目的特点和市场定位，制订科学的市场营销计划。线上利用微信、抖音、微博等平台，多角度多渠道地宣传文旅项目，线下通过开展文艺会演、夜间集市等活动，通过合理的营销手段，提高文旅项目的知名度和吸引力。

圣地河谷·金延安旅游度假区通过细致的市场调研和同类项目研究，工匠团队在多年前就提出针对红色培训、研学教育等未来客群市场进行超前创意和精准项目布局。立足于得天独厚的资源优势，充分发挥延安丰富的红色历史文化成立了山丹丹红色文化培训中心，与中国报业协会达成战略合作，引进延安干部学院枣园分院、闪闪星青少年研学基地等十多家红色培训、企业团建、青少年研学、户外拓展机构，不断推出独具特色的培训课程，立足延安面向全国，为党政事业单位、大型企业集团、青少年及社会各界提供最贴心、最专业的红色培训、企业团建、研学实践的新场景。黄河壶口瀑布旅游区针对年轻群体，全面赋能黄河文化景区线下数字化体验，赋予黄河文化新内涵。利用水流灯光造景打造节日大型灯光秀，利用两岸建筑投影造景，应用数字技术打造数字餐厅沉浸展，应用人工智能创设强互动性的游乐项目，同时发展"体育黄河""文艺黄河"努力打造陕西黄河体育旅游品牌。

（三）精致服务，树立形象

服务质量是景区、度假区等运营成功的关键之一，也是引领消费升级的重要动力。注重服务质量，首先，旅游企业作为提升旅游服务质量的主体，要引导和激励旅游景区、度假区、星级饭店、等级旅游民宿等市场主体将提升旅游服务质量作为增强市场竞争力的重要手段；其次，品牌是旅游服务质量水平的集中体现，要大力实施以服务质量为基础的品牌发展战略，充分发挥服务品牌对旅游业高质量发展的引领带动作用，提升各个景区、度假区、休闲街区旅游服务品牌的知名度和美誉度；最后，要夯实旅游服务质量提升的工作基础，充分发挥旅游服务标准、旅游服务质量监测和评价、旅游服务质量认证等对提升旅游服务质量的基础性作用。

大雁塔—大唐芙蓉园景区努力提升各个景点的旅游环境，强化旅游接待服务意识，提高服务质量，落实"五星级服务标准"，微笑服务、跑步服务、用心服务，让游客宾至如归。同时，景区采用"服务中心＋咨询中心"双中心模式打造景区，服务中心与咨询中心"心心相印"，涵盖外卡刷卡、扫码支付、外币兑换、现金使用、数字人民币各种场景的多元化支付体验，数据信息共享、交互影响，共同为老年人、外籍来华人员及国内外游客畅游大雁塔提供全方位、多元化的服务体验。

华清宫景区以精细化服务和演出管理为切入点，在演出接待服务、安全管理等方面形成标准化体系成为行业经典范本。不断践行陕西旅游集团微笑标准化服务品牌，倡导"爱心、真心、热心、细心、暖心"的"五心"标准化、人性化特色服务，通过明确服务标准、目标设定、流程优化等方案，并进行有效合理的日常培训、反复情景模拟和激励措施等，将"微笑服务"落实到一线游客服务环节，游客的获得感、幸福感、安全感显著增强，让游客游得放心、游得舒心、游得开心。

（四）科技赋能，产品升级

"文旅＋"、跨界融合将成为文旅行业发展的新趋势、新机遇，以VR、AR 为代表的虚拟现实、增强现实、人工智能、光影技术、5G、元宇宙以及数字技术、声光电技术的深度运用让沉浸式体验成为可能，并为文旅新场景的体验品质赋能。在文旅融合、跨界融合发展的背景下，支持有条件的旅游景区、度假区、休闲街区在提质升级中融入元宇宙、5G 数字等技术，发展光影秀、场景体验秀、沉浸演艺，让数字科技充分为文旅赋能，让文旅产品更具有参与性、体验性，更加沉浸化、可视化、互动化。

在产业融合与科技赋能文旅消费场景上，白鹿原影视城将文旅产业与科技紧密融合，将多媒体影像和艺术装置融合在白鹿原影视城的自然风貌与景观中，大型创意灯影秀、全沉浸式互动体验场景让游客沉浸于光怪陆离的白鹿原，多种高科技娱乐项目为游客带来不一样的冒险震撼体验。在灯火璀璨的大唐不夜城步行街，丰富、精彩的沉浸式体验吸引着游客邂逅"唐潮"。大唐芙蓉园内大型水舞光影秀《大唐追梦》利用裸眼 3D 水幕成像让每一位游客穿越千年。在秦始皇帝陵博物院，戴上 VR眼镜，"地下军团"在眼前"复活"。在西安碑林博物馆景区也让游客戴上设备，感受国家宝藏的"前世今生"，跟随数字书法视角，一镜解锁盛唐书法名碑。

（五）资源整合，高效运营

资源为旅游企业开发旅游产品、吸引游客、提高经济效益提供基础条件。但是资源不等于产品及消费场景，真正构成游客吸引力的是产品及场景的吸引力。资源如何产品化、场景化，是未来文旅发展的关键，更是运营、质量、品牌、营销、服务等更高层次的竞争和整合。在整合文旅资源中，首先，从组织架构和市场化管理方面整合文旅资源，跳出传统思维，联合各方力量，精干主业，分离辅业，对所属资源进行全面盘活。按现代企业制度，抓住主业，实行运营管理统一化、标准化、现代化、人性化、制度化，提高综合实力，全力打造吸引力更高、竞争力更强的旅游品牌；其次，以点带线、以线带面、以面成体，整合现有的核心资源，统一运营，形成主业，打响文旅品牌；再次，建设旅游大数据，提升线上黏合度。构建智慧旅游运营平台，打造在线旅游产业互联的新业态。形成融"食、住、行、游、购、娱"等文化旅游相关服务、管理及电商交易为一体的在线旅游平台，促进旅游要素和公共信息的一体化管理和运营；最后，要引进科学管理，培养优秀人才，建立科学的人才机制，逐步形成一支高效运营的文旅管理团队。

以陕西旅游集团为例，作为引领陕西省文化旅游产业创新发展的先导者和践行者，陕西旅游集团在全省文旅资源整合、开发、运营方面积累了丰富经验、实现了快速发展，对打造万亿级文旅产业集群、促进产业协同发展方面具有显著的龙头带动作用。近年来，陕西旅游集团在"文化为魂，创新引领"的战略指引下，以文化为标尺，形成了"陕北红色旅游＋关中黄土文化＋陕南绿色生态"的"王"字形资源骨架布局，坚持用文化讲好文旅故事。结合文脉、建筑、景观、复原、展陈、演艺、影视、科技与创意开发等形式，以系列组合拳全方位、系统性展示文化、激活当地资源。2024 年，陕西旅游集团引导元景公司通过一体化办公服务平台的构建，实现集团内外部资源与数据共享，并充分利用人工智能、云计算、大数据等前沿技术，助推产业融合和企业合作，为构建陕西万亿级文旅产业发展贡献陕旅力量。陕西旅游集团整合多方资源，满足市场需求多样化、消费品质化、供给全域化、产业融合化、服务智能化、竞争国际化等新趋势和特点，将陕西文旅打造成为引领全国文化和旅游发展创新的一面旗帜。

二、文旅消费场景创新发展路径

（一）高品质创建

党的十九届五中全会通过的《中共中央关于制定国民经济和社会发展第十四个五年规划和二〇三五年远景目标的建议》明确提出，"推动文化和旅游融合发展，建设一批富有文化底蕴的世界级旅游景区和度假区，打造一批文化特色鲜明的国家级旅游休闲城市和街区，发展红色旅游和乡村旅游"。通过以创促建，以创促投，以创促管，把景区、度假区、休闲街区等一系列国家推出的重点文旅消费场景的创建作为推进文旅高质量发展和创新的有效手段。不断丰富旅游供给的品质，提升旅游核心吸引力。文旅消费场景的高质量发展首先要从创建做到高品质。通过"举大旗、立标杆"，打造明星文旅项目，为创建地构建旅游消费吸引核，形成引领和示范作用，使当地文旅高质量发展赢在起跑线。高品质创建可以从以下四个方面入手。

1. 核心引力：极具代表性的资源要素

资源要素的挖掘可以从自然、人文、社会三大维度入手，用"三维融合"的理念来激发创建地旅游资源利用空间的丰富性、广泛性、无限性。以"融合拓展"为原则，对创建地旅游资源进行全面开发利用，抓取资源的典型性和独特性，如具有独特自然景观的景区，依托历史建筑群能够体现独具生活方式的历史文化街区，极具差异化的休闲度假区等，都为当地旅游高质量发展奠定了基础。

2. 直接动力：极具存在感的市场要素

一代人有一代人的喜好和需求，好的项目要经过市场检验，创建好项目也要学会抓住市场热点。例如穿汉服游古城，放在20年前可能是失败的，放在未来也未必是成功的，但在今天是大受欢迎的项目。因此，研究当代人的需求，找到主流消费群体的需求是至关重要的。通过剖析当前文旅市场的"热点话题""风口现象""流量王者"深入探究其底层逻辑，不仅能够对文旅市场的发展方向有更清晰的认识，还能够真正洞察并找到与热点话题相关的潜在文旅需求和机会，抓住重点风口赋能创建，实现文旅消费场景的良性打造和可持续发展。

3.重点环节：极具人性化的服务要素

服务要素是创建过程中对游客体验感和满意度影响最大的一项内容。服务要素由公共基础设施和旅游接待设施组成。想要实现文旅消费场景的高品质创建，就要对服务质量、个性化表现、智能化水平提出更高要求。包括便捷的交通网络，餐饮、住宿、购物、标识、卫生、安全等设施的优化完善，智慧信息系统的建设等内容。

4.基础保障：极具和谐度的环境要素

想要打造极具发展潜力的高品质文旅消费场景，目光不应停留在只满足国内游客的需求上，还要有一定的国际化视野。这就要求在环境要素的打造上，首先，要有国际化相适应的目的地旅游发展战略和因地制宜的旅游规划实践；其次，要有可持续发展的生态环境和满足国内国际双循环的发展能力；再次，要有稳定的社会环境和文明友好的旅游氛围；最后，还要具备现代化的经济发展水平和高效科学的旅游市场管理体系。

（二）高质量产品创新

"旅游资源无边界，旅游产业无边际，旅游生活无边框"，以旅游发展的新理念审视文旅消费新场景，可以说"一切皆可场景"。为消费者打造一个"愿来、愿赏、愿体验、愿参与、愿消费"的"好场景"需要从场景本身入手进行创新，作为"内容物""填充物"，旅游产品的创新也十分重要。

1.场景创新

当前，"场景革命"的热度日益升温，通过创新的方式将跨界元素与文旅重组融合，以此不断增强消费者在特定场景中的互动性、体验感以及沉浸感，这已成为文旅消费场景创新发展的一大焦点，也是其未来发展的方向。

（1）文旅＋烟火气，构建在地新空间

传统的"烟火气"指的是普通百姓的日常生活以及生活散发出的气味、发出的声音、具备的颜色。而在新烟火主义概念之下，市集空间的打造成为推动社区空间及文旅商消费空间高质量发展与转型的重要方向。同时，也是一种对消费者周边生活的重塑。当文旅有了烟火气，新的文旅消费空间自然而然就出现了。它们通过地域上的"邻近""在地"，情感上的"亲切""熟悉"赋予这些老旧的、传统的空间独特意义，通过促进共同的交流进而形成共同的集体记忆。这种过滤了"杂质"的新兴模式，也就是"新烟火主义"抓住了当下文旅的"流量密码"。像以上海武康路、安福路为代表的新式街区，构建了一个城市新烟火气的理想生活图景，这样的街区已经不单是环境优美且充满文化气息和历史属性的居住区，更是一个社交场域、一个舒压空间、一种生活方式和一个城市文旅新地标。

（2）文旅＋社交，构建社群新空间

在精细化运营成为主流的当下，"小红闲"这一概念应运而生，它具有规模小、有网红吸引力和休闲氛围三个特点。"小红闲"致力于在有限的空间内创造精致和美观的环境，使得小巧的空间也能展现出强大的吸引力。这类文旅消费空间往往围绕一个独特而鲜明的主题来进行整体的设计和布置，从而在有限的空间内创造出多个值得拍照留念的景点和口碑极佳的产品，以此满足某类人群"种草""拔草"的心理。比如，"二次元＋景区＋文创"就是小红闲空间的一大潮流，典型的例子是日本的柯南小镇。像这样针对某一人群打造的具有"小红闲"特点的文旅消费新空间，既符合国家政策导向，又满足各方需求，可以说在当前集约发展，存量提升的时代具有十足的优势和强势吸引力。

2. 产品创新

文化附魂。文化是灵魂，产品是载体。文旅产品一定要有的灵魂，就是文旅消费场景所在地的本地文化和直击心灵的文化 IP。好的文旅产品早已不再是只为游客提供简单的观览，而是通过多线性、多重性的互动和参与，让游客在体验过程中享受迥异的文化浸润、故事情景和角色身份。为游客提供强烈的代入感、参与感、获得感、满足感，让游客从"为眼睛买单"到"为感受买单"。比如，业界"顶流"中国首部大型实景历史舞台剧《长恨歌》，已于 2023 年度过自己的"成人礼"。18 年间，《长恨歌》坚持旅游为体、文化为魂，数次升级，常演常新，不仅成为全国文旅产业融合发展的典范，更是文化附魂旅游产品的标杆。

科技赋能。以 VR、AR 为代表的虚拟现实、增强现实、人工智能、光影技术、5G、元宇宙以及数字技术、声光电技术的深度运用让沉浸式体验成为可能，并为文旅消费场景的产品品质赋能。通过科技和艺术的完美结合，为游客呈现震撼心灵的视听盛宴。2024 年春节期间，大唐不夜城官方打造了一项数字科技文旅新服务——"AI 古装影坊"，通过人工智能算法模型，为每位游客提供个性化的唐装美照生成服务，游客无须妆造，只要站在专业的拍照转盘设备上进行自动化拍照，就能让每一位游客获得风格不同的唐装美照。"AI 古装影坊"成功为科技赋能下的大唐不夜城赚了一波流量。

创意赋新。新消费孕育新玩法，新场景进化新物种。文旅产品要适应新一代消费者从"看"到"玩"的需求和喜好。像层出不穷的文旅明星产品——剧本杀、密室、真人沙盒 RPG、国潮市集、换装馆、围炉煮茶、露营等，都是让场景更好玩、体验更沉浸、消费更多样的传统休闲娱乐方式的创新玩法。通过空间"微创新"，在原有的物理空间上叠加一个新的体验内容，来进化出一个"新物种"。比如，无锡鼋头渚景区从时间维度对传统赏樱产品进行空间切割，创意地做成了晨赏、午赏、暮赏、夜赏四个场景，不仅把项目做成品牌，还有效提升了消费。还有江西的沧溪村，它在延续原有的历史文脉的基础上利用古建筑群、竹林溪水、传统民俗等资源，打造了一个封闭的"时空穿越"体验区——《幻乡·沧溪风华录》。在这个独特的开放式沙盒体验中，游客可以化身玩家，通过游戏的形式深入了解沧溪古村深厚的文化底蕴，并领略当地优美的自然风光。

生活赋美。旅游消费不仅走向体验经济，更进入"颜值经济"时代。"从文化进去，从旅游出来，从旅游进去，从生活出来"，归根结底，文旅消费新场景本质上可以看作高颜值、高品质的生活场景，而文旅新产品也可以看作引导游客发现美、体验美的生活产品。引入旅游美学、生活美学、城市美学、乡村美学，用描绘一个画面，讲述一个故事，营造一个场景的方式去打造旅游产品，让旅游者走进这个故事，喜欢这个场景，成为故事和场景的参与者、体验者和共享者，这不仅是文旅产品最大的成功，而且将是承载这个产品的文旅消费场景最大的成功。比如春季爆火的赏花游，典型代表就是日本的樱花游。以樱花为主题举行各种旅游活动，推出樱花游线等概念产品，像静冈县伊豆半岛的旅馆就推出了边泡澡边赏樱的活动来吸引消费者，一些景点还推出了樱花主题的便当、文创产品等。据当地学者估算，2023 年的"樱花经济"带来超过 6158 亿日元（约合 325 亿元人民币）的经济收益，樱花美学也成为日本经济提升的助推器。

（三）高水平数字赋能

2024 年 1 月，工业和信息化部等十一部门联合印发《关于开展"信号升格"专项行动的通知》，明确指出，在文旅消费场景中将持续提升国家 5A/4A 级旅游景区、国家二级以上博物馆、国家级旅游度假区、国家级夜间文化和旅游消费集聚区、红色教育基地等移动网络信号覆盖，支持景区开展 4K/8K 视频、智慧导览、VR/AR 沉浸式旅游等应用。此外，在日前国家发展改革委修订发布的《产业结构调整指导目录（2024 年本）》（简称《目录》）中，沉浸式体验、数字音乐、可穿戴智能文化设备等文化产业新业态列入《目录》鼓励类。一系列政策为文旅高质量发展按下数字技术融合文旅产业的"加速键"。融合数字技术，将成为当前和今后一段时期推动文旅消费场景创新的重要方向。

1. "云旅游"催生文旅新业态

依托 5G、大数据、人工智能、物联网、区块链等数字技术，文旅产业正在孕育新的发展模式和新的业态形式。这些技术的应用使传统文旅项目实现了服务个性化、参观互动化、体验沉浸化的数字化转型，进而推动文旅产业向着更加现代化的方向发展。如故宫博物院开发的数字故宫小程序，将"玩转故宫"全新升级为"智慧开放"项目，利用 AR 实景导航和全景技术的接入，营建云上体验新场景。还有大唐不夜城融合"智慧化"理念，打造智慧街区项目，实现了实时灯光特效控制，为游客营造了一个全新的文旅互动空间。

2. "沉浸式"推动项目新升级

依托 AR、VR、全息投影、高清巨幕等数字技术手段，从存量文旅项目的旅游空间、旅游景观、文化演艺、旅游场景等方面入手推出沉浸式体验，带动 7D 互动影院、无人观光车、动漫游戏等新文旅项目的体验升级。像芜湖方特欢乐世界，通过场景塑造、科技融入、特色活动、虚拟现实等技术为游客塑造了具有文化属性的多维沉浸式体验空间。西安博物院与阿里元境合作打造了元宇宙展馆，通过 3D 云端渲染技术将文物人格化，并根据历史设计了剧情化的游戏体验，让游客可以通过虚拟现实技术观看文物的每一处细节，并在沉浸式的互动体验中感受中国历史文化的博大精深和独特魅力。

（四）高精准营销推广

互联网时代，新的文旅发展节奏与竞争格局正在加速形成，传统的营销方式已很难获取更多的流量，以游客为导向的创新型营销策略也层出不穷。其中，大数据为基础的精准营销因其优势突出，已成为当下及未来持续高效助力文旅高质量发展的一种创新营销模式。

1. 精准定位，选对游客

在文旅消费场景创建过程中，营销推广也是决定项目未来能否长红的关键。当前的旅游消费者普遍依赖互联网来收集旅游信息并作出决策，这一过程会产生大量的旅游数据。借助大数据处理平台对这些数据进行深度挖掘和处理分析，从而提炼出有价值的信息。随后，将这些信息进行细分，对来自不同地区、处在不同年龄段，拥有不同职业背景的游客，从消费偏好、行为模式、兴趣点等方面展开深入研究。基于这些数据的分析结果，可以更有针对性地开展营销活动。再结合文旅消费场景的特点，实现对游客的精准定位，明确市场目标，为游客提供更加个性化的旅游产品和人性化的服务。从万众"进淄赶烤"，到元旦期间万千"南方小土豆勇闯东北"，再到各地文旅官方账号有求必应卷上热搜……这些看似不经意的爆火现象，是对游客的精准定位，也是营销宣传方式的精准定位。比如，淄博烧烤是成功抓住了"大学生特种兵"，东北冰雪的成功是抓住了"南方小土豆"，西安汉服的成功是抓住了爱美的"娘娘和公主"。除了精准客群，营销方式也要量身定制。哈尔滨爆火引发各地文旅发疯式比拼，山东文旅利用独具山东特色的喊麦形式进行文旅宣传，一时间山东喊麦"来山东，好客山东，把你宠"响彻各大平台；河南文旅则发挥河南优势利用"题海战术"结合"美男计""撒手锏"并豪送"特产"钻石吸引游客；河北文旅利用明星效应召唤出河北籍国民偶像赵丽颖为自家文旅站台，喊出"明星为河北文旅扛大旗"的宣传语……通过这场发挥省籍优势、各具特色、各显神通的文旅比拼，各地文旅用低成本的宣传，不仅给了游客选择自己的理由，还通过新媒体平台为自己赚取了高流量和高关注度。可以看出，当下文旅营销出圈的关键不仅是服务和创意，更在于能够精准捕捉到游客的情绪和需求。

2. 增加黏性，实现双赢

目前，旅游市场的竞争越来越激烈，如何通过营销推广来建立与游客的良好客户关系，增加游客黏性，是每个文旅产品值得思考的问题。

而高精准营销可以通过大数据来分析了解游客的消费习惯，进而提供具有针对性的设计，优化布局旅游产品，提升服务质量。良好的销售关系，不仅能够大幅提高游客对产品的忠诚度，还能将一次性旅游目的地转化为多次旅游目的地。使产品能够获得更好的传播度，产品有更高的销售额，整体具备更强的市场竞争力。这方面上海迪士尼乐园确实是一个非常成功的代表，它通过不断更新游乐设施、表演和其他娱乐项目，确保游客每次游览都能有新鲜感。还针对个人、家庭等多种人群的需求推出不同类型的年卡，并为年卡持有者提供除价格优惠之外的特别活动，像提前观看新游乐设施、特别见面会等，进一步增加年卡用户价值感。在这些策略的共同作用下，上海迪士尼乐园成功地为游客建立起强大的品牌忠诚度，重游游客量显著上升，据统计年卡游客平均每年游玩乐园次数可以达到 10 次。重游游客不仅在园区内的二次消费能力不容小觑，且因为建立了情感链接，每当主题公园内有新项目、新 IP 出现时，这部分客群一定是最捧场和最舍得消费的。

3. 利用超级"群主"，建立长效联系

游客从年龄、需求，再到爱好、消费观等可以细分成不同的群体。针对不同游客的特点，可以对应不同的社群组织，利用社群"群主"的"粉丝效应"，建立长效联系，激发病毒式传播，主要有 3 大举措可以落地实施。

（1）把社团请进来

联动各大企业把创建的文旅消费场景作为团建合作基地；联合社会团体渠道，如亲子、户外运动、团建、自驾俱乐部平台等建立活动基地；联合摄影协会、美术协会等作为创作基地。如安徽宏村的美术写生创作基地、西安白鹿原影视城的关中民俗研学基地等。

（2）把"专家"请进来

这个"专家"不一定是学术界的专家，也可以是各个行业的典型人物、权威形象和风向标代表。景区、度假区、休闲街区等文旅消费场景可以结合自身资源，选择相契合的行业"专家"，利用"专家效应"为自己的营销造势，从而发展该行业业内人士或受众人群成为自己的潜在游客。比如，河南开封景区万岁山·大宋武侠城景区，将景区演艺人物"王婆"与婚恋行业相结合，打造景区相亲栏目"王婆说媒"，一时间＃开封王婆＃＃00后排队去找王婆相一种很新的亲＃＃"00后"有自己的相亲方式＃等话题在社交媒体爆火。"王婆说媒"不仅带火了万岁山·大宋武侠城，更带火了河南文旅。2024年清明假期河南旅游热度暴涨，跻身全国热门旅游目的地第7名，预订量同比增长了582%，增长了58倍，尤其是开封，入围了清明节黑马旅游目的地前十。

（3）把网红、大V请进来

网红、大V自带流量和"种草"能力，通过与网红、大V的合作，培育景区、度假区、休闲街区等文旅消费场景的"旅游发言人""首席体验官"，从而使该地成为网红、大V举办线下活动、直播、见面会、产品发布等活动的指定活动地。并通过网红、大V的流量带动和粉丝效应，吸引他们的粉丝成为潜在游客。比如，华清宫景区邀请董宇辉直播间观看中国实景历史舞剧《长恨歌》，吸引了百万网友，直播点赞量超过一亿，网友们纷纷表示欠《长恨歌》一张票。

（4）用好新媒体，实现"流量"转换

根据《2023中国视听新媒体发展报告》，中国网络视听用户规模已达到10.4亿人，约占网民总数的97.4%。其中，短视频用户的数量达到了10.12亿人，网络直播用户的规模则达到了7.51亿人。可以看出，短视频和网络直播正成为推动视听新媒体领域发展的关键驱动力和强劲增长点。除了在短视频平台上观看旅游相关的直播和视频，线上博物馆和云端展览等形式的数字文化旅游，借助新媒体技术让人可以瞬间实现"位移"，感受世界各地的美景和风光。方言说唱、民族风情以及介绍经济实惠且风味独特的本地美食等类型的热门短视频，不仅助推全国各地不少景点走红，还使得这些地区的城市面貌通过高质量的短视频作品广泛传播，令网友感受到它们的独特魅力。以贵州为例，在各大短视频平台上，网友不仅能在线游览黄果树瀑布、荔波小七孔、格凸河等传统景点，而且可以在线观看贵州"村超"和"村 BA"、安顺地戏和龙舟赛等活动，甚至还能"云逛"青岩古镇、黔灵山公园、贵阳青云市集等地。这些短视频的广泛传播显著提升了城市的知名度，并有力推动了当地旅游业的发展。

（五）高效益运管模式

无论是景区、度假区还是休闲街区，对于各类文旅消费场景而言，其实都是始于运营，终于运营。第一个"运营"要注重项目运管过程中的市场化思维，第二个"运营"要考虑文旅项目的运营效益。促进文旅存量的可持续发展，文旅增量的优化开发。项目要获得真正意义的成功，有效的运营前置是一大关键！美国奥兰多环球影城"哈利·波特魔法世界"主题乐园的运营前置经验值得参考。"哈利·波特魔法世界"作为哈利·波特 IP 的全球首家线下主题乐园，2010 年开园时园内只有霍格沃兹魔法学校和有限的几个周边业态，占地只有 20 英亩，面积很小。其中霍格沃兹魔法学校，并不是 1：1 复制整个城堡，而是按比例设计呈现邓布利多办公室、黑魔法防御术教室、格兰芬多公关休息室等经典场景。通过简单直观的设计布局，让游客以点带面、身临其境般感受霍格沃兹奇幻恢宏的魔法世界，与各个场景互动。在市场的层层考验下，运营表现优秀的景点保留，运营表现不佳的景点被关闭替代，整个园区直到 2014 年才逐步增加到 100 公顷。可见，优质文旅项目的运营，对于每一阶段的运营需求，都有着清晰的战略叠加思考和阶段运营布局思考。

1.完善运营前置体系

坚持"谁对结果负责，谁有决策权"，牢固树立市场思维，加强顶层设计，通过扎实做好前期调研、市场分析、环境分析、资源配置、业态配置、品牌定位、施工建设、营销推广等运营前置体系各阶段内容，实现"事有所出、财有所理、人有所用"的全面统筹，有效规避存量文旅项目盲目提升、增量文旅项目无效建设、整体收效甚微的风险，促进项目的通畅运作、有效落地和长效生存。

2. 优选运营前置团队

项目初期，严格挑选能够提供"运、策、设、建、监、管"闭环式整体服务的团队，从商业、营销、演绎到推广全过程体系为项目提供专业智慧支撑。聚焦文旅项目全链条合作模式，构建平台化资源体系，形成一站式运营模式，为文旅消费场景的创建提供精准化、标准化、专业化、品牌化的服务。

3. 深化运营前置管理

鼓励设立运营管理公司或是运营管理部门，同时建立一套完整的运营管理体系。此体系的核心在于确立并细化场景的标准化运营管理流程，通过对项目进度、资金使用、产品质量、成本控制、商业运作策略及日常运营的精细把控，构建一个高标准、规范化、流程化、精细化的运营模式。这样才能确保精品项目的顺利实施，并加速推动各业务板块的高效运营。同时，为了优化资源配置与利益分配，需要对政府与运营方之间的利益分配机制进行创新，积极探索包括资金、股权等多种形式的项目利益共享模式。此外，强化运营前置的监管力度也是至关重要的，我们可以通过引入由规划、策划、设计、建设及运营等多领域专家构成的第三方专业机构，为景区、度假区及休闲街区等文旅消费场景提供从规划至运营的全生命周期顾问、监督与评测服务，以期实现文旅消费场景的长远可持续发展。

参考文献

［1］中华人民共和国文化和旅游部 2022 年文化和旅游发展统计公报［N］.
中国文化报，2023-07-17（004）.

［2］国家统计局. 中华人民共和国 2023 年国民经济和社会发展统计公报
［R/OL］.（2024-02-29）［2024-08-12］. https://www.stats.gov.
cn/sj/zxfb/202402/t20240228_1947915.html.

［3］厉新建，曾博伟，张辉，等. 新质生产力与旅游业高质量发展［J］.
旅游学刊，2024，39（5）：15-29.

［4］高林安. 改革开放 40 年陕西旅游业发展回顾与展望［J］. 西安财经
大学学报，2020，33（4）：122-128.

［5］西安市文化和旅游局. "西安年·最中国"活动精彩纷呈，旅
游接待人数和收入创历史新高：2018 年春节假日旅游工作综述
［EB/OL］.（2021-04-29）［2024-08-12］http://wlj.xa.gov.cn/
wlxw/gzdt/5db2abb9f99d65744c8e5f46.html.

［6］陕西省旅游设计院. 马耀峰：陕西旅游发展与设计院身份认同
［EB/OL］.（2023-02-15）［2024-08-12］. https://www.sxlygh.
com/zxzxdet/21.html.

［7］携程旅行网. 2024 暑期旅游市场预测报告［R/OL］.（2024-06-27）
［2024-08-12］. https://www.ctrip.com/.

［8］赵月望. 融入"一带一路"大格局 谱写丝路文旅新华章［N］. 中国
文化报，2023-04-12（004）.

［9］徐长玉. 延安旅游产业发展的历程、现状及对策［J］. 延安大学学
报（社会科学版），2015，37（4）：50-54.

［10］周荣光.延安红街爆红的启示［N］.中国旅游报,2021-09-14
（003）.

［11］李鹏鹏.继承与活化:大众旅游时代下红色旅游演艺的高质量发
展:以延安保育院红色旅游演艺为例［J］.中国旅游评论,2021
（02）:60-66.

［12］林玲,闫咚婉.陕西黄帝陵文化产业开发现状研究［J］.长江大学
学报（社会科学版）,2020,43（2）.

［13］"西安年"打造旅游金色名片［N/OL］.西安日报,（2019-02-23）
［2024-08-12］.https://baijiahao.baidu.com/s?id=1626269362466442
351&wfr=spider&for=pc.

［14］陕西旅游集团.陕西旅游集团重大改制重组成果.［EB/OL］.（2022-
06-25）［2024-08-12］.https://www.sxtourgroup.com/home-notice_
news-info-id-2994-catId-16.html.

［15］周冰.走老路,到不了新地方:文旅演艺助推旅游消费创新的陕西
旅游集团实践［C］//中国旅游研究院.中国旅游评论:2023年
卷.北京:旅游教育出版社,2023:2.

［16］陕西旅游集团有限公司.数字化转型白皮书［Z］.西安:陕西旅
游集团有限公司,2021.

［17］陕西旅游集团.陕西旅游集团陕西国际体育之窗启幕新纪元,首个
百亿文旅标杆落位高新CBD［EB/OL］.（2022-03-22）［2024-
08-12］.https://www.sxtourgroup.com/home-state_news-info-
id-2818-catId-14.html.

［18］中国旅游研究院（文化和旅游部数据中心）.中国国内旅游发展报
告（2023-2024）［EB/OL］.（2025-03-27）.https://m.traveldaily.
cn/article/179832.

［19］陕西省人民政府.陕西现代综合立体交通网络加速完善.http://
www.shaanxi.gov.cn/xw/sxyw/202401/t20240122_2314680.html.

［20］陕西省统计局．2023 年陕西省国民经济和社会发展统计公报．http://tjj.shaanxi.gov.cn/tjsj/ndsj/tjgb/qs_444/202403/t20240327_2324303.html.

［21］林伊人．中国发布｜文旅部：2019 年我国乡村旅游人次达 30.9 亿，占国内旅游人次的一半［EB/QL］．中国网，2021-08-27．

［22］李卫．陕西文旅业一路繁花［N］．陕西日报，2024-04-25（009）．

［23］携程乡村旅游振兴白皮书（2023）［EB/OL］．https://pages.ctrip.com/commerce/promote/201201/other/qygm/nb.html，2023-12-24．

［24］陕西省人民政府．省情概况［EB/OL］.2020-08-27．

［25］陕西省农业农村厅．陕西省农业农村概况［EB/OL］．2025-04-22．

［26］国家发展和改革委员会．乡村旅游创新驱动下的袁家村发展路径——陕西省咸阳市袁家村［EB/OL］．2020-04-23．

［27］秦毅．陕西朱家湾村：当好"生态卫士"吃上"旅游饭"［N］．中国文化报，2023-11-18（02）．

［28］魏伟，董剑南，马腾，等．延川县梁家河村：在好时代 奔好日子［N］．陕西日报，2024-04-10（002）．

［29］2023 年陕西省乡村旅游暨旅游惠农发展概况［DB/OL］．https://www.banber.com/gather/6447e6bf3eb1a200073defe2，2024．

［30］安伟．乡村振兴背景下特色农业产业的发展路径浅析［J］．黑龙江粮食，2024（02）：103-105．

［31］返璞归真三河村村民活动中心［J］．室内设计与装修，2019（1）：90-93．

［32］易华勇．用什么为乡村文化振兴赋能［N］．学习时报，2023-05-17．

［33］时家贤，赵耀．文化产业赋能乡村振兴的机制与路径［J］．社会科

学家，2022（12）：65-70.

［34］程紫明. 陕西省工业旅游发展研究［D］. 西安石油大学，2012.

［35］陶庆华. 陕西省工业遗产与工业旅游全域开发研究［J］. 唐山学院学报，2017，30（6）：78-82.

［36］潘旭辉. 陕西工业旅游发展中的政府行为研究［D］. 西北大学，2016.

［37］特里·克拉克，李璐. 场景理论的概念与分析：多国研究对中国的启示［J］. 东岳论丛，2017，38（1）.

［38］陕西省文化和旅游厅 http://whhlyt.shaanxi.gov.cn/content/content.html?id=18577.

［39］数字化助力｜让西安古城墙焕发新生机［EB/OL］. https://mp.weixin.qq.com/s/yUJVMk8PJAnytUZH3NjyGA.

［40］白鹿原影视城农文旅融合，助力乡村振兴［EB/OL］. https://www.ishaanxi.com/c/2022/1201/2662335.shtml.

［41］实战总结：新文旅场景营造三大关键词："新烟火主义"、"日常生活美学"和"小红闲"！［EB/OL］. https://mp.weixin.qq.com/s/u8iuW2i5OI0Zn6sWiBZSKw.

［42］沉浸式文旅｜"短视频＋文旅"重构文旅融合新风尚、新业态、新景观［EB/OL］. https://mp.weixin.qq.com/s/gkeJLtpPxCxYsUR5bXC8pw.

策划统筹：胥 波
责任编辑：张 旭
责任印制：钱 成
封面设计：中文天地

图书在版编目（CIP）数据

创新的力量：陕西旅游发展实践 / 陕西省旅游设计
院编著 . -- 北京：中国旅游出版社，2025. 8. -- ISBN
978-7-5032-7600-2

Ⅰ . F592.741

中国国家版本馆 CIP 数据核字第 2025UR9535 号

审 图 号：陕 S（2024）024 号

书　　名：创新的力量——陕西旅游发展实践

作　　者：陕西省旅游设计院　编著
出版发行：中国旅游出版社
　　　　　（北京静安东里 6 号　邮编：100028）
　　　　　https://www.cttp.net.cn　E-mail: cttp@mct.gov.cn
　　　　　营销中心电话：010-57377103，010-57377106
排　　版：北京中文天地文化艺术有限公司
印　　刷：北京金吉士印刷有限责任公司
版　　次：2025 年 8 月第 1 版　2025 年 8 月第 1 次印刷
开　　本：720 毫米 ×970 毫米　1/16
印　　张：23.75
字　　数：337 千
定　　价：128.00 元
ＩＳＢＮ　978-7-5032-7600-2